FUTURE

FUTURE

占星療癒魔法

透過占星學與宇宙週期同步,
校準自身能量,
實現你想要的健康與豐盛

COSMIC HEALTH

Unlock Your Healing Magic with Astrology, Positive Psychology,
and Integrative Wellness

JENNIFER RACIOPPI

珍妮佛‧羅西奧比——著　韓沁林——譯

僅以誠摯的謙卑獻給地球、太陽及月亮

···•·····★·····•···

序

　　我站不起來，只能爬到電話旁叫救護車。幾分鐘後，我重達九十七磅的身軀被固定在擔架上，救護車的鳴笛聲開始在街道迴響，大聲宣告我奔向急診室的旅途。前幾分鐘如酷刑般、讓我身體蜷曲的腹痛還未消散，內心翻滾的焦慮也同樣磨人，耗盡我僅剩的一點力氣。

　　那天是美國澤西海岸炎熱的七月天，六星期前我才剛過十八歲生日。當朋友在海灘上享受夏日豔陽時，我卻頻繁進出醫院，持續了好幾個月。我當時非常虛弱，像被掏空了似的，對於即將到來的旅程毫無準備。我如遊魂般飄過黑暗的濃霧，經歷極度的痛苦，再多睡眠都無法消除那令人癱軟的疲倦，而時常失眠也令我更加憂鬱。

　　醫生的診斷結果令我心頭一沉，無力改變，令人害怕。惡性卵巢癌為我年輕嬌小的身軀帶來浩劫，旁人你一言、我一語的，讓一切雪上加霜。

　　對我而言，這個診斷就某些方面來看其實很合理。早在這之前，我已經歷了好幾年的殘忍絞痛、慢性憂鬱和經期失調，在那段期間，醫生不斷強調我只是「經歷正常賀爾蒙失調的正常青少年」，而這個診斷證實了我的直覺，讓我稍稍鬆了口氣。

　　我長久以來就一直懷疑，自己根本不是「正常的青少年」。我已經服用抗憂鬱和避孕的藥物好幾年了，然而生理期帶來的劇痛仍是持續不斷，有時讓我痛到無法上學，必須留在家裡休息，錯過喜歡的體育課，放棄青少年該有的人際活動。我一直很清楚自己的症狀一點也不典型，如今醫生終於也看清了這一點。

　　這是非常駭人的癌症。在進出不同醫院，經歷一連串治療和手術的過程中，我無法預見自己的健康挑戰會有多麼複雜多變，會帶來什麼樣的啟發。我萬萬沒想到，在醫生替我割除左卵巢如保齡球巨大的腫瘤之後，一開始的診斷竟然有誤。一年之後，我才知道自己得的不是卵巢癌，而是子宮內膜癌。

　　最後癌細胞都被移除乾淨，我的卵巢、子宮、子宮頸和輸卵管也隨之而去。不到二十歲，我就被迫接受全子宮切除手術，還得面對永遠無法擁有親生孩子的殘酷現實。手術隔天早上，醫生拿出一顆足球形狀的黃色藥丸，告訴我接下來的三十年，我每天都必須服用一顆，其中含有身體再也無法製造的雌激素。儘管有這種合成的賀爾蒙補充品，但是少了生殖器官提供的天然雌激素，我的身體被迫進入更年期，而這樣的轉變就發生在一夕之間。

　　誰會在二十歲想到更年期的症狀和併發症？我壓根沒有為即將到來的一切做好準備，當時真是嚇壞了，陷入憂鬱，一股全然的孤獨感油然而生。

　　如今回頭看，我其實並不孤單，即使在最低潮時，我也從來不是一無所有。現在與我一起共事的許多女性都有各自的故事，充滿創傷、疾病、心碎和憂鬱。在過去幾年以來，甚至有時長達數十年，她們的人生也都不

時被同樣深刻的靈魂痛楚打斷，內心不斷傳來強烈的竊竊私語，說著「某個東西被關掉了」、「這行不通」、「聽我說」、「拜託聽一下」。

有很多女性就跟我一樣，憑著直覺知道一些事情，卻一直被外在的權威否認。其中很多人也跟我一樣曾經走到人生邊緣，健康瀕臨瓦解，最後終於明白，如果想要活出身心靈豐盛的理想生活，就必須停止依賴所有立即見效的解方、神奇藥丸、練習、計畫或信仰。她們也面對現實，許多個人和集體追求巨大改變的方式，像是靈修或改變飲食等，都無法帶自己到達想要的境界。

我們反而必須為自己的健康全面負責，不只是身體層面，還包括情感和靈性層面，必須找到更真實、更廣泛的療癒方式。只有全方位和整體健全的方式，才能支持自己致力實現的希望和夢想。

我個人是在經歷過子宮切除術後才體認到必須拿回健康的主導權。在最後一次手術後的幾個月，我焦慮不堪，大學唸了一半就搬到西岸。當時是一九九〇年代末期，我在餐廳當服務生，接觸到許多另類的養生和靈修方法，而這些身心靈練習成為我體態、健康和人生重生的基礎。

後來在加州泰浩湖，我幸運地遇到第一位靈性導師黛比‧萊菲（Debbie Lefay），這是我生命中很重要的一天。萊菲嬌小的身軀和如旋律般的音嗓，掩飾了乍聽古怪卻很強大的智慧。她替我算塔羅牌，改變了我的一生，我感覺內心有一股原始的牽引。我們素昧平生，當時也沒有社群媒體，所以她對我的過去完全沒有具體的資訊。不過這位如仙女般的女子如此正確道出我的經歷，令我感覺被窺視了。我能放膽相信她的指引嗎？我真的可以透過與週期生活的互動、以合乎月亮週期的方式，體驗到自己迫切需要

的療癒嗎？根據黛比的說法，這是可以辦到的。

　　在頭幾年，我的內在知識，也就是被人們稱為「直覺」的模糊卻又真實的第六感，常常會拉扯熱愛科學的心智。到底什麼才是真的？什麼是蠱惑人心的迷信？什麼才是世代相傳的智慧，卻被所謂的理智、邏輯及各種父權制度的說法淹沒或駁斥？

　　黛比教導我，月亮的階段反映了經期，如果有策略地跟上月亮的節奏，就能與月亮週期建立連結。我犧牲卵巢時失去了這份連結，也因為賀爾蒙失調，從來不知道必須重視月亮的週期。這是很有趣的經驗，縱身投入新的知識領域，最終把我帶往數個不同的方向。

　　之後在二〇〇一年，當我在舊金山大學就讀時，有幸遇到知名的創傷專家彼得・雷文（Peter Levine）博士。受到他的啟發，我開始透過「身體經驗創傷療法」（Somatic Experience method）進入治療，親身體驗療癒創傷帶來的轉化力量。這個療法是結合生理學和心理學來治療創傷後壓力症候群。我繼續把月亮的週期融入這個過程，當另類健康、非傳統靈性，以及依循實證的程序相互交錯之際，就開啟了療癒的大門，步調雖然緩慢，但十分穩定。

　　幾年之後，我陸續拿到瑜伽老師和阿育吠陀營養師的資格，接著又成為整合醫學教練，並在杜克整合醫學中心（Duke Integrative Medicine）專攻行為改變的領域。我也深入學習正向心理學和復原教育法，並與數位該領域的代表性人物實習，像是瑪莉亞・西洛伊斯（Maria Sirois）博士和塔爾・班夏哈（Tal Ben-Shahar）博士，擔任他們的助教。

　　隨著新知識和新經驗的層層累積，懷疑消失了，我也看到自己的假設

有多麼偏頗。占星學、靈性和整合醫學都不是獨立存在於世，都與科學一致，有所連結。當我更深入理解後，發現這些門派彼此之間也有很強烈的連結。

透過研究和持續的練習，我不只改善了身體健康，內心也體驗到一種深層的整合。我發現自己既是科學的，又擁有直覺，具有靈性，也很務實，我將這稱為「月亮的邏輯」。透過科學和魔法的結合，我能接受並擁抱自己的所有面向，而且這個過程還能創造一種生活方式，既符合天性，也能與體內律動的月亮節奏一致。即使到現在，一種更加健康的感受仍持續反映在我的彈性與能力之中，進而能以優雅和韌性度過難關。

歸功於過去數十年來的努力，我有榮幸為數以百計有心變好的個案提供私人諮商，透過個人網路平臺，為更多人在療癒的旅程中提供支持，讓他們在追求人生目標時不會過度疲乏。幫助這些人更健康、更幸福，達到自己認定的成功，讓我感受到深刻的喜悅。我們的做法是尊重引導人生的生理和宇宙韻律，透過占星盤和諮商，並整合簡單但強大的身心練習，幫助他們更加了解自己。在持續一致的練習下，他們能體驗到一種全然的自信和平靜，而這都來自於他們知道「無論接下來發生什麼事，我都已做好準備了」。

我在此十分興奮要與你分享這豐富的過程。在我們全心投入之前，先來快速認識「宇宙健康」這個核心概念。

什麼是宇宙健康

宇宙健康位於尖端研究和古代智慧的交叉點，透過結合占星學和實證科學，創造整體的健全。它作為一種療癒的途徑，在強化情緒、靈性和身體健康的過程中，會尊重個人的獨特性、在宇宙扮演的角色、本質以及人生的季節性。

接著，我們再進一步解釋。占星學研究天體和地球上發生的事件的關聯性，會清楚呈現所有的人事如何連結。

我們可以透過占星學，界定出生那一刻多種面向的意義，進而找到一張地圖，明確列出自己的潛力，接下來結合正向心理學和整合醫學這些以事實為基礎的科學知識，就能揭露自己最自然的健康、幸福和快樂的表達方式。

宇宙健康支持我們建立面對人生必須有的復原能力，讓人生變得更好。它教導我們要根據週期生活，並且教我們如何更清楚地認識自己，加強天生的療癒能力。

關於健康的初步說明

關於健康照護的取得、自我照護的能力、邊緣及受壓迫族群的壓力類型，還有具有經濟優勢的人獲得的照顧，尤其是白人，美國和其他國家的狀況差異甚大。身為一位順性別的白人女性，我深刻意識到特權如何支持自己的治療過程。

我們在此不是要討論制度的不公平有礙健康，也不是要討論社會正

義，重點是認定以壓迫為目的制度，導致了疾病和不公平，尤其是對邊緣族群。宇宙健康的一部分就是學習辨識並中斷一些壓迫性的社會及經濟模式。這些模式導致社會不斷處於不佳的狀態。

宇宙健康是要獲得我們所需的工具，擁有更多的復原能力，改寫自己的內在系統，無論面對什麼樣的挑戰，都能走上更健康、更幸福的道路。在一個讓我們生病的社會設計之中好好活著，有如一場革命。

同樣地，顛覆健康的定義也是首要之務。很多人患有可能永遠無法痊癒的慢性疾病，我也是如此。無論西方醫學如何告訴我們，先容我這麼說：

當我們罹患疾病時，絕對能達到最佳的健康狀態。全國健康中心（National Wellness Institute）定義的健康是「自我引導的演化過程」，是「有不同面向的、整體的……健康是正面的、肯定的」[1]。達到健康並不需要完美，這不只是解決特定的症狀，而是無論面對什麼阻礙，都能創造具有彈性的人生。即使面對無法治癒的疾病，我們還是可以忠於自己的健康之旅。

在療癒的過程中，我們也可以採納非傳統的靈性療法，同時也無需否認以事實為導向的科學或個人心智。我們也能把疾病視為一種機會，常能讓我們做出靈魂層面的改變，更能與真我達成和諧，進而帶來生命的揚升。

如何使用本書 ———————————————

存在於你身體內的精神，能為生命的一切帶來活力，無論面對什麼樣的障礙，都能展現不可思議的能力，創造奇蹟。你可以用自身的人生經驗和文化背景來看這本書，但我想讓你知道，我們都是宇宙的一份子，同時衷心期盼，當你閱讀本書時，能接納適合自己的部分，利用它來啟動個人專屬的療癒魔法。

在接下來的章節裡，你會看到我的故事，還有我指導過的個案的故事，像是伊索貝、卡莉娜、克萊兒和瑪莉等等。我用「她」這個代名詞來稱呼這些人，但可以應用在任何自認為女性的人，而宇宙健康的原則也可運用在男性和（性別）非二分法的人們身上。

本書收納了具有影響力的神話原型故事，我把這些視為指引人生和教學的光。它們提供了寶貴的模範，象徵人們具有各種不同面向的本質，可以有深情、滋養人心的一面，也能激烈又果斷。

本書裡還有日誌提示和真言，幫助你整合已經學會的東西，讓內在的宇宙能夠與外在宇宙頻率一致。我還加入了一些儀式，有些包含實際的動作，其他則偏向思考內省，這是要幫助你用實際易懂的方式來實現宇宙健康的洞見。

你可以從頭到尾閱讀本書，或是沉浸在最有感覺的章節裡。宇宙健康的基本的原則就是，健康並不是精通之後就一勞永逸，而是持續的旅程。要記得，療癒之旅是個過程，所以有需要時，要常常重溫每一個部分。

我在工作過程和這本書裡，把占星學當做自我發現和自我發展的工

具，而非用來預測未來或診斷疾病。透過占星學，幫助一個人發現自己的優點和缺點，讓他能持續地掌握自己的療癒過程，增加彈性和自我實踐的力量。

我寫本書的目的，是要把占星學重要的概念，與正向心理學和整合醫學相關的研究和概念結合，但要注意，這並不是金科玉律，也不是最終版本。這也不是占星學的教科書，我會介紹一些出生星盤（簡稱「本命盤」）的重要元素，但這本書不是要教導你如何解讀星盤。

在第一部，你會發現宇宙健康的五個原則，以及占星學和健康的連結。第一部讀完後，你已經調整好心態，有工具在手，能以全新的方式追求健康。

第二部會介紹週期生活的概念，你會開始練習新的認知，體驗與太陽和月亮週期一致的生活節奏。

在第三部，你會探索個人占星的核心元素：太陽、月亮和上升星座。認識這些概念，可以幫助你理解自己主要的占星性格。接下來，我們會拆解你的出生星盤（你出生那一刻的占星藍圖）的主要部分，理解宇宙如何告訴你，你有哪些特別的需求，激發你活出獨有的出色之處。（我們將會分析你的出生星盤的元素，還有其他星體的影響力，主要是透過星座而非宮位。傳達完整的宮位意義，特別是與你個人星盤的關連性，是很龐大的工作，在此無法詳述。）

有鑒於情感在身心科學和全方位健康扮演重要角色，一開始會檢視你出生星盤的月亮星座，這對你更深層的情感需求和幸福有重要的影響力。我們也會提出一些特別的儀式，幫助你強化能量，更能找到重心，無論在

任何況下都能關照自己的整體健康。

第五部是本書的核心，在此會討論其他的星體，包括水星、金星、火星、木星、土星、凱龍、天王星、海王星和冥王星，同時檢視它們會如何影響你和生活，以及如何即將開始實踐從中獲益的新規律。

整個過程到了這個階段，你已跳脫枷鎖，可以完整地理解自己的超能力，這混合了特質和傾向，造就出獨一無二、令人驚艷的你。這就是你專屬的宇宙健康活出能量的地方。你要知道，這不是如仙界塵土般的魔力，而是非常現實的神奇，讓你學會如何掌控健康和人生。

我很多個案透過這個方法達到全方位的健康和幸福，同時還能創造有目標的事業、更能給予支持的親密關係，以及更緊密連結的家庭生活。許多人開始練習季節性和直覺性的進食，與自己的身體和行為建立新關係，也更有自信，不只是針對身體，還有一種深層的連結感、意義和目的。他們欣喜地踏上自我指引的旅程，追求情感的幸福和靈性的提升，同時培養面對路徑變化的彈性。

無論你可能會面臨什麼挑戰，這本書能告訴你，如何找到你渴望的安樂。我迫不及待開始了，希望你也是。已有數千人利用這本書的內容轉化自己的人生，加以實踐，並在各個面向展現自己的宇宙健康，歡迎加入我們的行列。

---

1 出處：National Wellness Institute, "Definition of Wellness: The Six Dimensions of Wellness,"

前言

　　混沌也被描述成一位女神，象徵「無形的虛空」和「元素的混合」。她孕育出兩個孩子，分別是「夜晚」和「厄瑞玻斯」（Erebus），後者代表不可測的黑暗深淵。

　　「夜晚」雖然被駭人的空白和一望無際的深淵圍繞，仍把一顆由風孕育的卵放到厄瑞玻斯的懷中。隨著時間流逝，「愛」出現了，為週遭永無止盡的混亂帶來秩序和美麗。

　　愛之後又創造了光，隨之而來就是明亮的白日，最後終於出現了偉大的地球，也就是人們熟知的希臘神話的大地女神──蓋亞（Gaia）。蓋亞看顧包容堅固的大地，也具有強大的性格，懂得轉換和變化，會互動，然後做出反應。她雖然無所不能，卻很溫柔，儘管令人敬畏，但也脆弱[1]。

　　蓋亞與後代子息存在於我們的周遭，也活在我們的內在。她和她的先祖們仍是你、我及所有人的一部分。

　　長久以來，我們被教導要害怕、批判並隱藏生命的混亂無序，但如此一來，我們會忘記有一股巨大的力量，足以改變自己、健康、生活以及身

處的這個世界。

混亂可能看似黑暗，令人恐懼，就像混沌時期一樣，不過當我們忽略它時，也就放棄了機會，錯過了愛、光、明亮，以及所有你能想像的豐盛。

我們無須讓自己的魔法黯淡失色。在全心踏上這段旅程之際，我在此祈求，盼你如混沌女神一般抗拒誘惑，不要試圖隱藏和排斥自己獨有的混亂，反而要去接受它，把它當成神聖的邀請，帶你走進自己專屬的宇宙健康（Cosmic Health）。

---

1 出處：Edith Hamilton, Mythology: Timeless Tales of Gods and Heroes. (New York: Black Dog & Leventhal, 2017)

目　錄

第一部

火

認識宇宙健康

如果你開啟了混沌，魔法也會隨之出現。

　　　　　　——榮格(Jung)，《紅書》(The Red Book)

第一章
宇宙健康五原則

• • • • • • • • • • • • • • • ✳ • • • • • • • • • • • • • • •

　　我的人生旅程就像許多個案一樣，或許也跟你一樣，是由危機和混亂揭開序幕。我當時滿腦子都是悲慘和恐懼，瀕臨絕望，害怕自己不只迷失方向，還可能就此與健康和幸福絕緣。這個起點令人極度沮喪，我們從此開始摸索，跌跌撞撞，彷彿人生注定如此。不過當我們深陷於最黑暗的深淵時，也像混沌女神一樣，注定要找到愛和光。

　　要知道，本書不是典型的保健書籍，而是會引導你把自己的失序視為一扇神聖的大門，進入對成功和自我實踐更深層的渴望，而這無關你對成功的定義。雖然本書影響深遠，但並不會急著「解決」任何事或任何人。

　　你的混亂可能看似令人氣餒，但透過這段旅程，你可以利用它來進行許多內在和外在的轉化。我們首先來介紹宇宙健康（Cosmic Health）的五個核心部分，或說是「五個原則」：

原則一：依循週期生活。
原則二：培養彈性，這是健康的關鍵。
原則三：認識自己，這是永無終點的探險。
原則四：接受「並存式」的矛盾思維

原則五：開啟自己的療癒魔法。

在我們深度探討每個原則之前，必須打破一些關於宇宙和健康的迷思。這個堅實的基礎可以幫助你在度過生命的起伏之際，感受到支持和力量，就像我們接下來會介紹到的很多個案一樣。

宇宙的定義

我對宇宙的詮釋，包括這個字從古至今的所有說法。在古希臘時代，宇宙（kosmos）代表「美麗的秩序」，指的是一個完善結合的整體，能使生命更加美麗。如今，宇宙（cosmos）指的是恆星、行星和月亮的集合，是在夜空裡所見的浩瀚、令人生畏的影像。還有些人會用尊敬的靈性詞彙，把宇宙描述成一個神奇且神祕的領域。

當我在健康之前冠上「宇宙」這個字眼時，指的是健康和安樂的所有條件：心智、靈性、情感及肉體。認識自己的宇宙健康，代表要整合自身的每一部分以及個人福祉所需的各種條件，才能創造專屬於你的「美麗秩序」。把占星學與這些生命面向結合，就可以獲得我們如今所知的智慧和宇宙指引，與宇宙的韻律和流動創造強烈的連結。

對健康的新觀點

我們已經知道「宇宙健康」的「宇宙」代表什麼意思，接下來要討論「健康」的定義。

西方醫學通常把健康定義為「不生病」。身為癌症倖存者和健康從業

者，並且努力與慢性疾病共存的人，我發現這個定義很狹隘，相當不公正，具有排他性。在這個定義之下，我和一堆朋友、個案及家人一點也不健康，也永遠無法獲得健康。

我對西方醫學非常尊重，也心存感謝。平心而論，它在我抗癌求生時扮演非常重要的角色。不過談到「健康」的定義時，我選擇較不傳統、較具包容性的詮釋。我不會以反向的角度（不生病）來解讀，而是把健康視為一種存在和有形的狀態。**健康其實是多面向的覺知，可以滋養你的肉體存有、非凡的靈性和創造力，以及心智的渴望，還有不可或缺的心理健康。**

宇宙健康接受不完美，也能忍受挫敗，甚至與疾病共存。依我之見，你能用非常個人化的方式演化，在適應生命的高低起伏之際，還能活出成功圓滿的人生。

我在此提出的宇宙健康，還有接下來引領你前進的存在和形成狀態，可以培養對自己和他人的同理心，讓生命充滿美和意義。這裡的意義和美不是來自成就和外在的表面滿足，而是源自於培養「自我意識」——這是實現最高層次的自我最重要的事。

這可能跟你之前聽到的健康定義完全不同。這是因為我們已經被推銷太多有關健康的迷思，還有許多的健康觀念，其中包括：

- 健康就是完美：達到完美的 BMI，遵循完全適合餘生的飲食計畫，有完美一致的運動養生法，與疾病絕緣。
- 健康代表生活永遠處於平衡，不會有任何起伏。
- 健康代表有特定的身體外觀。
- 健康代表活得沒有壓力。

・健康必須非常努力，遵守紀律，還要犧牲。如果想健康，就必須犧牲一些喜悅，少一點樂趣。

這些關於健康的文化觀念，常常讓我們遠離真正的健康。不願意捨棄樂趣，就形同放棄追求充滿活力的健康。或是如果極度迷戀完美的健康，我們就會全力以赴，根據原則和嚴格的規律生活，這偷走了我們的樂趣，而且享樂其實不會讓我們遠離健康，反而會更加健康。還有些人可能會搖擺不定，從這個極端（剝奪和嚴格）晃到另一個極端（完全放縱），反反覆覆。

與健康培養更「健康」的關係

為了活出宇宙健康，我們首先必須補充並擴展與健康的關係，現在先來檢視一些關於健康的迷思，並採納更具力量的信念，明白何謂健康狀態。

✳ 迷思：平衡是健康生活的必要條件

我的個案有世界知名的音樂家、成功的企業家、公司主管、妻子和母親……這些人都跟你一樣，被灌輸「生活平衡就是健康生活」的概念。無可諱言的是，這些個案真的想要拋開束縛展現自己的天賦，想管理自己的精力而非時間，與此同時，他們也想與自己內心神祕的那一塊對話，在這世間做出重大改變，即使得暫時犧牲平衡。

我們都渴望自我實現，渴望變成更好的自己，總是希望盡力做到極致。我們也渴望滿足感和成就感，充滿活力，並且成就更大的利益。我們想要的很多，也準備好去追求這一切。

生命就像地球和月亮一樣擺動不定，會隨季節更迭而變化。我們也是如此，很自然地經歷從開始到高峰，然後消逝結束的循環。因此，我們會從秩序走到混亂，然後又恢復秩序。我們要保持彈性，一次又一次地隨著這個不斷改變的節奏前進，這才是健康的真實體現。因此，我們首先必須接受隨著節奏而調整，而非保持平衡，這才有助於發揮更大的影響力。這也是支持宇宙健康的最佳方法。

✳ 迷思：最佳健康狀態只限於身體

健康不是指具備特定的外表，也不是沒有疾病、維持「理想」體型或進行「完美」的靈性認定。健康很大部分取決於情感層面的安樂，其中包括**承受無常和挑戰的能力**，同時也取決於**身體機能是否如常發揮**。

當我們懷抱好奇和謙卑的態度去面對情緒，願意以過去和現在的背景來認識出生時及當下的宇宙狀態，便能進入並穿越這些情緒。我們不應只去感受正面的情緒，還必須關照像是憤怒、恐懼、羞恥和傷心這類極端的情緒，因為這些都是人類經驗的一部分。

追求健康時，如果把情感的健全度納入觀察，就能治療許多相互連結的不同自我面向。

我的一位個案在決定結束一段長期關係後，就感受到了這種療癒。儘管她很害怕孤單，無法負荷情感的衝擊，但是隨著時空轉換，加上外界的支持，她漸漸學會了感受內心的情感。同時她也明白了一件事：**經歷所有情緒，會讓我們變得更健康，更具有復原的彈性。**

✳ 迷思：健康應該是盡可能地貼近完美

我們生活在健康照護快速創新及不斷進步的時代，以至於我們相信凡事都可以、也必然會被治癒。我們太常被灌輸一個概念，那就是健康可以永遠維持巔峰狀態。事實並非如此，就像我有慢性病，雖然面臨健康的挑戰，但還是充滿活力，不斷進步，而你也可以。

健康代表不斷地改變、成長和形成。我們被教會要留意過渡的空間，正如生命教練暨暢銷作家南茜・萊文（Nancy Levin）說過，必須「尊重不再存在與尚未出現之間的空間」。藉此，我們才能轉變成更好、更真實的自我。「不完美」是健康且美麗的，我們終其一生都必須牢記這個重點。

✳ 迷思：壓力有害健康

壓力長期被人們污名化，其實壓力和自我實現常常密不可分。試想一下，你上次執行一個新任務、做出重大改變，或是經歷結婚這類的人生成長時，這些人生轉捩點是否都伴隨著明顯的壓力？

壓力會帶來成長。逃避壓力就無法進步，還會對健康造成反效果。我們必須把焦點放在了解並處理壓力，包括學習如何善用壓力，讓自己變得更強大、更有智慧、更有創造力，得到更多成就感。

如果要享受負面壓力帶來的珍貴禮物，就必須盡可能把營養補給這件事放在第一位，就像追求生產力時的做法。我們要為了營養而吃、為了能量而睡，為了喜悅而活，減少壓力、在工作中找到有成就感的目標，與心愛的人培養休戚與共的親密感。

身體會不斷發生消耗和恢復的循環。人體每天都有五百到七百億個細

胞死亡，同時會創造等量的新細胞。同理，如果想要練出肌肉，我們必須先做舉重或強度心肺運動去破壞肌肉，而為了避免長期受傷，還必須給肌肉時間修復。

在情感和靈性層面上，我們也會經歷消耗和補充的循環。消耗可能是能量低潮、了無生趣、失望、挑戰或混亂，這就是真實人生。**所謂的健康，就是能夠面對真實人生，而不是認為人生「理當如何」**，與此同時，還能朝著自己選擇的方向前進。在這個過程中，我們也必須休息，為情感和靈性「充電」。在每一個層面上，我們的健康都與能力息息相關，這裡所說的「能力」，是指能夠應付挑戰，並在冒險之後恢復元氣。

✳ 迷思：保持健康是很難的事

我們一直被教導要讓自己極度健康，也就是追求「完美的」健康，然後一再對這些不可能的期望感到挫敗。不斷努力追求完美，追逐健康，只會導致精疲力盡和挫敗感。健康應該是享受的、自然的狀態，特別是當我們能找到更規律的生活方式時。現在，我們要進入下一階段了。

宇宙健康的核心原則 ————————————

我們已經打破一些關於健康和宇宙的迷思，現在開始把這些概念凝聚成清楚的畫面，呈現宇宙健康的意義。接下來會介紹稍早提到的五原則，之後會一再回頭複習，這些是你接下來閱讀時必須培養的技能，把它們想像成走在宇宙健康之路的扶手。

❋ 原則一：依循週期生活

太陽會升起落下，月亮有陰晴圓缺，我們活在一個會自轉的星球上，會日夜輪替，一天之內會有一段時間的光明，也有約莫等長的黑暗時光，這些都是宇宙如何依循週期運作的簡單證明。

我們的身體會按照週期採取行動，做出回應。人體的生理會回應光明與黑暗的波動，動植物亦是如此。體內大部分的細胞和組織都是以分子「時鐘」運作，當與外在反映的光明及黑暗的週期同步時，最能發揮效率。

舉例而言，晝夜是以二十四小時為一循環，其中有睡眠和清醒的時間，若能與日夜的週期同步，就會是最佳狀態。

這種節奏就像電話銀行業務的接線人員一樣，能支持大腦的功能，做法就是通報下視丘這個如杏仁般大小的大腦結構。下視丘會與腦下垂體合作，刺激腎上腺，會在早上分泌皮質醇，提醒我們起床，然後在夜晚分泌褪黑激素，帶來睡意。這個主要的神經內分泌關係被稱為下視丘一腦下垂體一腎上腺（HPA）軸，控制自律神經系統，也會為二十四小時的週期設定健康的賀爾蒙功能。這種賀爾蒙的日夜波動也是所有認知功能的基礎。因此，我們的生活如果能與地球自轉的日夜循環以及地球繞太陽公轉的年度循環同步，身體就能運作得更好。

不能與太陽和宇宙的週期同步生活，會付出極大的代價，不過這在現代社會裡卻司空見慣，人們總是無視這些自然節律。行事曆和月曆都暗示了這些基本的週期無關緊要，因為我們會用人造的光源和科技裝置來消滅黑暗，休息和工作都是根據時鐘上的時間，而非日出而作，日落而息。我並非暗示人們要放棄用電，只能隨著太陽起床或入睡，而是強調**尊重生理**

時鐘的重要性。

你可以試著把環境布置成符合晝夜節律的樣子，幫助身體依照節律生活能達到最佳效果。讓生活回到自然狀態，盡量符合晝夜及宇宙節律的腳步，是達到心理、情感和身體健全的重要步驟。有許多簡單的練習，像是每晚在固定時間關掉電子產品，就有助於達到這個目標。

晝夜節律是很強大的主旋律，但不是唯一會影響我們的節律。還有兩個對我們影響很大的是「超晝夜的」和「次晝夜的」節律。

超晝夜節律短於二十四小時，通常一天會重複好幾次。最常見的就是基本的休息和活動週期，這會以八十和二十分鐘的間隔出現，影響我們的精力和專注力，還有眼球快速移動（REM）到非眼球快速移動（non-REM）的睡眠週期；次晝夜節律發生在較長的時間範圍。舉例而言，月經就是根據次晝夜節律，反映了月亮的月週期節律。生理時鐘會針對季節產生反應，也是次晝夜節律，亦被稱為「年節律」。

我們不需要切割每一個週期，但必須認清**生命就是一種節律**，節律中又包含了另一種節律。我們不斷與內在、宇宙和行星的律動共舞。

依循週期生活，與太陽和月亮的週期同步，是最自然不過的事。這就是你的身體、心理和情緒的預設方式。你的身體是根據這些週期所打造的。本書提供的訣竅，就是停止把寶貴的時間和精力用來對抗這些節律，而是臣服，因為它們引導了我們大部分的生理作用。與它們同步時，所有事情都會變得更容易。

✳ 原則二：培養彈性，這是健康的關鍵

為了應付不斷改變的生活和健康性質，我們必須遊走於現在與未來的時空，必須忍受混亂，從中發揮作用，而這需要不斷保留彈性。

彈性就是面對與適應變化的能力，也能在挑戰過後恢復。這是一種適用於個人、團體和社群的概念及存在方式。我們如果具有復原力，不只能從災難、失望和挫敗中恢復，還能因此變得更強大。透過這麼做，我們可以在生活中建立勝任感。

彈性的好處常常受到人們讚賞，但也常被誤解。彈性不代表放棄信念，避免或壓抑在人生混亂時期感受到的痛苦，也不是指「一分耕耘，一分收穫」的心態、堅忍或不屈不撓。

如果想具備真正的彈性，最重要的是能敏銳地感受自己的情緒，有必要時，還必須去經歷完整的情緒力量。站在健康的觀點，壓抑、隱瞞或否認情緒時，身體會出現各種症狀，從慢性疼痛到失眠、頭痛、體重變化、賀爾蒙失調等等，都可能導致疾病。

培養彈性代表認識自己的情緒，能感受到它，同時讓人生繼續前進。我們必須仰賴人性來保有自己以及整個社群的彈性。如果想要真的具有彈性，必須滋養並重視自己的敏感，而不是把它推到一旁。

有彈性的人常見的特徵

為了讓你完整理解彈性在個人身上的展現方式，以下列出有彈性的人共有的常見特徵：

他們會維持有意義的人際關係，有很強的社會支持網絡

正向心理學導師瑪莉亞・西洛伊斯（Maria Sirois）的教學影響了我對彈性的想法。她教導我要培養一個唱詩班，而非民兵團。我們不要依賴民兵團，因為這是一群能融洽相處的人，所以我們需要的是像唱詩班這種真正有歸屬感的團體。唱詩班能支持我們度過艱困時刻，也能共享最美好的時光。

即使沒有加入唱詩班，我們也可以透過自我照護建立一個內在的唱詩班，與心愛的動物建立連結，或是跟對其作品能產生深刻共鳴的藝術家、音樂家或詩人建立連結。大自然也可能成為唱詩班的成員，在人生艱困和幸福的時刻，都有能帶來滋養的支持，可以幫助我們更加茁壯。

他們會透過「粉紅色現實主義」的角度看世界

廣受歡迎的正向心理學已經透過許多方式證明它強大的力量和益處，但其真實的意義卻被扭曲成正向神話學。其實樂觀主義從任何角度來看，既沒有建設性，也不能提供支持。放縱的、沒有根據的樂觀主義常會妨礙我們做出能激發彈性的改變。

單有正向思考，其實不能帶來渴望的結果。然而，樂觀主義如果能伴隨某種現實主義，也就是我所謂的「粉紅色現實主義」，不僅是現實主義者，也是出色的利益追尋者。換言之，就是能在生命的壓力中找到利益，同時還能認清其意義。

他們會投資信任、信念和感激

當我們能與內在和外在的節律同步生活時，就能對它們培養出更深層的信任。基於信任，我們可以接受，每一次衰退，無論持續多久、有多麼難受，之後都會有豐盛出現。每次的落下，都會伴隨著另一次的升起。只要有這個認知，我們就會在人生潮起潮落之際心生感激。我在此提出的信念，不是傳統的定義，也不限於任何宗教，而是能讓我們與敬畏、驚嘆、同理和感恩建立連結，同時也能賦予寬恕的能力，能在家庭和社群裡培養更深刻的歸屬感和連結感。當我們把心力投資在對自己、對宇宙、對生命節律的信任與信念時，就能看到並相信宇宙根本的善意，並且心生感激。在這本書，我們會探討透過培養信任和信仰的角度獲得的靈性，這不只是個人經驗，也是更廣泛的宇宙經驗。

他們會接納天生的創造力，用輕鬆玩樂的心態面對

當我們不斷練習創造性思考時，即使在最具挑戰性的情境裡，選擇和答案通常都會變得十分明顯。我們越能允許自己一笑而過，感受喜悅，創造力就能更輕鬆、更自然地流動。創造力和笑不僅能賦予我們力量，能在挑戰之後恢復原貌，同時也能讓我們發現創新的解決方法。

他們很有毅力

我們越能與現實及目標達成一致，就越可能追求遠大的夢想，然而這必然會增加壓力和挑戰。透過培養毅力，我們就能用不屈不撓的韌性來應付隨之而來的一切。所謂的毅力，《紐約時報》暢銷作家安琪拉·達克沃斯（Angela Duckworth）的定義是「堅持與熱情的結合」。她的著作非常出色，而我特別喜歡她在網站問答中對於毅力的描述：「毅力是一些研究人員所稱的『最終的考量』，也就是你最在乎的目標，整合了你所做的一切，同時賦予意義，而毅力就是堅定邁向這個目標，即使失敗、即使搞砸了、即使暫停了或進行緩慢，都不要放棄。才華與幸運與成功有關，但是並不保證有毅力。而就長期而言，毅力的重要性如果沒有隨之增加，仍會發揮很大的影響力[1]。

當我們無法達到預期的結果，或是對結果失望時，可以再試一次，找到對的方法。這就是毅力。透過培養毅力，我們更能在失敗後重新奮起。毅力需要不妥協的承諾。

✳ 原則三：「認識自己」是無止盡的探險

昨日的你，並不必然就是今天的自己，而此刻的你，也不必然是下一週的你。你就跟宇宙一樣不斷在改變，永遠不會「完成」，當你接受成長和改變，就是在打造健康的基石，就像拿到繼續轉化的通行證。你會不斷改寫身分意識，意味著你永遠都在自我認識的這條路上。

不斷認識自己的過程，是創造宇宙健康的必要條件。我們如果用演化的心態看待自我覺察的過程，就會變得更有彈性，更願意做出全新的、不

同的選擇，可以反映並支持最出色的健康狀態。這是一種靜觀生活方式，活在當下，在任何時候留意並回應身體、心理和靈魂的需求。

與其追求通俗的健康潮流，不如放慢腳步和聆聽，量身打造自己的健康和自我照護方式，符合個人的需求和欲望。我們不需要做出符合他人期望或要求的改變，而是讓一種強烈的、清楚的自我理解和目標感來引導自己。我們永遠在「知道」和「變成」的狀態之間來回擺動，如果想要駕馭這種狀態，就必須有適應力，還要能充分地、永不放棄地接受自我。

當我們在這個過程中融入占星學時，就能更加理解，生命注定的面向不能剝奪自己的力量或動力。我們可以適應，可以演化。在不斷認識自己的過程裡，我們可以辨識在不同時期，什麼樣的舉止、行動和模式最適合自己。我們可以透過占星學的濾鏡，看清自己與宇宙、太陽、月亮和其他行星的獨特關係，為自己的「變成」提供地圖，指引方向。

✳ 原則四：接受「兼具」的矛盾思維

《基業長青：高瞻遠矚企業的永續之道》（Genius of the And）作者詹姆・柯林斯（Jim Collins）曾說：「兼容的天才」勝過於「極端的暴君」。健康不是「二選一」，而是「兼具」，宇宙健康能接受這種說法。理性和無法量化是可以共存的[2]。

你可以照顧自己的情感健全和身心健康，同時用西方醫學所能提供的最佳方法來治療疾病。你可以擁有強烈的個人身分意識，同時體驗到認識集體意義的好處。你可以接受占星學預測的個人行為傾向，同時努力設法表達這些特質。你可以活在敬畏之中，對宇宙和自己身體的神奇讚嘆不已，同時熱愛科學。你可以尊敬古代的智慧（占星學），同時也敬重現代

科學（正向心理學和整合醫學等）。你在考慮自己的健全之旅和健康目標時，可以顧及自己目前的狀態，同時對自己未來想要成為的模樣，懷抱清晰的願景。你可以把疾病、壓力和混亂視為指令，知道哪裡需要改變，但不需要否認或忽略它們釋放的強烈能量。

你要試圖找到二者兼具的平衡，將它應用在生活的各個層面。

我們是有限的，也是擴展的。我們是與眾不同的個體，也是同一個宇宙內的分子。我們可以悲傷，但仍覺得快樂。我們可以有慢性疾病，但還是很健康。我們可以體驗極端壓力，但仍能朝著極致的美好邁進。我們可以追求健康，但也充滿喜悅。我們可以帶著永遠無法痊癒的傷口活著，但又覺得實現了自我。我們可以完全適應環境，過著高效能的生活，但還是會經歷困難、悲傷、憤怒和痛苦。我們可以有科學精神，但也相信神奇。我們可以是現實主義者，但仍充滿希望。

宇宙健康是強烈但優美的方法，包含具有影響力的敏銳度。它能創造非常真實的結果，其方式讓人覺得溫和卻又威力十足。

✳ 原則五：開啟自己的療癒魔法

身為女性，我們長久以來都對自己擁有的力量感到羞愧，被迫表現穩定、通融和滋養的一面。這些特質當然是女性的一部分，但我們同時也是「二元」的化身。我們迷人溫和的一面，與內心深處不斷沸騰、卻時常沒有實現的巨大潛能是共存的。占星學、正向心理學和整合醫學可以強化我們的整體健康，同時也能開啟自主性，以及內在及週遭自然環境既有的可能性。

歷史上常把療癒的魔法視為「巫術」，認為既愚蠢又瘋狂，將其棄之

不理。最極端的狀況是將它視為足以處死的罪惡。數以千計的女性因為宣稱具有相關知識，運用大自然的療癒力量而犯下這種「罪」，因此受到凌遲，犧牲自我。無論這些歷史有多遙遠，我們的力量和熱情至今還是沒有受到肯定，被外界誹謗。這也不意外，我們可以透過重新找到自己的療癒魔法，找回力量，進而喚醒內在的猛烈天性，而這些都是父權社會無法接受的。

在過去幾世紀，甚至到現在，主流的社會機制很害怕這種泰然自若的言外之意。他們要如何控制擁有個人力量的人？因此，他們把任何具有顛覆性的事物都貼上惡毒巫術的標籤，投以輕蔑的陰影，壓迫這些事物的發展。

現代社會對於煉金術的認識和動員，其實有深遠的歷史，而且長久以來都被當成迫害的手段[3]。在歷史上，人們最感無力時，也就是被社會壓迫、被剝奪權利，感覺週遭環境、甚至自己的身體都完全不受控時，就會尋求煉金術。如今亦然，在一個充滿歧視的社會裡，會針對不同的性別、種族、體型、性取向、宗教和能力投以異樣眼光。我們與大自然的神聖連結此時就提供了一條可以重新找回自己動力和健康的道路。

當我們踏上這段旅程時，首先要釐清什麼是療癒魔法。治療是照看疼痛的過程，讓傷害出現的部位恢復健康和活力。療癒的目的在於更新、恢復和改善。魔法則是透過意向和意願的創造，與自我內在和大自然的力量溝通。

療癒魔法會加強我們抵抗痛苦及復原的能力。這是一門神聖的醫學，協助我們開啟內在更強大的力量。它尊重週期的本質，並能在任何環境下，加強我們日益豐足的能力。

　　自主權，以及與宇宙的連結，是療癒魔法的基本條件，兩者相依相存，缺一不可。當我們與宇宙及自然同步時，就能培養維持療癒過程的能力，即使在感覺難以捉摸時，亦是如此。療癒畢竟是有週期的，但我們可以透過揭露自己的神聖欲望，變得更有能力將現實的經驗化為渴望的形式。

　　療癒魔法存在於我們內在和週遭環境，認同它，將有助於將混亂轉化成為宇宙秩序。

　　當人生的不同面向以從未想像過的方式滴答作響時，就揭開了療癒魔法的面紗。它會用豐盛的形式為我們帶來光彩，展現在愛、工作、玩樂、友誼、笑聲、活力和更多面向。

　　療癒魔法會以同步性的模樣出現，不受限於時間和空間，看似無意義，但又如此明顯，會以各種重大和微小的方式呈現。

　　如果想要重新找到自己的療癒魔法，只需要對它敞開心房，願意把混亂視為進入改變的門檻，同時與渴望喚醒並陪伴我們的宇宙分享。這就是這本書，以及當我們論及宇宙健康時要做的事。

---

1 出處：Angela Duckworth, Grit: The Power of Passion and Perseverance; 以及 Angela Duckworth, "What Is Grit?"

2 出處：Jim Collins, "Genius of the And,"

3 出處：Barbara Ehrenreich and Deidre English, Witches, Midwives, and Nurses: A History of Women Healers.

第二章

占星學與健康

•┈┈┈┈┈┈┈┈┈┈┈┈┈┈ ✳ ┈┈┈┈┈┈┈┈┈┈┈┈┈┈•

　　我從沒想過自己是務實的人，當我開始跟結合占星學的心理治療師黛博拉・席佛曼（Debra Silverman）合作時，當然不覺得自己很務實。直到那時，我還自認為很古怪，充滿幻想，完全不理性。

　　所謂古怪的、變動的風能量反映在我的太陽雙子座、上升星座天秤座和水星雙子座上，但這些配置只是我的宇宙地圖的一部分。我的出生星盤（本命）的月亮、土星和月亮北交點都在處女座，所以也有很多的務實能量。黛博拉還點出，我的金星和火星在土象固定星座金牛座合相，代表星盤最重要的是土元素，而非風元素。（如果覺得這裡有太多占星細節，不要擔心，當你看到最後一頁時，就會比較理解了。）

　　出生星盤土元素的影響力，對我而言有如一種揭示。我不需要改變自己，只需要繼續療癒之旅，學習如何與自己理智的一面產生連結。

　　當我繼續與黛博拉合作時，開始與自己星盤裡的土能量以及其他發展中的面向產生連結。我因為這種情緒和心態的轉變而做出一些重大改變，為健康帶來非常真實和正面的影響。

　　我透過這種方式，還有許多不同的方式，把占星學融入追求健康和健全的旅程，不僅改變了自己的人生，而且從此之後，也改變了個案的人生和健康，而這些改變就從認識我所稱的「宇宙課程」開始。我們之後會簡單討論，但現在先來看一下占星學與健康的關係為何。

把占星學當成治療工作 ─────────────

占星學為榮格的思想帶來徹底且深遠的影響，
正如榮格對現代占星家的影響。

── 麗茲・格林，《榮格的占星學研究》

　　歷史上有些偉大的科學家和思想家都很堅信運用占星學作為健康和健全的指引。創立分析心理學的瑞士心理學家榮格，被公認為二十世紀最具影響力的思想家之一，就把占星學運用在私人和專業領域，將其融入分析心理學的創立過程之中。他也接受「兼具／同時」的矛盾[1]，同時展現如何身兼學者和神祕主義者的身分。身為醫生和經驗主義者，他非常尊崇傳統科學的實驗熱情，但也持續在執業時運用占星學，雖然他從未明確解釋過占星學的運作[2]。

　　我就像很多同業一樣，基於跟榮格一樣的想法來運用占星學，效果非常好。地球運行的節律與太陽的關係，以及月亮的週期模式，不同於下一波的飲食或健康風潮，無論我們是否有注意到，它們都會一直影響我們的健全狀態。

萬物都是連結的 ————————————

如其在上，如其在下。如在其中，如出其外。

一如宇宙，一如靈魂。

——赫密士·崔斯墨圖 (*Hermes Trismegistus*)

　　榮格和其他學者對占星學的研究，還有占星學本身，都有一個基本的認定，那就是「萬物都是相互連結的」。

　　其實這說法並不新穎，可以追溯至古代斯多葛派「宇宙共鳴」的概念，也被稱為「全體共鳴」。宇宙共鳴代表地球上的所有存有會透過基本的互動，與彼此、與天體之間建立不可分割的連結，而這會將它們整合在一個相互依賴的場域裡。根據這個觀點，宇宙之中沒有任何事物可以獨立運作，所有一切都有密切的連結。這個概念傾向於柏拉圖依循的「世界心靈」（anima mundi）。這代表萬物不只互相連結，也共享同一個靈魂或心智[3]。

如何與星星連結

你就是星塵，沒錯，不要懷疑。組成我們的物質大部分都來自於正在衰亡的恆星，或是在大爆炸中死去的恆星。這些恆星大爆炸還在持續發生。我們體內有跟宇宙一樣老的物質，有些物質可能是在幾百年前才沉降在地球，而這所有一切都混合在身體裡面[4]。

根據天體物理學家、《與恆星共存：人類健康如何連結地球、行星和恆星的生命週期》（*Living with the Stars: How the Human Body is Connected to the Live Cycles of the Earth, the Planets, and the Stars*）共同作者卡雷爾‧施賴弗（Karel Schrijver），身體就是由星塵構成。

天上的恆星燃燒殆盡後掉落在地球上的有機物質與你的身體相連，還有你吃的食物、喝的水及居住的這個行星。你每天吸收賴以生存的所有資源都與更大的宇宙力量相連。你的存在，與其他存在的所有一切都有密不可分的連結，其中包含了宇宙的全部[4]。

天體週期如何影響健康

我們現在已經知道，萬物都互相連結，於是接下來我們要問，這些連結如何顯現在我們的健康和生活裡？

答案可以總歸為一個詞：週期。

宇宙會依循週期運作，每個週期都是轉化的過程，其中包括開始、中段和結束。從天上的流星到人體內的賀爾蒙，人體和世界的每個部分都會隨著興衰、耗竭與再生的階段流動。所有的週期會同時發生，而且時常相互牴觸。

占星學把這些互相連結的元素及其移動納入考量，這可以幫助我們在自己內心以及生活中找到意義，創造更深刻的連貫性。連貫性能提供很多支持，幫助我們理解自己的存在，進而強化自我的健康及健全。而當我們想要為健康採取行動、做出改變時，這也提供了很牢靠的「理由」。這也

有助於更加認識大自然和宇宙的時間表，讓我們的健康練習可以與守護生理和生活的週期同步。

當我們把占星學融入健康和生活管理時，就可以接受身體節律的自然興衰，讓重生的過程盡可能地擴張，通常可以彌補退化帶來的影響。占星學的精華所在就是可以準確列出身體生理時鐘反映的週期。

我們將在第三章和第四章討論不同的太陽和月亮週期，以及它們對你的影響。現在只需要記住，週期對於占星學和健康來說相當重要。

宇宙課程

我二十五歲左右開始與黛博拉・席佛曼合作。當時我才從癌症和子宮切除手術後挺過來，剛走出憂鬱和令人衰弱的恐慌發作，但健康狀態仍不理想。當時的症狀並不會讓我虛弱不堪，也不嚴重，但我知道自己不能輕忽。我開始出現強烈的心悸，這讓我又驚又恐。消化問題也令我十分疲倦，耗盡心神。我也發現自己站在職涯的十字路口上，與另一半的關係也充滿不確定，感覺有什麼巨大的轉變即將到來。

黛博拉告訴我，我星盤顯現的特質可能會透過幾種方式影響我的健康，也會影響我選擇的生活方式。

她強調，由於我的星盤缺少水能量，因此我很可能會有點死腦筋，對於感受自己的情緒有些抗拒。她同時也注意到，我的月亮在處女座，意味著我很容易有消化問題。她協助我理解自己的出生星盤以及專屬的宇宙功課。

　　我們每個人都有一套宇宙課程,這是獨特且明確的成長軌道,是出生那一刻行星配置創造的路徑。這套課程裡當然包含了必須學習的功課,將個人的痛苦掙扎融入有建設性的脈絡之中。

　　當我們把痛苦掙扎視為宇宙功課的一部分時,就比較不會覺得自己被宇宙排斥或背叛。這可以讓我們用有建設性的方式看待疾病,而非將之看作是一種懲罰。根據這種想法,我們可以把痛苦掙扎視為宇宙發出的邀請函,能帶來深刻的成長,而這只能透過駕馭相當程度的挑戰才能達到。這個觀點可以幫助我們活在當下,保持開放,並能在生活中看似隨機的混亂中找到意義。我們也能透過問題,為自己明確的人生道路建立彈性,培養毅力,無論如何,都能持續專注於最鍾情的目標和欲望。

　　身為典型的雙子座,我很怕錯過機會和樂趣,常常覺得自己必須對所有一切說「好」,因此也不斷處於過度擴張的狀態。

　　黛博拉要求我挑戰這種模式,開始與引導人生的節律同步生活。這代表午夜過後就不要工作,不要有社交活動,也代表行事曆不能排太滿,而是去滿足自己看似不理性、就是想在中午運動的渴望。我要放棄遵守嚴格的工作排程,體驗如何管理自己的能量而非時間,這促成我把午間運動視為優先考量。身為上升天秤座,這麼做會讓我面對自己的恐懼,擔心別人不喜歡我,換言之,違反標準的工作排程讓我體內每一塊想要討好別人的骨頭都窘迫不安,嘎嘎作響。學習如何解決「討喜的毛病」(上升天秤座常見的特質),照顧自己,感覺就像獲得解放。

　　為了解決受處女座影響的消化問題,我發現自己對麩質過敏,因此調整了飲食習慣,進而又發現了另一個影響飲食、造成心悸的根本原因,就

是服用多年的合成雌激素補充品。我迫切想要好轉，於是決定改服用具有同樣效果的生物動力產品。

這個改變比我想像的更加挑戰，因為我多年前就已進入更年期。當我開始停用合成雌激素後，馬上覺得全身無力，心生恐懼。我嚎啕大哭，開始質疑自己的腦袋不清楚，也懷疑到底要不要堅持，但我最後還是決定停藥，繼續自己的計畫，因為我把這些挑戰視為宇宙課程的一部分。最後，這個轉變讓我透過賀爾蒙取代療法，進入了相較安全許多的人生軌道。我心中充滿感謝，因為自此之後我再也沒有心悸了。

占星學幫助我掌控自己的宇宙課程，同時也讓療癒之旅的跌跌撞撞賦予目的和意義。我不再感受到無盡折磨和懲罰不斷上演，反而認為痛苦折磨就像一條通道，可以加速成長，達到健康的狀態。

宇宙課程和靈性／創意轉化

莎拉是企業高層主管，她想要來個人生大翻修，因此來找我諮商。她是位白人女性，在美國南部父權至上的家庭成長，一直把性別和身體視為弱點，特別是在童年時期被性侵害之後。雖然她欣然接受自己的女性身分，但仍對女性身體固有的脆弱感到十分糾結。因此，她表現出具侵略性、不顧一切的牡羊座性格。然而，最近經歷了婦科癌症的驚恐後，她知道必須找到新方法，與自己、朋友、家庭和工作互動，當她決定做出重大的人生改變後，這個念頭又更強烈了。

凡事知易行難。她當時正在對抗一些不良習慣。過去多年，她一直分不清，「逃避」和「愛自己」是兩碼子事，導致了她的酗酒問題。再加上

家族有酗酒史，讓她更容易陷入上癮的深淵，尤其她的月亮又在雙魚座，代表她有逃避痛苦的傾向。

在我的諮商協助之下，她了解到放慢腳步、照顧自己情感健康的重要性，**這代表要容忍難熬的情緒，而非讓自己麻木**。在這個過程中，她瓦解了在公司裡打造的強悍人設，並且轉而採取順應天時的生活方式。

在這個過程中，她可以聆聽自己的感受，給予適當的關照。這對她來說特別重要，除了從癌症的驚恐中復原，她正邁向停經過渡期的尾聲，這段時間因為極端的賀爾蒙變化，導致她的情緒出現劇烈起伏。

她越來越能夠覺察自我，建立關係的界線，而這之前常讓她感到心力交瘁。她還有其他重大改變，像是不再靠酗酒或大啖冰淇淋來麻木自己，開始喝綠色蔬果汁。她希望自己更有活力，因此改採更符合身體需求以及個人價值的植物性健康飲食。

養成這些新習慣後，她便離開步調快速的業界，開始經營自己的事業，不再需要為了鬆口氣而逃避。她發現花心思照顧自己，反而可以更深入療癒之旅。在這個過程中，她轉化了太陽牡羊座及月亮雙魚座的綜合表現方式。

占星學可以透過幫助你了解自己，活出健康，進而量身定做自己的人生和選擇。健康會直接受到生活方式的影響，就像莎拉一樣，你也可以為了個人目標改變生活方式，進而改變健康狀態。

出生星盤和健康 ─────────────

　　身為占星師和人生教練，幫助個案理解自己的宇宙功課絕對是我最愛做的事情之一。那麼，我是如何進行的？我首先會分析他們的出生星盤（也稱「本命盤」）。

　　本命盤就像天空的一張快照，呈現你出生那一刻，行星的位置與所在地點的關係，闡述了你與宇宙明確的共生關係、性格和氣質，另外也顯示出你的能力，以及你的生命歷程中會有什麼挑戰。有了這份認知後，你可以選擇要用什麼方法來對身心靈造成正面影響。

　　我們現在先簡單解釋占星學的術語和元素，接著會討論這些元素都集合起來後，如何透過宇宙功課來揭露你的健康狀況。

　　本章有很多資訊，但不用現在一次消化，可以有需要時再重新閱讀。你可以慢慢來，一點一點整合。占星學的研究和練習是一段深度之旅，對有些人而言，包括我自己在內，這都需要花上一輩子的時間。

西方占星學的基礎：回歸黃道 ─────────

回歸黃道是指引的現象。

> ──傑米奈・布萊特（Gemini Brett），
> 摘錄自「占星中心」（Astrology Hub）訪問

　　宇宙健康會運用以回歸黃道為基礎的占星學。占星學的起源認為地球是宇宙的中心。雖然地球顯然是繞著太陽運轉，不過占星學是根據地球為

中心的觀點，因為這符合我們在地球上的經驗，以及我們從優勢角度看到的事情面貌。如果你覺得這有點奇怪，那就試想：我們說太陽升起落下，但實際上是地球以地軸為核心，從西到東自轉，才會造成太陽看似升起落下。這是視錯覺。

雖然黃道星座和星宿有時是可以互相替換的，但在回歸黃道，它們永遠是完全不同的。星座是根據星宿命名，但是除了太陽，組成星宿的恆星在回歸黃道的運作中並非主角。

為何如此？因為回歸黃道並非根據星宿，而是地球兩種運動創造的週期，一個是每天繞著地軸的自轉，另一個是繞著太陽的一年公轉。

回歸黃道的占星學是根據這兩種運動的階段做出預測。地球的赤道投射在空間時，被稱為「天球赤道」，而地球圍繞著太陽公轉的路徑則被稱為「黃道」，這些會與太陽創造一種週期性的互動。如果這聽起來很複雜，不妨這麼想：這些就是創造日、夜和季節的週期，我們的生理結構即與這些週期同步。

根據下列這張圖，分點和至點以最重要的太陽為核心，朝四個主要的方向延伸，意即北方、南方、東方和西方。

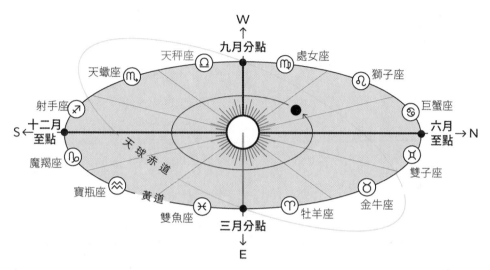

季節會符合主要方向，出現的時間是：

1. 太陽在地球核心的東方，在牡羊座零度時（三月分點）。
2. 太陽在地球核心的北方，在巨蟹座零度時（六月至點）。
3. 太陽在地球核心的西方，在天秤座零度時（九月分點）。
4. 太陽在地球核心的南方，在魔羯座零度時（十二月至點）。

　　這個大循環的黃道（這其實是橢圓形）的背景就是星宿。不過在回歸黃道的占星學中，回歸黃道和星宿並不一致，黃道因此被劃分成十二個、都是三十度的等分，或是十二星座，從牡羊座開始，以雙魚座為終點。以地球為中心的觀點，太陽看起來像是在沿著黃道「移動」。

　　占星師認為太陽在移動，但就像之前所提，其實太陽並沒有動。出生星盤永遠都是從地球來計算，地球是出生星盤的核心。不過在接下來的圖裡，太陽是核心，地球沿著太陽轉動。你可以看到兩張「平面」圖，是地球繞著太陽運轉，把太陽「置於」一個星座內。

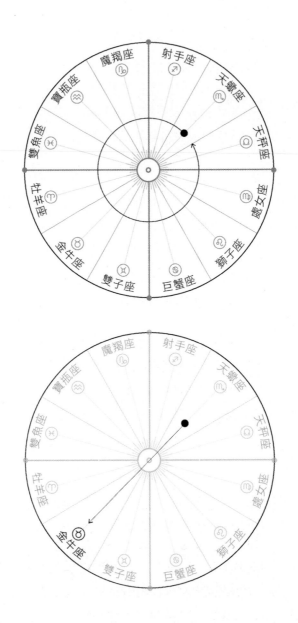

在這張平面圖裡，你可以看到太陽會沿著星座移動，依照星座在黃道年曆上的位置，接下來會進一步討論！

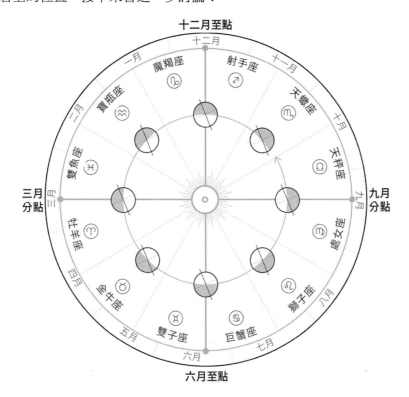

黃道十二宮的一年

黃道的一年從牡羊座零度開始，也就是三月的分點（春分），這是萬物更新的時節。太陽會從牡羊座開始，接著移動到金牛座和雙子座。在北半球，當太陽進入巨蟹座時，就是六月的至點（夏至），也是一年當中白天最長的一天；但在南半球，這則是白天最短的一天。太陽接下來會經過獅子座和處女座，當從處女座轉移到天秤座時，會經過九月的分點（秋

分），此時一天的白天和夜晚、黑暗與光明的時間是等長的。天秤座之後是天蠍座，接著是射手座。當太陽到了地球中心以南的位置時，就是十二月的至點（冬至），當太陽與南回歸線一致時，就進入了魔羯座的季節。北半球會經歷一年當中白天最短的一天，在南半球，則是白天最長的一天。從此時開始，太陽會從魔羯座移動到寶瓶座和雙魚座，然後再回到黃道的起點牡羊座，再次展開一年的循環。

黃道的元素 ————————————————

每個星座都有元素和模式，兩者結合就決定了星座的表現方式。

這裡有四種元素，我們依此把星座分為：土、風、火和水，總共有十二星座，所以每個元素有三個星座，這被稱為「三分性」。

火象（牡羊座、獅子座和射手座）：火代表熱情和活力。

土象（金牛座、處女座和魔羯座）：土代表理智的堅韌

風象（雙子座、天秤座和寶瓶座）：風代表心智的敏捷和分析能力

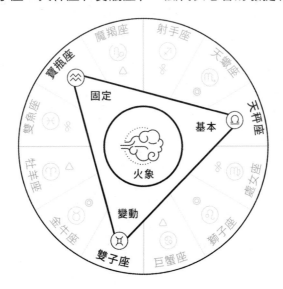

水象（巨蟹座、天蠍座和雙魚座）：水代表情感的直覺和共鳴的能力

黃道的模式 —————————

　　每個星座都有模式，進一步界定了它的特質。占星學裡有三種模式，分別為基本、固定或變動。根據太陽的移動，以及春夏秋冬季節的迭替，我們發現每個季節有三個星座，會依循相同的模式順序，從基本開始進入固定，然後是變動。模式也被稱為「星座性質三分法」，也就是每四個星座分屬於三種不同的模式。

· **基本星座（牡羊座、巨蟹座、天秤座和魔羯座）：** 基本星座開啟了一個季節。當太陽進入這些星座時，就會遇到分點或至點。每個季節都會迎接一年的新階段，賦予星座強盛的啟動及開創能力。

- **固定星座（金牛座、獅子座、天蠍座和寶瓶座）**：固定星座是在基本星座之後，會為一個季節帶來穩定的力量。固定星座會調和基本星座的熱情，帶來穩定的專注力、堅韌和耐受力。

- **變動星座（雙子座、處女座、射手座和雙魚座）**：變動星座是在固定星座之後，扮演促進轉化的角色。它們出現在一個季節的尾聲，提供一個橋樑，讓固定的能量轉化成基本的能量。它們具有適應能力，已做好改變的準備。

　　搭配元素和模式後，你會發現這有十二種獨特的結合，分屬於十二個黃道星座。也就是說，沒有任何星座有同樣的元素和模式。此外，你還會看到，元素和模式是依照順序輪替，會在一年內創造美麗的和諧。

　　當我們綜合看待一個星座的元素和模式時，就會對人類天生的複雜性心生敬意。舉個例子，寶瓶座是風象星座（心智敏捷，能適應改變），也是固定星座（專注、穩定，有時甚至很固執）。

十二星座、元素和模式			
星座	元素	模式	主要特質
♈ 牡羊座	火象	基本	開啟的
♉ 金牛座	土象	固定	穩定的
♊ 雙子座	風象	變動	易變的
♋ 巨蟹座	水象	基本	堅持的
♌ 獅子座	火象	固定	鼓舞的

♍	處女座	⛰	土象	變動	勤奮的
♎	天秤座	☁	風象	基本	和諧的
♏	天蠍座	🌊	水象	固定	神祕的
♐	射手座	🔥	火象	變動	擴張的
♑	魔羯座	⛰	土象	基本	責任的
♒	寶瓶座	☁	風象	固定	非傳統的
♓	雙魚座	🌊	水象	變動	情感的

黃道和身體

　　每個星座在傳統上都與特定的人體部位有關。根據黃道的順序，可以從頭開始到腳，而每個星座代表的身體部位，就邏輯而言，都符合其具備的力量和敏感性。舉個例子，溫暖勇敢的獅子座守護背部（特別是上背部）和心臟，代表強壯的脊椎和健全的心臟。

　　星座也與身體解剖部位有關，不過關於身體的生理功能，行星也扮演了重要的角色。（如果善用的話，醫療占星學是非常微妙又明確的）。

　　接下來這張圖顯示了身體和星座之間的主要和傳統關聯性，下方的表格則提供更多的細節，供需要時使用。請以這些資訊作為解讀的基礎！

占星與健康

牡羊座　頭部

金牛座　頸部

雙子座
肩膀、手臂和手

巨蟹座　胸部、乳房

獅子座　上背部、心臟

處女座　腹部

天秤座　下背部

天蠍座　骨盆腔生殖器官

射手座　臀部大腿

魔羯座　膝蓋關節骨頭

寶瓶座　足踝足脛

雙魚座　足部

十二星座與身體			
星座	元素	模式	身體部位
♈ 牡羊座	火	基本	頭部、腎上腺
♉ 金牛座	土	固定	喉嚨、頸部
♊ 雙子座	風	變動	手、肩膀、手臂、肺
♋ 巨蟹座	水	基本	胸部、胃

♌	獅子座	🔥	火	固定	背部、心臟
♍	處女座	⛰	土	變動	小腸、腸神經系統、橫隔膜
♎	天秤座	☁	風	基本	腎、下背部
♏	天蠍座	🌊	水	固定	性和生殖器官、骨盆腔
♐	射手座	🔥	火	變動	大腿、臀部
♑	魔羯座	⛰	土	基本	膝蓋、骨頭、皮膚、牙齒
♒	寶瓶座	☁	風	固定	足踝、足脛、小腿
♓	雙魚座	🌊	水	變動	足踝、足脛、小腿

行星和發光體

　　占星學認同宇宙萬物息息相關的智慧，所以我們必須特別注意所有的行星和發光體。不過，太陽和月亮這兩個發光體（在占星學中也被稱為「行星」）會對日常生活帶來更強烈的影響。而水星、金星、火星、木星、土星、天王星、海王星和冥王星（占星學將冥王星稱為行星）這些行星也扮演重要的角色，我們會在第五章討論。

　　行星會各自的週期通過十二星座，週期的長短取決於行星運行的速度以及與太陽的距離。每個行星也有各自的特質與能量。這些特質如何表現，端看行星位於你的本命盤的哪個星座（接下來會深入探討）。

　　每個行星會和一或兩個星座特別相容，當行星位在自己「守護」的星

座時，就是「回家」。

以下的表格與上列的「十二星座與身體」一樣，無法列出詳盡的資訊，只是宇宙健康之旅的基本要素。

行星			
	行星	守護	特質和能量
☿	水星	雙子座、處女座	心態、溝通、智力
♀	金星	金牛座、天秤座	樂趣、愛、價值
♂	火星	牡羊座、天蠍座	渴望、行動、動機
♃	木星	射手座、雙魚座	意義、智慧、豐足
♄	土星	魔羯座、寶瓶座	結構、紀律、生產力、時間
♅	天王星	寶瓶座	解放、真實、創造力
♆	海王星	雙魚座	靈性、融合、幻覺
♇	冥王星	天蠍座	陰影、演變、出生、死亡

發光體			
	發光體	守護	特質和能量
☉	太陽	獅子座	身分認同、基本性格、生命力
☾	月亮	巨蟹座	情感、欲望、滋養

其他星體 ————————————————

除了行星和發光體，像是凱龍（Chiron）、穀神星（Ceres）、婚神星（Juno）、灶神星（Vesta）和智神星（Pallas）等其他星體，也可能出現在你的本命盤上。當你熟悉本命盤後，也許會想要檢視這些星體的位置和星座。

本書主要聚焦於八個行星、兩個發光體和凱龍。凱龍是彗星和小行星的混合體，是半人半馬的怪物。我在這裡納入凱龍，是因為它代表核心的傷口，或是永遠無法痊癒的傷口。畢竟療癒不完全是解決疼痛，有時是培養與痛苦共存的能力，發展幫助別人的同情心，而這就是凱龍教導我們的功課。

十二宮位 ————————————————

你接下來會看到，在排列自己的本命盤時，屬於自己的占星資訊會以圓形呈現，也可以說很像「派餅」。這個派餅會被分成十二份，就是十二宮位。

我們現在要概括介紹每一個宮位，而這就像介紹星座和行星一樣，無法詳盡列出所有資訊。你先把這些想像成起跳點。

目前有無數的宮位制，我本身和這本書使用的是普拉西度制，這也是最普及的宮位制之一。

- **一宮**：一宮的宮頭代表上升星座（所謂的宮頭，指的是兩個宮位的分界點）。這個宮位代表你的身體、你如何表現自己，以及面對這個世界的

身體樣貌。一宮特別重要，因為論及健康時，一宮代表體質。

- **二宮**：二宮代表自我價值感和價值觀，還有大部分的物質財產，同時也可以看出你的財務和相關習慣。二宮與會透過你重視自己的方式，與健康之旅產生關聯。培養深層的自我價值，對於療癒之旅非常重要。這就是二宮的功課。

- **三宮**：這個宮位掌管溝通和寫作，也與你原生的社群、早期童年發展和兄弟姊妹有關。治療、日常紀錄，列舉和針對事物的能力，都是療癒之旅的基本環節。認識自己的三宮，可以啟動與以上事物有關的溝通過程。

- **四宮**：這個宮位代表家、房地產、父母及家庭根源，也象徵讓你在生命中覺得安全和穩固的必要事物，像是傳統。這些事物的黑暗面與結束有關。四宮宮頭代表本命盤的天底。就健康的角度而言，四宮代表你與人生基礎的關係。

- **五宮**：這個宮位代表創造力、藝術表達和孩子。五宮也與樂趣、愉悅、空閒時間、約會和浪漫有關。星盤上的這個部分代表消遣娛樂和繁殖能量，會透過對生命力和創造性的自我表達來促成健康。

- **六宮**：這是服務的宮位，代表飲食、健康習慣、日常行動和每天的工作。這也是例行事務的同義詞，包括需要時去看醫生，或是適合自己體質的運動練習。討論健康時，六宮是最重要的宮位之一。你的行為、生活方式的選擇和心態，都會對健康表現影響甚鉅。

- **七宮**：眾所皆知，六宮和七宮的界線，也就是七宮的宮頭，是下降點。

這個宮位代表透過合約確保的商業和浪漫關係（婚姻就是一例）。七宮也顯示了你的「公開敵人」，例如競爭者。既然關係是健康和長壽的關鍵指標。在討論如何與人合夥才能促進自己展現最好的一面，這個宮位極具重要性。

- **八宮**：這個宮位代表共享的資源，像是伴侶的收入、透過委任賺到的錢、以及所有與信譽、貸款、遺產或抵押有關的東西，諸如此類。從健康的角度來看，這個宮位也代表性行為、原始的欲望、祕密，以及出生和再生的週期。健康也與性愛密不可分。身體和情感的親密性是健康的重要基礎。

- **九宮**：這個宮位掌管宗教、高等教育、宏觀思考、出版和長途旅行。法律事務也與九宮有關。信仰和教育是身心安樂的重要因素。不斷讓大腦受到鼓舞和啟發，可以避免認知停滯和萎縮。在自我實現的道路上，九宮是很重要的宮位。

- **十宮**：這個宮位掌管事業、野心和榮耀。除了事業地位，十宮也代表權威，例如你的父母或上司。十宮的宮頭也就是天頂或中天，是星盤中最重要的點之一，象徵透過社會階級和名譽被外界所知的形象，也代表你的志向，以及從職業生涯的觀點，你會被什麼樣的事情點燃熱情。

- **十一宮**：這個宮位代表你的渴望，還有實現渴望的能力。就傳統而言，這是友誼的宮位，也守護了團體、組織和認識的人。這描述了你的個人的目標，有時甚至是職業的目標，攸關如何實現夢想。這關乎你的抱負、歸屬和社會人脈，這是人生很重要的一部分，可以激發你對安樂和高品質生活的渴望。

· **十二宮**：這個宮位守護你的潛意識和隱藏的生命面向，與神祕學息息相關，傳統上也代表了自我消融。這裡也與上癮有關，所以從演化的觀點，就如進入靈性智慧和超自然記憶的邀請函。十二宮是神祕的宮位，其本質與靈性表達、隱私和表面下的事物有關，而這些都會影響健康。

我會藉由這本書，讓你知道行星在不同星座的表現，但不會詮釋行星在宮位的意義。你可以在附錄的資源部分，看到進一步研究的建議書籍。

占星相位

相位代表角度的關係，或是不同行星在特定時間的定位，顯示它們各自的能量如何產生連結，如何與彼此建立關聯。

以下是相位的基本概念：

☌ **合相（0°）**：當兩個行星合在一起時，它們的力量會融合，開啟一個新的週期。

⚹ **六分相（60°）**：行星的力量會和諧地融合，支持新的努力付出有所成長。

□ **四分相（90°）**：一種宇宙碰撞促進快速成長，展現主導性的重點。

△ **三分相（120°）**：一種支持的展現，意指天賦或和諧的互動。

⚻ **補十二分之五相（150°）**：追尋目標的道路容易出現不和諧或不一致，需要調解。

☍ **對分相（180°）**：象徵極度的緊張，把問題帶到表面，也是力量的高峰點。

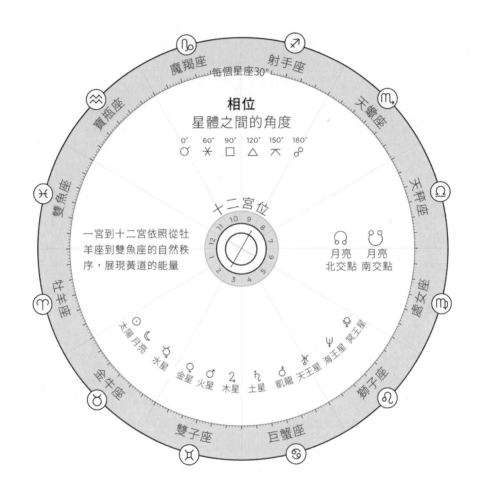

出生星盤和行運

　　分辨出生星盤盤和行星行運的差別是很重要的。出生星盤是根據出生日期、地點和時間推算而出的星盤，這是靜態的，不會改變。行運指的是行星目前所在的位置，以及它們持續的移動，類似氣象報告，能夠讓人知道現在正在發生的事，以及未來將會發生的事。我們在第二部會討論月亮

和太陽的行運，在第三部和第四部則會討論行星如何在你的出生星盤裡發揮
能量。

占星學、健康和個人轉化 ——————————

有很多絕佳的實例顯示占星學能如何影響健康，瑪莉就是其一。

她是住在紐約、受過大學教育的單身黑人女性，長年從事酒保工作。她
渴望能更進一步地活出自己，想要一個嶄新且順應自己深層渴望的人生。但
問題是，她渴望的人生，那個內心可以看到、感受並品嚐的人生，似乎離現
在的日子非常遙遠。她夢想能變得更健康、擁有忠實的關係以及更有成就感
的事業，但不確定能否實現。不過，她也很清楚，如果不去追求最大膽的希
望和夢想，她永遠都不會原諒自己。

瑪莉肯定是我遇過最努力工作的個案之一。她在療癒過程中展現的投入、
決心和能量絕非意外。多年前，她的母親癌逝，因此她深知生命短暫，迫切
想要活出渴望的人生。正因為她已經準備好要改變人生，才能掌握神聖的時
機，讓她更有動力去創造渴望的改變。

然而要做出必要的改變感覺很困難，特別是起頭。過去許多年，瑪莉的
生活總是在狂歡作樂，酒肉朋友只會讓她更陷在那樣的生活裡。

從她的星盤來看，她有這種表現其實不令人意外。她是太陽雙子座（超
級喜歡社交生活，有點人來瘋），本命的月亮在獅子座（非常需要被看見，
需要融入），再加上上升射手座（追求全然的自由，抗拒規則），所以傾向
於追求一個又一個刺激，這可以讓自己暫時振奮一下。不過，聚會中充滿派
對動物，讓她無法靠近自己真正渴望的生活，反而更加遙遠。她想要事業有
成，想要有靈性紀律，也想找到終身伴侶。她想要變得更加強壯，體態合宜，

而非整天醉醺醺的。

　　除了這些精神上的痛苦，更重要的是她還有子宮內膜異位的問題。她上晚班，吃酒吧的食物，下班前還會喝一杯酒，這樣的循環不只摧毀了她的自信，還導致疼痛加劇。她下定決心要改善這些狀況，於是開始全面檢視自己的生活方式。

　　身為太陽雙子座，瑪莉透過瑜伽的身心練習，安定自己的過動和停不下來的思緒，減少焦慮。不過這對她來說可是件苦差事，像她這樣天生喜歡追求社交樂趣的人，一小時不用手機都像是在要她的命。對她而言，這就像感官和社交的剝奪，是種非常不舒服的寂寞經驗。

　　當她開始遠離那些過往一起狂歡作樂的酒肉朋友時，她也會有類似的疏離感。儘管有這些挑戰，瑪莉還是堅持下去，不僅持續練習對她有益的瑜伽和健身，飲食習慣也做了明顯的調整。

　　她除了找我諮商，也讀了很多個人成長的書。正如我所說，她火力全開，不分日夜地吸收能找到的所有智慧與指引。

　　也因為做出這些改變，所以她開始體驗到身體充分休息、獲得滋養的好處。光是這麼做並無法根除子宮內膜異位的問題，但是減少了對身體不必要的壓力，對內分泌系統大有助益。在養成這些新習慣後，她不只在工作上有轉變，也發現自己能在最親密的關係中培養深入的信任，使她徹底蛻變。

　　經過上述的一切，她的疼痛變少了，人變得平靜許多，宿醉的日子也少了很多。

　　八年後，瑪莉與伴侶建立深入的連結，兩人結婚了。她離開了服務業，在酒保之後的第一份工作是活動策畫，現在已經在廣告業一家創意公司裡擔任資深主管。她現在住在一間閣樓，與身體享受更健康的關係。她將這種全方位的健康融合入生活，至今還能持續支持自己。

與太陽及月亮同步 ————————————————

　　本書的最後會探討要怎麼敏銳地感受到遙遠行星的週期，像是天王星和冥王星，不過日月的週期對生理時鐘影響最大，而這會影響到我們的健康、發展及人生。

　　現在我們已經認識了占星學、健康和出生星盤的基本概念，接下來會把重點放在重要的相位。我們會從月亮的週期開始，了解它如何影響我們的健康和福祉。

———————

1 出處：Liz Greene, Jung's Studies in Astrology: Prophecy, Magic, and the Qualities of Time.

2 出處：C. G. Jung, Jung on Astrology, eds. Safron Rossi and Keiron Le Grice.

3 出處：Richard Tarnas, Cosmos and Psyche: Intimations of a New World View.

4 出處：Simon Worrall, "How 40,000 Tons of Cosmic Dust Falling to Earth Affects You and Me."

第二部

土
奉行週期生活的魔法

當月亮約在四十五億年前形成時，生命也在月亮和太陽的影響之下演化，並且數度適應月亮的節律，以協調複雜的過程。

——加布里埃爾・安德里亞塔(Gabriele Andreatta)、生物學家克里斯汀・泰斯瑪—雷伯(Kristin Tessmar-Raible)

72

第三章
與月亮週期同步

————————— ✦ —————————

　　我的第一位靈性導師暨療癒者黛比‧萊菲（Debbie Lefay）傳授我月亮儀式的藝術，然而教導我與月亮同步生活來獲致健康的方法，卻是瑜伽老師暨吠陀占星家弗立登‧寇爾（Freedom Cole）。

　　初向寇爾學習時，我的人生一團混亂。那時我才剛獨自搬到舊金山，打算把大學念完。然而幾星期後不幸發生了九一一恐怖攻擊事件，在這場全球危機爆發之際，我努力用最少的生活費，在全然陌生的城市裡建立生活秩序，而且還得適應步入更年期後的身體狀況，這種種一切徹底激起我內心的焦慮。

　　寇爾在一開始就告訴我，「如果你有一本列出月亮每日行運的日曆，就會了解月亮對妳的情緒有何影響。」他接著解釋，這麼做就能預測每月的心情和症狀起伏，有助於面對焦慮。只要能預測這些波動，就能預先照顧自己。這種說法令我大開眼界，閃現一絲希望。

　　我馬上開始在日記裡記錄自己的身心徵狀，還有當天月亮的行運和其他占星事件。把從黛比那裡所學的知識與這個做法結合後，我馬上就察覺到，自己在新月時感到最舒適，滿月時狀況最差。我把這個發現融入自我

照護的練習當中，開始用這種嶄新的方式與月亮節律建立連結。

　　當我知道新月會開啟新的篇章時，我內心充滿希望。我每個月都會誠摯地慶祝新月，而大部分人只有除夕時才會這麼認真。我還在公寓的小角落搭了一個聖壇，讓我可以在那裡冥想和進行儀式。這種做法變成一帖超越傳統的身心良藥，有助於在療癒的過程中安定神經系統。

　　我很清楚每個月必須做什麼才能讓治療更進一步。除了新月儀式，我還會透過至少三種儀式來度過其他的月亮週期，分別在盈月階段、滿月階段和虧月階段。每個星期，我都會針對各別的月相週期採取不同的儀式，我覺得這樣更能與療癒所需的能量建立連結。

　　當我體驗到月亮節律如何影響情緒與身體後，我不再希望自己每天的心情保持陽光正向。我的情緒也有特定的週期循環，這些不過是暫時的。我會感受到強烈的憂鬱、沮喪或恐懼，卻仍深信這些感覺都會過去。此外，當生活與月亮的階段同步時，我可以用月亮的節律召喚意念和工作，為生活方式創造週期性的轉變，帶來顛覆性的影響。

　　當我擁有更健康的情緒時，我覺得自己變得更樂觀、更充滿希望，這種感覺進一步激勵我好好照顧身體，像是練習瑜伽、吃原型食物或接受治療等。我也很快發現，即便做對了事，也不代表無時無刻都如沐春風。我還是可能崩潰，還是會有不順心的日子，但我會變得更堅強、更有彈性和復原力。

　　對我和個案而言，這些都只是月亮帶來的部分好處而已。在本章中，我們會談到月亮週期的不同階段，以及如何利用它們讓心理更加健全，達到理想的健康和生活狀態。

健康與快樂的根源 ——————————————————

在占星學中，情感和健康的基礎是由月亮和巨蟹座守護。而身為人生教練及占星師，這也是我使用的引導準則：**情緒的覺察是療癒的根基**，但常常被忽略。

心理健康不僅有助於生理健康，也能夠孕育所有的關係、夢想，以及我們渴望更上層樓的事物。這是因為當我們感覺較良好時，外在表現也會比較好。當我們重視自己，就會比較願意照顧身體健康，把睡眠、營養的飲食、運動、自我照顧等事務擺在第一位。

當我們感到舒適時，會比較願意動起來，朝著遠大的夢想前進。當我們情緒好轉時，會在各種關係中茁壯成長，包括與自己的關係、與至親好友的關係，甚至與金錢的關係。當我們貼近情感核心時，可以獲得豐富的熱情，進而重新找回自己的力量。這不只有助於自我療癒、還能改善自己的人生和週遭的世界。

然而，我們必須先貼近自己的內心，這不僅出自於我個人的經驗和意見，連科學上都有相關實證。大約一百多年前，心理學家佛洛伊德就發現，壓抑情感會引發生理上的病症。更多研究發現，就本質而言，超過百分之八十的就醫都與社交／情感課題有關，只有百分之十六是單純的身體問題[1]。這告訴了我們什麼訊息？那就是：**療癒感受是一切之本**。

什麼是心理健康？ ——————————————————

心理健康指的是我們處理想法和感覺的方式。

　　每個人每天都會循環出現成千上萬獨特的想法，而其中許多都源自於情緒。在想法和感覺之中，如何處理、表達和採取行動，都會影響我們的心理健康。

　　在此先消化一個概念：**心理健康並不代表要正面思考、感覺良好，每天都過得開開心心**。大眾心理學會要我們「快樂」和「正面思考」，正向心理學則恰好相反，鼓勵我們去完整且誠實地感受並處理較黑暗、棘手的情感，不要偽裝、隱瞞或壓抑。在受傷時，可以培養接受的能力，從痛苦中學習。透過這麼做，我們可以學會調整心態來面對生命中無可避免的難關，同時變得更有韌性[2]。

　　照顧心理健康同時也代表接受生命中免不了會有的高低起伏。我們不能草率應付恐懼、悲傷或難過等不愉快的情緒。如果要維持健康的心理狀態，就不能強迫自己正面思考來逃避生氣或心碎的感受，反而要給自己必要的時間和空間去消化所有情緒，去表達它們，然後不斷進步。

　　對身體健康來說，感受所有的情緒以及當中蘊含的力量至關重要。其實身心是互為表裡的。要記得，萬物都互相連結。一個人也許強壯到能夠跑完一場馬拉松比賽，但還是可能會壓力過大，苦於睡眠和消化問題，因為處理情緒的方式會影響身體的健全程度。反之亦然，堅強健全的情緒與渴望，也會讓身體比較健康。

　　除了生理機能，情感的健全度還會引導我們的行為和決策過程，並且持續影響我們的身體、社交和職業生活。

　　所以我們到底要如何處理這些常讓人捉摸不透、失控，甚至令人避之唯恐不及的情緒？

進入自己的情緒 ————————————————————

如果想更強而有力地與自己的情緒產生連結，首先得釐清自己的感受。現代人匆忙度日，科技讓我們不斷分心，因此要做到這一點可謂「說易行難」。沒意外的話，最後你會發現，情緒其實是種慣性，要花點力氣才能打破。

這裡有個簡單的練習，可以讓你試著與自我建立連結：

很快地掃描自己的心智、身體和情感，評估此刻的遭遇，然後自問：我的感覺是什麼？我在想什麼？我需要做什麼？給自己的感覺、想法和靈光一現的智慧一點時間。

如果覺得麻木或沒感覺，也要認知到「**現在沒感覺，不代表感覺不存在**」。身體通常會為了自我保護而阻斷感覺。所以要有耐心，給自己一點時間，讓感覺浮現，然後認清它們試圖傳達的訊息。如果時機合宜，就根據從身體、心智和靈魂接收到的指引來採取行動。

無常之美 ————————————————————————

當情緒濃烈到無法承受時，我們常會忘記一個重要的事實，亦即當我們任由這些情緒馳騁，它的強度就會達到巔峰，感覺永遠沒完沒了。其實不然，當我們去感受情緒，就等於給自己一個放下它們的機會，如此一來，我們便能進一步去感受別的情緒。

在古代佛教的傳統裡，這個不斷變化的過程稱作「無常」。萬物都會經歷生死，沒有任何人、事、物會一直維持同樣的面貌。現在就只是當下

這一刻，僅此而已。

　　情緒也是同理。當我們任由自己感受好與壞、輕鬆或困苦的情緒，就能獲得療癒。

　　沒什麼宇宙力量比月亮更能示範無常和新奇之美了。月亮從新月、滿月到虧月不斷改變，而且每隔兩天半左右就會移動到另一個黃道星座。不過月亮就像你我一樣，不管外在怎麼變，本質還是不變，月亮還是月亮。月亮的週期特性完美示範了我們如何一次又一次地從黑暗走到光明。

關於月亮的科學事實

　　月相的變化是源於月亮繞地球公轉，使之與太陽相對關係改變而產生的。要記得，月亮本身不會發光，而是在繞著地球運轉時，週期性地改變與太陽的相對位置，將太陽光線強度的變化反射回地球。

　　月亮的重力控制海洋的潮汐。不過當新月或滿月之際，太陽的重力會強化其效果，使海洋出現最強的大潮。因為我們的身體有百分之五十到七十五都是由水構成，所以很多人相信該重力現象也會影響人類。

　　重力影響海洋的潮汐。雖然科學上也有討論這是否會影響人類的行為，不過在時間生物學領域已有證據顯示，人類可能也有內建的生理時鐘，類似運作一個月左右的全天節律。

　　內建生理時鐘的功能與外界的提示無關，但若與能適當反映的外在日夜週期同步時，功效最佳；另一種假設認為，人類沒有內建的生理時鐘，完全是根據外界的提示運作，例如夜晚光的轉換就與月相階段有關 [3]。

無論人類天生是否具有與月亮節律同步的生理時鐘，有知名的科學證據顯示，許多動植物的確如此。我很期待在接下來幾年相關的研究還會有什麼新發現。直覺告訴我肯定有很多東西可以學習！

月亮：你的指引與自信

月亮的盈缺週期大約一個月左右，成為我們開啟與顯化事物的通道。

當你了解月亮行運通過黃道的細微變化之後，就能學習如何用健康、有建設性的方式感受情緒，然後利用情緒來發現自己的療癒動力。

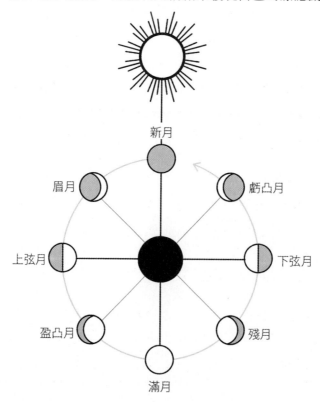

新月

虧凸月

下弦月

殘月

滿月

盈凸月

上弦月

眉月

　　跟隨月亮週期的腳步絕對是學習占星最好的開始，可以認識身體的週期性改變及情感需求，進而改善健康。這裡必需考慮八個月相階段：

🌑 **新月**：當太陽和月亮連成一線時就會出現新月。每個月通常會有一次新月，雖然有時一個月內會沒有新月，或是有兩次新月，因為兩次新月之間通常需要二十九天半，每個月發生的日期都不一樣。每次新月都會帶來看不見月亮的暗夜。以情感面而言，新月時最適合**聆聽內心的渴望**。這是**設定新目標、做出積極的選擇、滿足更深層渴望的機會**。此時可以確定你的需求，許下呼應渴望的諾言。

🌒 **眉月**：緊接在新月之後，此刻月亮開始脫離與太陽的直線連結，開始變圓，可以在天空看到一彎細細的弦月，常被稱為月神「黛安娜的弓」（Diana's bow）。此時可以針對你在新月種下的目標種子採取行動。要留意從新月到眉月時有什麼樣的感覺。例如，你是否覺得專注、充滿活力？還是精疲力盡又焦慮？又或是矛盾而不知所措？要**開始追蹤情感的變化**。這個階段的月亮週期鼓勵你繼續新月時定下的目標。

🌓 **上弦月**：當太陽和月亮形成直角、相距將近九十度時就是上弦月的月相，發生在新月和滿月的中間點，看起來像是半個月亮，代表轉變的時期。此時會出現**創造的機會**，也是致力追求欲望的時機。不過太陽與月亮形成九十度，也代表需要調解看不見的障礙，更深入探究自己的目標，知道可能會出現意外的變化球。

🌔 **盈凸月**：在上弦月後，月亮每一晚都會變得更圓滿。在月亮週期的這個時間點，太陽與月亮形成和諧的角度，你會感到精力充沛，一切都很到位，朝著目標勇往直前。這個階段的月亮要求你展現毅力。還記

得我在第一章提到安琪拉‧達克沃斯（Angela Duckworth）對毅力的定義嗎？就是「堅持與熱情的結合」。這個階段的月亮會鼓勵你用持續的方式達成目標。不過，這時的月光更明亮，更盈滿，此時的能量也可能導致失眠和焦慮不安[4]。在此階段觀察自己的反應方式，有助於了解和預見個人的健康週期模式。

滿月：當太陽和月亮在天空中遙遙相對時，月光把太陽的光反射回地球，使月亮看似圓滿。就占星學而言，在這個月相階段，太陽和月亮永遠位於對立的黃道星座，這可以帶來提升的創造力，有時也會引發緊張的感覺。滿月提供了機會，讓你看到生活中有什麼問題，然後可以開始改變。**滿月也會加速目標的呈現。**因為在夜晚有多餘的光，日常生活節律會受到影響，改變睡眠週期和能量。如果你特別留意在滿月時期的感受，就能依此調整照顧自己的方式。

虧凸月：在滿月之後緊接的就是虧凸月，這時的月亮開始虧減。很適合結束事情。**你可以檢查並評估有哪些地方可以退後一步，聽任發展。**聆聽靈魂的聲音，聽從它的指引，同時也要注意有什麼事要開花結果了，什麼事情已經顯現了？此時也要仔細留意自己的體能狀況。身體有什麼感覺？情感狀態有何轉變？與人交際互動的感覺如何？

下弦月：這時的月亮看起來是一半，但其實只有四分之一。下弦月與上弦月類似，此時太陽和月亮呈現直角，或是彼此形成不和諧的九十度。這個時候可以收割眾人皆知的結果，適合解決問題，完成計畫。你要去貼近內心不舒服的感覺。當月亮的光逐漸減弱時，這個階段會加強鼓勵你**放下不再適合自己的事物**。所以這個階段的月亮週期，時常會揭露很久以前立定、而現在已經趨近完成的目標。

殘月：很適合在這個月亮週期的內省時刻，檢討自新月開始學會的功課。你設定了什麼目標？自那時起有何進展？回頭檢視前面幾週自己學會了什麼，可以幫助你考量下一個月亮週期的目標。月亮在此時開始虧減變暗，讓你感覺有點懶洋洋、疲憊或退縮，也常常覺得有點憂鬱。利用這個時間哀悼和休息吧！這也被稱為「暗月」，指的是新月登場之前的三天期間。**你常會覺得這是月亮週期最挑戰的時刻，教會你如何優雅地臣服，接受自己的情感現實，聆聽直覺的聲音。**你可以在此時與空虛連結，也就是象徵「混沌」的經驗。

簡單卻必要的現實處方籤 ——————

　　我開始每天練習與月相同步時才二十幾歲，是個沒錢但有閒的大學生。請別忘了，有很多獨特且強大，而且也不用花很多時間的方法，能夠幫助我們把月亮週期融入生活。我替海瑟諮商很多年，她就是最好的例子。

　　海瑟年約三十五歲，是位住在中西部的白人女性企業家，不停周旋於顧客和員工之間，忙得不可開交。她的太陽在魔羯座，靠著規律和紀律保持健康和生產力。無論是運動計畫、飲食還是其他事項，她每週都過得像機器人一樣精準無誤，可以發揮最佳功效，一成不變，只有絕對的一致性和精準。透過這種嚴密控管的生活方式，她每個星期都總是能如期完成待辦事項。

　　即使在新冠肺炎疫情初期，健身房都不開，她還是每天早上在家裡做三十分鐘的循環訓練。這不只能讓她在忙亂的工作中保持情緒穩定，還有助於維持她的膝蓋健康（她的膝蓋有點問題，這在魔羯座身上很常見）。

82

活動可以讓她免於疼痛。

她不想放棄這種有紀律的生活方式，於是開始精準地運用月亮週期。
透過不斷察覺月相變化如何影響自己的能量，她現在知道有時必須在行事
曆中安插一些空白的時段（這些相對寧靜的時刻，對於創造力和宏觀思考
極有幫助）。當她想與人互動時，就會花多點時間和精力在與人連結、參
加活動上。她也把占星學運用在她的領導者角色以及親密關係中。

在她忙亂的行程裡，這些改變看似微小，卻大幅提升了她的視野和能
量。雖然她還是沒太多空閒時間，但是透過覺察情感起伏以及觀察月相，
她變得比較能照料職場和私人生活裡的需求和欲望。她也很珍惜每月的暗
月階段。她因為妹妹癌症辭世悲痛不已，當她創造寧靜的時刻時，才能面
對並感受這份揪心的哀傷。

**當我們重視月相的自然節律時，就能善用生產力的巔峰時刻，並且在
有需要的時候，進入深層的休息和修復。**當我們知道如何聆聽這種自然週
期時，創造想要的生活就變得相對容易。

月亮通過黃道

我們前面已經談及一些把月亮節律整合進生活的練習基礎，讓自己更
加健康幸福，現在就來認識月亮通過每個黃道星座的表現吧！

之前提過，月亮大約每隔兩天半就會換一個黃道星座，這比月亮繞著
地球轉兩天略多一點，月亮繞著地球公轉一圈需要二十四點八小時。當我
們觀察月亮通過每一個星座時，可以學會藉由針對黃道的週期性調整，認
同、理解和表達自己的感覺。你可能會發現，月亮位於不同星座時的感覺

截然不同。你可以根據月亮在黃道的位置來追蹤記錄自己的體驗，如此一來，就能更深入認識怎樣的情感狀態才是安適的，更知道在不同時刻，必須用什麼不同的方式來照顧自己。

追蹤月亮

你可以利用不同的資源來追蹤月亮的階段：

自從一八一八年起，**農民曆**就已經成為長期觀察天氣和天文的可靠知識基礎，也可以知道當時在家裡和農地該做的活動。以下的官方網站提供月亮階段和月亮所在星座的日曆：farmersalmanac .com/calendar/moonphases/；farmersalmanac.com/calendar /zodiac/

Café Astrology 網站通常會更新每天月亮的細節以及值得注意的行運。你也可以參考其中的月亮階段日曆（afeastrology.com/calendars/moon phasescalendar.html），或是用線上的計算機看到當時月亮的行運（cafeastrology.com/current-astrological -transits.html）

MoonSign.Today 提供線上月曆，還有供電腦使用的免費及付費的追蹤月亮的軟體（moonsign.today）。

星曆表會做成表格、資料檔案或參考書，用來追蹤星體的移動，這是很重要的占星工具，可以告訴你包括月亮在內，每個行星每天的位置。

諸如 Solar Fire 等**占星軟體**會提供日曆，詳細記錄月亮（以及其他行

星）的行運。

現在市場上有越來越多追蹤月亮的**手機應用程式**。如果這是你觀察月亮的方式，我也很鼓勵你安裝喜歡的應用程式（但要確定它的評價）。

　　以下是月亮行運經過每個星座的概括介紹，不能明確應用在任何的出生星盤。除了月亮在每一個星座的概論，我還統整介紹所有新月和滿月，這也不能應用在任何出生星盤上。當新月時，太陽和月亮永遠在同一個星座；而在滿月時，太陽和月亮總是對面的星座。我們每個月都會經歷一次**月亮回歸**，也就是月亮來到本命盤月亮的位置。在那個時候，本命盤月亮的性質會與當時天空的星象產生連結。

✲ 月亮在牡羊座 ♈

　　牡羊座是基本火象星座，也是黃道第一個星座，會帶來很多熱切的能量、行動、成長和新的開始。當月亮在牡羊座時，可以開始主導夢想。此時要聆聽行動和獨立的情感需求，為生命添加動力。

- **新月在牡羊座**：新月在牡羊座是星曆年第一個新月，也就是春分，所以格外重要。牡羊座會以激烈的方式啟動新的開始，邀請你探索自己的熱情。由於火星守護牡羊座，所以對於開始行動而言，是很有力量的月相。

- **滿月在牡羊座**：牡羊座滿月會發生在牡羊座和天秤座的軸線，讓你認清自我和群體之間的分歧。此時也鼓勵對關係進行內省，特別是互相拖累和討好他人導致的問題。這個時候練習或實際發洩憤怒也很重要。

✳ 月亮在金牛座 ♉

金牛座是固定土象星座，強調對於忠誠、具體化，以及渴望付出能得到收穫的需求。這個追求感覺良好的星座會在美感、感官及現實間找到平衡，也會抗拒改變，但這不一定是壞事。當月亮在金牛座時，適合腳踏實地、深入扎根，奠定根基，也很適合吃些營養的東西，動動身體，持續忠於目標。

- **新月在金牛座**：這個新月會引起與感官及性欲的連結。這時要慢下來，感受身體，給需求發聲的機會。你在這個新月開始的事情會持續發展，可以考慮練習冥想（如果你還沒有這個習慣），或是任何療癒身心的紀律練習。

- **滿月在金牛座**：金牛座滿月會凸顯**天蠍座－金牛座**這條軸線，這是很寶貴的機會。具體感受充滿月亮能量、成熟的性欲，與性欲建立連結，此時也適合探索安全感（金牛座）和危機（天蠍座）的分歧。你可以把焦點放在享樂、遊戲和感官上面。敞開心胸說出並接受事實。

✳ 月亮在雙子座 ♊

雙子座是變動風象星座，會強化心智的敏捷、想法和創造力。此時很適合用許多不同的方式溝通，包括寫作、說話、寫日記，或是任何有助於想法交流的事物。當月亮在雙子座時，可以用獨特的方式與人和想法建立連結，而在這個過程中，可以促進集體意識的走向。

- **新月在雙子座**：新月在雙子座時，你可能會冒出大量的新點子和可能性。這個新月感覺有點不踏實，最重要的是寫下你的希望、目標、夢想和願

望,特別是與自我表達或療癒有關的。這是個很棒的新月,適合開始說話治療,或是任何與自我表達有關的治療模式。

- **滿月在雙子座:**滿月在雙子座時,太陽位於射手座,意味著心智刺激、自由、探索和成長的需求。無論你是追求社會經驗,還是選擇把好奇心放在有趣的書本上,你一定要把自己的腦袋、心和耳朵打開,接受嶄新的、不同的觀點。你也可以檢視在生活中哪個領域覺得有所保留,然後採取行動,允許自己感受解放的真諦。

✳ 月亮在巨蟹座 ♋

巨蟹座是基本水象星座,由月亮守護,代表神聖的陰性特質、祖先,以及對於安全、舒適和保障的渴望。由於巨蟹座是深情、忠實、滋養和療癒的星座,守護我們的情感,所以月亮在巨蟹座時適合做一些建立自信的事。

- **新月在巨蟹座:**這是很美妙的新月,可以設定一些目標來療癒家族當前的問題,或是任何與血統有關的課題。這個新月會吸引你探索對於安全和保障的需求,也是為豐盛的財務埋下種子的機會。當你這麼做時,就會接受親密伴隨而來的脆弱。

- **滿月在巨蟹座:**巨蟹座滿月時,太陽在魔羯座,這會推動你辛勤努力達成生命的目標,但必須以家庭為後盾。在這個滿月時,你可能接收到來自家庭關係的洞見,特別是與父母或小孩。利用這個滿月珍惜你對家庭的喜愛,也要特別留心不再適合自己的模式,並且做到斷捨離。

✳ 月亮在獅子座 ♌

獅子座是固定火象星座，天性貪玩，充滿自信、慷慨又富有創造力。獅子座可幫助你真實表現自我，同時讓別人發光發熱。當月亮在獅子座時，你要關注並讚美自己。你什麼事情做得不錯？帶著感激認清自己的強項，反思要如何更加善用它們。

- **新月在獅子座：**在這個新月，你可以制定目標，透過玩樂來成長，帶著勇氣而活，把握自己的領導才華。你可以看到自己真實的模樣就是神聖的造物，帶著使命而生。這個新月鼓勵你重新為自己的生命力和自我決策注入活力。

- **滿月在獅子座：**這個滿月會啟動寶瓶座－獅子座的軸線，喚醒你的個人獨特性和玩樂天性。此時要聆聽自己內在小孩的需求。當你能與自己的現實一致時，就會感到加倍勇敢。即便很多事看起來很恐怖，但要去感覺恐懼，不顧一切往前走。

✳ 月亮在處女座 ♍

處女座是變動土象星座，與服務、提煉、精準、系統化和生產力有關。當月亮在處女座時，會意識到自己和週遭環境最健康的狀態。與其努力追求完美，不妨把目標放在持續的行動上。接受結構，將一切組織化，清楚明瞭，把焦點放在維持健康的行為上面，讓自己更強壯。要努力爭取獨處的時間，這在處女座新月時非常重要。

- **新月在處女座：**這個新月會要求你檢視健康，想想自己要追求什麼樣的感受，而且可以用自我照顧的行動來支持這個想像，進而實現它。此時

你可以開始拿回自主權，讓想像與現實結合，和理想中最健康、最亮眼的生活達成一致。此時可以檢視生活中有哪些事物在減弱自己的力量，好好制定目標，拿回自己的力量。

- **滿月在處女座**：處女座滿月會啟動**雙魚座－處女座**的軸線。這是最內斂克制的滿月，很適合簡化與強化效率。這是重新恢復健康飲食習慣的好機會，可以針對血糖控制來進食，吃更多綠色葉類蔬菜，喝大量的水。你可能會想好好獨處，若是如此，就要給自己多留點空間，好滿足這份需求。

✳ 月亮在天秤座 ♎

　　天秤座是基本風象星座，月亮在天秤座可以激發行動。當月亮在天秤座時，適合自問生活中有什麼事是平衡的，哪些又是失衡的狀態？你是不是在自我折磨？天秤座重視公平與和諧，所以在這個時刻，與衝突正面對決或坦然面對黑暗的情緒，都是極具挑戰卻刻不容緩的。天秤座也重視正義，這時你要與自己的價值結為盟友，為自己信奉的真理挺身而出。

- **新月在天秤座**：這個新月會邀請你制定關於公平、和諧與和平的目標。天秤座會透過藝術擴大自我表達的療癒力量，同時也會要求你評估關係。你是否覺得關係中的施與受有達到平衡？此時也要檢視個人價值，讓自己全然投入真正重要的事物。

- **滿月在天秤座**：這個滿月凸顯**牡羊座－天秤座**的軸線，以及在獨善其身或兼善天下兩者間拉扯。這個基本星座的滿月可能令人覺得無法妥協，你會努力善待自己，可以利用此時汲取自己的創造力。這個滿月是由金星守護，所以也可以與自己的價值觀重新建立連結。

✳ 月亮在天蠍座 ♏

天蠍座是固定水象星座，象徵野心、獨立，以及強烈想要勝出的決心。這個星座會為全然的真相奉獻，所以也強調深刻的轉化，會透過探索複雜的想法以及潛伏在陰影中的情感，在黑暗中找到意義。當月亮在天蠍座時，會對真實性抱持高標準。天蠍座也與性欲有關，所以此時可以檢視並且自問對於性生活的需求。

- **新月在天蠍座：**這個新月會要求你檢視自己在哪些地方可以進一步挖掘真相、獲得療癒，進而迎接轉化，而這個階段也很適合探索性欲，因為高潮對於回春、生命力、釋放壓力都是很重要的一環，甚至可以帶來更佳的睡眠品質。天蠍座新月就像鳳凰浴火重生一樣，能帶來重生和轉化。

- **滿月在天蠍座：**這個滿月會啟動**天蠍座—金牛座**的軸線，代表要回到身體裡：聆聽，然後打開開關。這個滿月會引動強烈的情感，此時很適合以自己想要在生命中創造的事物為出發點來梳理情感。要留意此時揭露的祕密，你可能會不認同這些生命的功課，但要謙卑地接受，因為這會加速療癒過程。

✳ 月亮在射手座 ♐

射手座是變動火象星座，會啟動對於獨立、宏觀想法、冒險、旅行和哲學的渴望。這個星座會體現對於學習、教學、探索、成長，以及拋開規則、尊崇真理的喜愛。有鑑於此，月亮在射手座會鼓勵你說出心中的任何想法，要聽從自己的直覺；此時你也可能會特別想要運動。

- **新月在射手座**：射手座是最有願景的星座之一，會把想法化為行動。雖然這個新月出現在年末假期，但是非常適合展開日常工作。你可以重新架構自己與未來願景的關係，重新注入活力。這個新月適合為希望、樂觀和成長埋下新的種子。

- **滿月在射手座**：這個滿月會啟動**雙子座─射手座**軸線，其具備的強烈力量也可以重振你追尋自由的冒險精神。在此時，你可以體驗自由的意義，推開限制的界線，勇於冒險，大膽說出真心話。

✳ 月亮在魔羯座 ♑

　　魔羯座是基本土象星座，帶有無與倫比的堅韌天性，堅持埋頭苦幹的工作倫理，一切以使命必達為宗旨。魔羯座的能量會讓你更嚴謹、務實。此時很適合捲起袖子，為了自己的目標努力奮鬥。當月亮在這個位置時，你可以透過架構和規律來加速療癒。

- **新月在魔羯座**：當新月在苦幹實幹出了名的魔羯座時，此時是追求目標的絕佳時機。你可能覺得不能鬆懈，想把事情全都做好，但要記住，不需要一次到位。這個新月會邀請你制定遠大的目標並帶來新的開始。

- **滿月在魔羯座**：這個滿月會啟動**巨蟹座─魔羯座**的軸線，呼喚你的內在主人。要留意權力鬥爭，用務實和熱情來實現夢想。此時的你情感充沛，極為敏感，要檢視自己的力量，確認自己能否駕馭自如。這個滿月由土星守護，會要求你忠於自己的目標，並且讚賞勤勉與刻苦。

✳ 月亮在寶瓶座 ♒

　　寶瓶座這個固定風象星座象徵改革與創新風潮的人，這些人會拋開傳

統、打破規則。寶瓶座跟魔羯座不同,會對目光狹隘的目標抱持懷疑,只專注於工作,強調改變的需求和社會改革。當月亮在寶瓶座時,要保持開放態度,追隨直覺,重視激進的夢想。創造力會引導你朝創新的方向邁進。這是令人暈頭轉向的時刻,所以留意自己的情緒是很重要的,這麼做可以導正路線,讓你不至於變得太冷漠疏離。

- **新月在寶瓶座:** 這個新月可以解開束縛,秀出自己的獨特性、真面目、激進的想法和創造性的領導能力。你也可以重新投入許下承諾的改變,尤其是符合理想和社群的改變,也很適合利用科技。寶瓶座新月會啟動對於社會正義的熱情,所以也是制定促進集體健全目標的好機會,適合發展並投入夢想,實現最渴望的未來。

- **滿月在寶瓶座:** 寶瓶座滿月會啟動**獅子座-寶瓶座**的軸線。你會得到一些靈感,留意自己是否被局限在一些毫無必要的事情上,被剝奪了活力、健全和個體性。此時候很適合擁抱綜融各種方式「折衷主義」,即使這麼做可能會與現狀衝突。此時也很適合參加健身課、團體治療,或是加入一些志同道合的支持團體。

✳ 月亮在雙魚座 ♓

　　雙魚座是黃道最後一個星座,這個變動水象星座可以整合之前十一個星座的影響力,同時帶來融合為一的力量,鼓勵你了解細膩之道,融合靈性和務實的一面,以增加同理心和療癒的能力,以及直覺性的理解。當月亮在雙魚座時,你可能會追求超乎言語、藝術性的事物。此時要注意界線,避免過度付出,要對靈性的管道持開放態度;此時也適合練習冥想、聽音樂,或是看一部發人深省的電影。

- **新月在雙魚座：**這是制定目標，放大第六感的時機。請記得，儘管所有新月都代表新的開始，不過新月在雙魚座同時也象徵了一個星曆年的完成。當你迫切朝著自己最渴望的事物前進時，記得把焦點放在療癒和寬恕。

- **滿月在雙魚座：**這個充滿直覺的滿月會啟動**雙魚座—處女座**的軸線。要重視直覺，在此刻，寬恕就跟傷心和脆弱一樣，是放諸四海皆然的良藥。這個新月邀請你探索偏向藝術和靈性的事物，這麼做能讓夢想成真。請正視並釐清自己的情感。你可能會陷入受害者模式，或是想要逃避現實，也可能重犯之前的癮症，必須持續留意。

照顧情感是自我價值的基礎 ─────────

　　當我第一次遇到克萊兒時，她是三個孩子的家庭主婦，想要創業，不過每次都半途而廢。她老是因為把自己放在家人的需求前面而深感不安。但是身為一位住在鄉下的白人女性，她渴望能為家裡的收入盡一份心力，同時突破自我限制的慣性，因為這逐漸耗盡她對成長的欲望。儘管如此，她又覺得沒收入就不能證明自己值得待在這個家，不配擁有自己的空間，或是在行事曆裡安排充滿活力的活動。她陷入了惡性循環。

　　當我們著手一起檢視她的健康狀態時，她與自己最深層的渴望連結，開始想在家裡打造一個用來經營新事業的小角落。某天，她找來一張在清倉拍賣買到的邊桌，抓了一張折疊椅，把它們放在家裡的一個角落。這個小空間就是她的第一個「居家辦公室」，為夢想中的生活踏出了她的第一步。

　　開始照顧自己更深層的需求時，她這才發現，自己之所以一直把家庭的需求看得比自我照顧更重要，純粹是為了逃避內心的恐懼。當她開始將自我照顧與月亮週期同步時，就可以優先照顧自己。當她的自我照顧開始反映並支持更深層的情感需求，她的事業開始成長起飛，與此同時，她也需要更多空間，因此她先找了家中閒置的房間，然後是鄰居的小屋，之後又租了一間辦公室，最後成功打造出顧問的招牌。

　　這一切並不容易。克萊兒得不斷面對像是「驚恐」這類棘手、無法負荷的情緒。當她在家裡占據一個自己的空間時，重複體驗到這種感受。光是想著要將居家辦公室的一面牆重新油漆，一開始她都快喘不過氣了。她覺得自己「不被允許」在房間裡留下那樣的記號。她沒有對恐懼妥協，反而聆聽自己的渴望。雖然還是很害怕，但她繼續採取行動，所以才能成長到如今這個狀態，在生活和家裡拿回主導權，進而活出自己，充滿朝氣。也因為她試著去發現並了解自己的身心健康，從而改善了她的情感、靈性、身體和財務健康。

　　這不只為事業帶來實質的成長，也使她開始更加注意身體，因為她知道，想要繼續當一個成功的老闆、妻子和母親，健康是非常重要的一環。她開始聆聽自己每個月的節律，知道自己何時需要更多睡眠才能充分善用能量，然後整個月都能保持專注。她也更常活動身體，安排更多像是瑜伽和跑步這類的活動。跟過去很長一段時間相比，她感到更加神清氣爽，更有活力，也更快樂。

　　她的事業成長、自尊心的巨大轉變，改善了健康和自我照顧，這所有的改變都源自於她終於能夠**忠於自己的內心**。

　　我很欣賞克萊兒不斷善用月亮來擴張和深化自己的意識。除了靠著最佳的睡眠和運動來補充營養，她對於情感健全的全新感受也被喚醒了，想要用更強大的方式來助人。當她更有自信時，開始與內心更深的渴望產生連結，產生參加社區環保行動的念頭。要當一名行動主義者是何其挑戰的難事，尤其是得挺身對抗權威的一方。不過她已經學會如何處理更大的危機，帶著更多勇氣活下去。

月經週期與月亮週期的結合

讓妳的月經週期與月亮同步，代表在新月時出血，在滿月時排卵。人類在使用電之前，這種狀況會規律發生。而在科技時代要做到這件事感覺卻新奇又困難。

不過我要告訴妳，不一定要為了達到健康的目標而刻意讓這兩種週期一致，太刻意甚至會有反效果。原因就是在月經期間，最重要的就是維持健康的週期。健康的週期可能是二十一天到三十五天[5]，但最好是二十五天到三十五天。妳的週期會不斷改變，但是月亮的週期永遠不會改變。

妳如果有健康的、規律的月經週期，目標應該是去維持它。試著讓月經週期與月亮同步，反而會打亂週期，製造不必要的傷害。

如果沒有健康的月經週期，首先可以把目標放在治療這件事。這需要努力，但第一步不是與月亮同步。

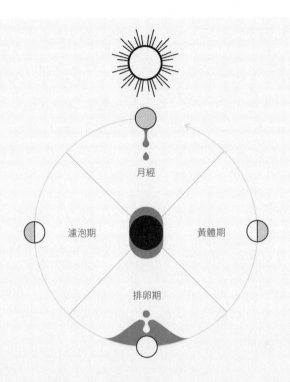

全面性地調整月經週期，需要吃血糖平衡餐，讓消化系統有最佳表現，還要修復下視丘－腦垂體－腎上腺系統（HPA）軸線。如果想要更進一步了解，參閱妮可·賈汀（Nicolle Jardim）的《校準你的月經》（*Fix Your Period*）。

如果不是因為子宮切除術或產後沒有月經、更年期前期或是任何擾亂經期的症狀導致閉經或經期不規律、青春期前期、被診斷是沒有月經的女性，又或是非二元性別的人，想要與這個月亮週期的能量合作，這將有助於妳利用這個節律，這就是我過去二十年做的事，效果相當神奇。

新月代表週期時的月經，月盈階段會反映濾泡期，是從經期開始到排卵期。滿月類似排卵的能量。最後到了月虧階段就類似黃體期或月經前期。

讓自己的賀爾蒙節律與月亮的節律同步，這個過程被稱為「相位偏移」。這代表要改變你的行為以及環境，才能搭配月亮週期的環境提示和光的刺激[6]。

要訓練月經週期與月亮的節律一致，必須尊重與月亮有關的黑暗面。在殘月到新月之後的頭兩天，你在晚上必須避光，晚餐後不能用電腦或看電視。當月亮變得盈滿時，每天晚上你要慢慢接觸更多的光。在滿月時，會真的想要整晚都有光，甚至連睡覺時都是如此。然後當月亮開始虧減時，就要開始反過來，逐漸減少接觸到光。

以下是一些入門的訣竅：

1. 一開始要同時紀錄月經週期和月亮的週期，首先要注意在新月時，妳的經期處於哪個階段？妳在流血還是排卵？還是正處於月經和排卵期之間（也就是濾泡期）？如果新月剛好在經期最初期的階段，妳很可能在接近滿月時排卵。如果新月時妳正在排卵，那就剛好相反，這提供了能量交錯互動的機會。在新月時，妳也可能是濾泡期或黃體期。要記錄兩個週期，並且相信不管處於哪個階段都是恰到好處。

2. 知道在新月時經期在哪一個階段後，就能開始有意識地運用月亮的週期和經期。新月比較內斂一點，因此要設定目標時，就賀爾蒙來

說，排卵是一個月裡比較有能量的時候。無論如何，最重要的是，必須先重視身體的需求，然後再開始一步步融入月亮的節律。

3. 當新月開始時，要設定目標讓身體和月亮的節律達成和諧。挑一個完整的週期，每天追蹤月亮的位置，走出戶外看看月亮，觀察它的變化。

4. 在新月、眉月和上弦月，以及下弦月和殘月的階段，務必早點關掉科技產品，要打造舒緩的夜晚儀式，專注在睡眠保健和休息上面。拉上窗簾，在漆黑的房間裡睡眠。在盈凸月和虧凸月之間的日子，妳可以多接觸月光。要與月光而非人工光源連結，才能讓身體與月亮節奏有機會同步。

5. 在盈凸月、滿月和虧凸月時期，可能會想要在晚上多接觸光，但這對身體可能有點危險。你可以連續三天把窗簾拉開，讓月光灑進房間，或是開燈，在大約一百瓦伏特的光源下睡覺。但要注意，利用晚上的光來改變賀爾蒙節律可能會擾亂睡眠，也可能導致賀爾蒙紊亂。

解鎖療癒的魔法

魔法是一種生活方式。一個人如果盡可能駕馭這輛雙輪戰車，同時發現其實還有更偉大的他者在操控戰車，此時魔法就出現了。一個人無法說出魔法會有什麼效果，因為魔法是沒有法則的，沒有規則或偶然出現，所以無法在事前得知。

——榮格，《紅書》

布置一個聖壇：創造成功的條件 ─────────

　　你可以在家裡或辦公室某個角落架設一個聖壇，當作與神性溝通的特別地點。試著布置它，你可以在聖壇擺放代表黃道每個元素的神聖物件，建議如下：

　　　風：啟發性的影像

　　　火：蠟燭

　　　水：一碗水

　　　土：小型植物

　　在布置聖壇時，最重要的是想著自己的祖先、遺澤和靈性信仰。你可以在上面放些什麼來反映自己？你可能會想放一張自己童年時的照片，或是摯愛的照片。也許還有其他神聖的物品可以讓你想起繼承的遺澤、夢想和目標。列一張清單，這些物品應該可以幫助你與神性建立直接的連結。要認真蒐集這些物件和布置聖壇。你可以從共時性裡找到力量，看看會出現什麼。給自己幾天的時間去蒐集物件，等準備好時，就開始創造自己的聖壇。

　　請謹記，這麼做是要根據自己的現實，而非別人的規則。你的聖壇就是自己神聖的空間，要能代表你和你的祖先。你可以在此實現奉獻的儀式。你在閱讀本書的過程中會發現，一個儀式練習會建立另一個儀式，記得用自己的步調前進。

認清自己的憧憬 ——————————————

花點時間，想想自己對於療癒之旅的憧憬，你必須清楚知道自己想要創造什麼。最重要的是要開始有畫面，開始領會、夢想和想像自己渴望召喚的治癒力量。你要任性地玩耍、做白日夢。思考要跳出框架，然後寫下憧憬，緩一緩，讓它活在心裡，然後大聲地說出口。你可能發現在說出憧憬時，會勾起更多的情緒，這種感受對共同創造的行為是很重要的。

然後要自問：**一旦這個人生憧憬實現了，我就能達到什麼目的**？寫下你的答案，之後大聲地讀出來。

現在沉思片刻：**是什麼讓我裹足不前，讓我不去實現這份憧憬**？慢慢來，然後寫下答案。

最後你要承諾在生命中做出改變。寫下承諾，然後放在聖壇上。每次當你來到聖壇，就要把它大聲讀出來。

現在我們已經知道月亮會如何影響經驗，接下來要檢視我們與太陽的關係，這也在健康裡扮演重要的角色。

100

1 出處：University of Jefferson Myra Brind Center of Integrative Medicine, "How Emotional Processes Affect Physical Health and Well Being," Topics in Integrative Medicine.

2 出處：Rosemarie Kobau et al., "Mental Health Promotion in Public Health: Perspectives and Strategies from Positive Psychology," American Journal of Public Health 101, no. 8 (2011): e1–e9.

3 出處：Florian Raible, Hiroki Takekata, and Kristin Tessmar-Raible, "An Overview of Monthly Rhythms and Clocks," 以及 Gabriele Andreatta and Kristin Tessmar-Raible, "The Still Dark Side of the Moon: Molecular Mechanisms of Lunar-Controlled Rhythms and Clocks," Journal of Molecular Biology.

4 出處：Raible, Takekata, and Tessmar-Raible, "An Overview of Monthly Rhythms and Clocks," 189.

5 出處：Nicole Jardim, Fix Your Period: Six Weeks to Banish Bloating, Conquer Cramps, Manage Moodiness, and Ignite Lasting Hormonal Balance.

6 出處：Sandra J. Kuhlman, L. Michon Craig, and Jeanne F. Duffy, "Introduction to Chronobiology," Cold Spring Harbor Perspectives in Biology 10, no. 9.

第四章
與太陽週期同步

————————————✳————————————

　　女神波賽鳳（Persephone）是天神之首宙斯（Zeus）和農業女神狄蜜特（Detemer）的女兒。有一天，波賽鳳在尼莎谷的小溪旁採花時，被宙斯的兄弟冥府之王黑帝斯（Hades）綁架帶到冥府。狄蜜特知道這個消息後，悲傷不已，所有的花和穀物都因此停止生長。狄蜜特被悲傷擊倒，地球也歷經了整整一年的大饑荒。

　　宙斯終於介入，黑帝斯同意把波賽鳳還給她的母親。不過在放人之前，黑帝斯設計波賽鳳，讓她吃下一顆象徵死亡的石榴的種子。從那時開始，波賽鳳就被迫每一年有一半的時間在冥府與黑帝斯共同生活。

　　接下來，每當波賽鳳不在人間時，狄蜜特就再次陷入悲傷，導致花和穀物死亡，也因此產生了秋天和冬天。每當波賽鳳回到母親身旁，地球再次充滿生氣，出現了春天和夏天。

　　季節性的生活就像地球一樣古老，滋養了人們，支持我們的需求，也喚醒了轉化的力量。我們會開始與這種季節性同步，而這在占星學裡是根深蒂固的模式，我們會讓自己與健康狀態與太陽的週期一致。

太陽、季節和健康

當我們度過四季時，同時也體驗到不同時期的陽光與黑暗、日與夜的交錯。這一點特別重要，因為**陽光在健康和療癒裡扮演重要的角色**。

這就是為何很多人在白天較短的秋季和冬季，會感受到季節性的情緒浮動，這時我們的晝夜節律派不上用場了。日光較少會導致血清素分泌較少。血清素是一種神經傳遞物，會影響健康和快樂的感受[1]。

低血清素會導致沮喪和焦慮，也就是所謂的「冬季憂鬱」。這也可能讓我們非常渴望吃高碳水的安慰性食物，因為吃碳水化合物可以短暫增加血清素[2]。日光的增減改變也會影響大腦製造褪黑激素[3]。在冬天，身體曝曬在日光之下的時間較短，會導致產生更多的褪黑激素，容易昏昏欲睡。

我們不應該抗拒因季節或陽光導致的能量變化，反而應該尊重身體對於日光的需求，同時接受各種季節性的轉變，因為這對成長至關重要。

利用陽光的療癒力量

我是在二十歲才知道日光的影響有多麼深刻，無論是對身體還是情緒而言。當我要展開新生活時，內心深處出現一股渴望，想要旅居他鄉，擺脫過往貼在我身上的標籤，還有遠離因為癌症認識我的人。我用我本命太陽雙子座的方式——走出原本的生活，背上大背包，帶著一點點錢，搭上飛往聖地牙哥的飛機。我當時的男友住在那裡。

儘管我還處於癌症後與停經後的脆弱狀態，但我是玩真的。這是很大的改變，離家代表變成必須徹底自立自強，財務也要獨立。但我沒料到

的是，走出家門，飛到國家的另一岸，這個大膽冒險的舉動，換來的是被聖地牙哥溫煦的陽光給不斷擁抱著。

我立刻就覺得聖地牙哥像張溫暖的毯子，充滿風和日麗的氣息。我馬上適應這裡的規律——至少對一個端盤子的二十歲服務生來說，我有盡可能地調節自己的規律。我一邊忙著在加州安頓下來，一邊等著重返大學當全職學生。當我的皮質醇再度回到比較健康的指數時，身體馬上就穩定下來。我開始在海邊漫步，盡可能待在戶外，靠近大海。

當我住進新家幾個月後，突然發生一件神奇的事。我晚上睡覺時差不多一閉眼就睡著了。從小到大，睡覺對我來說如臨大敵，因為我很難入睡。我老是在該進入夢鄉時保持清醒，它剝奪我每日所需的精力和專注力，我長年都被這種亂七八糟的睡眠模式給折磨著。

在陽光充沛的聖地牙哥過著平靜的生活，讓我把生理時鐘調回正軌，而我的精力、經期和情感狀態也出現戲劇性的改善。我現在終於知道神清氣爽地醒來是什麼感覺。我終於有了能量、專注力和重心。如今的我可以每天精神抖擻，準確無誤地做好我的工作，而這也意味著我能繼續負擔這裡的生活。

日光、身體和健康

當人們接觸到日出的陽光時，情緒的混亂會減少一半[4]。早上接觸陽光可以減少晨間褪黑激素的分泌，增加皮質醇，這正是想在早上神清氣爽地醒來該有的狀態[5]。根據一份研究，這兩種賀爾蒙會規律地增減，也許就是為什麼早上曬太陽的人比較沒有睡眠問題[6]。此外，早上的陽光可以

增加胰島素的敏感度，意味著較不需要胰島素來維持血糖的平衡，可以降低許多疾病的危險，包括糖尿病[7]。

季節：改變的邀請函 ─────────

每個季節都會提供淨化的機會。淨化一詞源自於希臘單字 katharsis，有「精煉」或「清潔」之意，在療癒上與情感的釋放有關。淨化就是釋放，而秋天會為淨化提供機會，可以褪下不再適合自己的東西；冬天則允許我們躺下來休息、聆聽，同時種下未來想要培育的事物的種子；初春是飢渴的時節，我們在冬天種下的種子還沒發芽，到了夏天，就會在充足又豐沛的陽光中狂歡。這就是季節節律的本質。

在太陽的四季週期裡，最根深蒂固的是**情緒的轉換**。這也是我們取用週期生活的力量的方法。跟著季節的腳步生活，就代表接受白晝的長短變化和氣候提供的淨化禮物。要放下我們所知並相信的一切並非總是那麼容易。我們在這個蛻變的過程中會遭遇阻抗，導致許多人都經歷過的「季節性憂鬱」。

對於改變感到抗拒是很自然的反應，不過這種不舒服必然會成為轉化的一部分。無論這些改變再怎麼令人不安，還是提供了成長的機會，引導我們走向恢復和更新。當我們貼近這些改變週期時，會在追求健康的過程中與季節同步，依此調整自我照護的方式，這對達成最佳健康狀態而言非常重要，也會成為滋養生活所有面向的基礎。

當我在聖地牙哥住了幾個月後，內心深處更加渴望順隨季節變化來過活，因為我想與它建立連結。我一開始發現的靜止和平衡，勾起了對改變

和成長的渴望，也渴望能回到四季給予我的調節暗示。秋天和冬天的白天較短，溫度較低，但帶來的深層淨化就像陽光那樣滋養，讓我懷念不已。如果整年的溫差不大，也不代表你就不能順著季節而活。因為冬日的白晝還是比較短，而夏日較長。你還是可以體驗到地球繞太陽公轉的魔力。我只是渴望經驗到更真實的冬天，甚至很希望下雨。

這些季節性的週期變化和轉化已經發生了數十億年。儘管像我以前一樣，當我們「痛恨」秋天和冬天時，最終還是會發現，我們的內在與外在生活，都和季節有著密不可分的關係。

與太陽同步生活

當地球繞著太陽運轉時，我們會體驗到幾種現象，這些現象在追求健康的過程中扮演相當重要的角色，分別是四個分明的季節、四個跨季日（每一季的中間點），以及太陽持續運行通過十二個黃道星座。

當我們更深入地跟著太陽週期同步來生活時，要記得你的季節經驗取決於你所處的地方。世上有些地方的季節比較分明，而氣候變遷也會改變全球的天氣模式。此外，南半球的季節也跟北半球相反（北半球夏天時，南半球正值冬天，反之亦然）。

首先我們先來看太陽週期的基本剖析圖，然後再按照季節、一次一個黃道星座來走過占星的一年，一切就一目了然了。

✳ 太陽週期的完整剖析

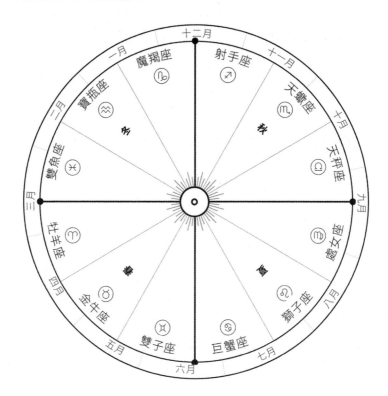

在至點（Solistice）時，太陽在黃道上與天球赤道的距離最為遙遠。當太陽在最北方的位置（北回歸線），我們就有了夏至；當太陽在最南方的位置（南回歸線），就是冬至。在夏至時，太陽是巨蟹座零度；而在冬至時，太陽位於魔羯座零度。

在古希臘文裡，回歸線（tropikos）代表「轉彎」。這正是太陽在至點時做的事：停下來大概三天，然後轉彎。

根據拉丁文的翻譯，分點（equinox）就是「同樣夜晚」的意思，這發生在太陽在黃道上通過天球赤道時。在春分時，太陽位於牡羊座零度；秋分時，則是天秤座零度。

為什麼南半球和北半球的季節相反？

就如第二章提及，回歸黃道是根據在至點和分點時形成的基本方向。根據天球赤道創造的運轉平面（地球的赤道投射到太空）以及黃道（太陽繞著地球的明顯軌道）會在分點交錯，而在至點時會形成最大的偏角。

地球二十三點四度的轉軸傾角，也就是黃道的傾斜度，導致了季節的出現。這就是為何每個半球會在每年的特定時期接觸到較多或較少的日光。這也是為何北半球和南半球會經歷相反的季節，但這不代表它們會經歷不同的黃道星座。在同一個時間，對於整個地球而言，太陽都位於同樣的黃道星座。

在寫這本書時，我曾經和吉米尼・布瑞特（Gimini Brett）聊過。他說：「回歸黃道就像許多薩滿的傳統一樣，會與基本方向的能量連結。回歸黃道就如時常呈現的模樣，的確具有季節性，但是回歸占星家很少認同地球的兩個半球的季節是相反的。關鍵就在於，這裡講的北方，是指地球上所有地方的北方。」

雖然這本書的黃道主要是以北半球的觀點，但你要知道：回歸黃道是

有季節性的，但是這些季節並不能定義黃道星座。我們住在北半球的人每一年感受到的季節節律，會跟住在南半球的人不一樣，不過星座的本質還是一樣的。如果想要進一步了解，請參閱 GeminiBrett.com

太陽與黃道十二星座 ————————————————

每個季節都包含三個黃道星座，不過提醒一下，每個季節裡的星座永遠按照以下順序排列：基本星座代表季節的開始，固定星座會穩定這個季節，變動星座則是準備接下來的季節變化。

✱ 太陽週期概論（北半球）

太陽進入一個新季節的日期每年都不一樣。請查日曆確定最準確的日期。

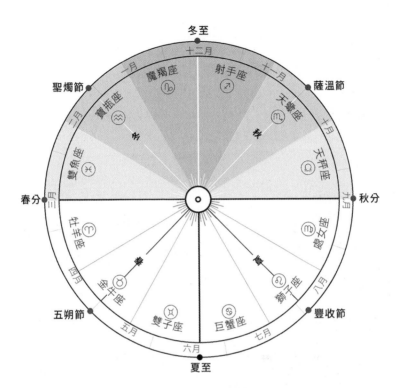

· **春分：三月二十一日**

　牡羊座（基本火象）

　金牛座（固定土象）

· **五朔節，跨季分界點：五月一日**

　雙子座（變動風象）

· **夏至：六月二十一日**

　巨蟹座（基本水象）

　獅子座（固定土象）

· **豐收節，跨季分界點：八月一日**

　處女座（變動土象）

· **秋分：九月二十一日**

　天秤座（基本風象）

　天蠍座（固定水象）

· **薩溫節，跨季分界點：十一月一日**

　射手座（變動火象）

· **冬至：十二月二十一日**

　魔羯座（基本土象）

　寶瓶座（固定風象）

· **聖燭節，跨季分界點：二月一日**

　雙魚座（變動水象）

什麼是跨季日？

分點和至點把一年分為四季，每個季節都會被跨季日分割，跨季日永遠是在固定星座，代表分點和至點的中間點。

五朔節帶領我們進入成長的季節。在這個時候，你要準備好迎接一個可以帶來健康的擴張週期。花時間在戶外活動，吃新鮮的食物，大量運動，可以幫助你善加利用春天。五朔節適合慶祝肥沃和繁殖力。

豐收節歡迎我們進入收割的季節，此時必須培育夏天的豐盛。這時最重要的是吃很多新鮮的當地食物，把喜悅和樂趣放在第一位。

薩溫節召喚我們回歸內在。這是一年當中最神聖的時候，我們會與黑暗、內在的智慧融為一體。白天變得比較短，所以這時把睡眠放在第一位是非常重要的。此外，還要把飲食從夏末和初秋清淡的、鮮活的飲食，改變成為現在比較適合你的、比較滋養的冬季食物。

聖燭節象徵希望的重生。我們會慶祝預期重返的日光和成長，但也知道此刻仍有大量的黑暗。每年此時，適合把焦點放在發展靈性。全心投入在內在的光，可以幫助你生出智慧。

占星的季節和黃道的生活

我們接下來要介紹每個黃道星座，因為它們與季節有關。要記住，本章提供的介紹是要幫助你依據太陽星座的季節性來調整照顧自己的方式，

所以這與個人星盤無關，可以適用於所有人。

✳ 春季的黃道星座

我們在第二章提過，占星的一年是從牡羊座開始，這在北半球象徵春季的開始，其中包含牡羊座（基本火象）、金牛座（固定土象）和雙子座（變動風象）。

在春季如何自我照護

人們常認為春天是茂盛的、興旺的，生機勃勃的，不過初春時分，特別是在北半球還沒準備收割。我們覺得豐盛的承諾就要實現，但其實還沒出現。無論是在大自然還是我們的內在，春天都是萌芽的季節，此時可根據在秋天和冬天獲得的能量來啟動新的開始。

我們在此時種下的根，將會帶我們走過一整年。春分是占星學的新年，讓春天充滿力量，讓行動與目的一致，所以此時適合布置一個聖壇或規畫私人或事業的目標。

為了平衡從冬末轉移到初春，你要補肝，減少攝取複雜的碳水化合物，減少吃糖，吃優質的綜合維他命，同時飲食要注意血糖平衡，搭配大量的綠色葉菜類和優質蛋白質，喝很多的水。多流汗是最重要的事。

除了「整理」身體，這時也很適合整理週遭環境，來一個春天大掃除，有全新的開始。

✳ 牡羊座 ♈

這個基本火象星座揭開了占星的一年，帶有「起始」的意義。

在北半球，牡羊座零度代表春分，在南半球則是秋分。

牡羊座會啟動野心、欲望、熱情、決心和行動。這個星座守護頭部，鼓勵我們擁抱自己的主權、獨立，更新能量，重新開始追求目標。牡羊座帶來的影響是急迫感，渴望能闖出一片天地、全新的開始、以及大力掃除不再需要的事物。

此時的你可能會比較沒耐心，所以要善用能量，早起沐浴在朝陽之中，做一些會流汗的體力活動。在情緒層面上，此時會憤怒和不耐煩，最重要的是用健康的方式釋放情緒，以達到淨化效果，例如運動、抒發性的寫作或藝術。

✳ 金牛座 ♉

這個固定土象星座將我們穩固地安置在季節的中央。

金牛座季節會喚醒我們對感官、性的樂趣和身體碰觸的渴望。金牛座是由象徵愛和美的金星守護，會滋養情欲，帶來成長。在這個固定土象星座的季節，也很適合發展穩定特質，大幅提升自己的掌控力。可以的話，不妨赤腳踩在地上與土地連結。

由於金牛座守護喉嚨，因此可以試著唱歌或吟誦，這麼做可以刺激橫隔膜，延長呼吸，甚至可以釋放骨盆腔的壓力。另一種強化聲音與身體的連結的方式就是在鏡子前大聲說出正面的肯定句。愛自己身體當下的樣

子，這也是健康的一部分。

✳ 雙子座 ♊

雙子座是黃道第一個變動風象星座，是季節的橋樑。

象徵傳訊者的水星守護雙子座，同時也要求我們建立之前不存在的連結來吸收知識。在這個時候透過旅行、寫作和社交來學習新事物，效果特別好。

水星守護肩膀、手臂和手掌，象徵這是個靈巧機敏的時期，但就負面而言，也可能導致倉促慌忙，社交可能會淪為膚淺的互動，要特別留意。如果可能的話，在行事曆裡要保留兩成完全空白的時間。此時可能忙得不可開交，讓你格外緊張、焦慮和不安。若要舒緩這些傾向，就要吃健康的食物並練習保持覺知。你可以嘗試森林浴，就像日本人會為了促進身心健康而沉浸在大自然裡，此時這麼做的效果會特別好，可以提供一種踏實感，平衡雙子座步調快速、多變的風象能量。

月亮所在星座 ——————————————————

這是占星一年的第二個季節,在北半球是夏天,包含了巨蟹座(基本水象)、獅子座(固定火象)和處女座(變動土象)。

在夏季如何自我照護

歡迎來到陽光的季節。當身體接觸到越來越多陽光,體內的血清素自然會比較多,使夏天成為喜悅的季節。這個季節會誘惑你早起晚睡,敞開心胸,笑口常開,笑到肚子痛。

夏天是玩樂的季節,但是太常往外跑會導致曬傷,尤其是沒有刻意照顧自己,就會樂極生悲。這時要多喝水,小心不要太討好別人,還要避免過度忙碌。在湖裡、溪流、池塘、大海和泳池戲水游泳,不只能幫助你冷靜下來,也能滋養陰性能量。

與夏天有關的失衡包括燙傷、潮熱、衰竭、粉刺和消化問題。就情緒層面而言,過熱可能引發憤怒、嫉妒或不耐煩。如果想平衡這些問題,要留意中午做的事情。如果可能的話,多吃當地食物,特別是青菜和水果。這時有很多機會參加戶外活動,新鮮的空氣和陽光(接收維他命D)也會帶來滋養腸道菌的重要細菌。

✻ 巨蟹座 ♋

這個基本水象星座為占星年度揭開第二個季節的序幕。

巨蟹座是由月亮守護，這個季節需要具備對愛許下承諾的勇氣，要去愛我們滋養的人，以及滋養我們的人。此時，我們也要去認識情感需求的深廣本質，並且透過徹底的自我照護來滿足更多需求。此時適合深入根源，包括家庭的根源，更深刻地了解何謂神聖的陰性。

我們要透過緬懷的方式來尊敬祖先、他們曾面對的困難及遺澤。傳述祖先的故事吧，如果家族的故事對你造成負面影響，花點時間去溫柔地感受它。有什麼在那裡等著你去療癒？

與滋養有關的身體部位，像是胸部和乳房，現在會特別受到關注。現今的世界充滿了環境雌激素，以及會模仿雌激素效果的化學合成物，這可能導致雌激素優勢，即體內雌激素過多，同時（或是）與黃體素相較之下，含量顯得過高。巨蟹座季節很適合恣意食用當地生產的或解毒的食物，這有助於健康的新陳代謝，減少過多的雌激素。如果要讓腸道正常和健康，就得確定每天要流汗，同時吃大量綠色葉菜，限制酒精和糖，以達到顧肝的效果，進而幫助身體自然地達到賀爾蒙平衡。這麼做也能保養乳房。

✻ 獅子座 ♌

這個固定火象星座象徵占星年度第二個季節的中間點。

如果想要讓周圍充滿獅子座能量，必須從核心——也就是心臟——散發生命力。熱切地追求心愛的事物，同時練習無條件地自愛。當你處於理想中正面光明的狀態時，會比較能夠愛自己，當面對人類的陰暗面時，要

自愛就比較難。你可以透過整合內在的光明與黑暗，包括它們帶來的每一門功課，進而變成此生注定要成為的強大領導者。練習想像、沉思、跳舞和唱歌，就能為與自愛有關的功課，以及這門功課帶來的喜悅，搭起一座療癒的橋樑。

在獅子座的季節，要花時間照顧自己內在的小孩，勇敢地表達自己，展現真實的一面和原創性。要用開放的心胸，帶著真實的熱情投入每一天，把玩樂視為心的寄託。

獅子座守護上背部和心臟。矛盾的是，強壯的核心可以幫助你站得像獅子一樣挺。皮拉提斯是低強度的運動，可以延伸軀幹、加強核心，有助於發展自我意識。如果沒有嘗試過皮拉提斯，那就試著去上課吧，網路上就能找到相關課程了。

當你踏入自己主宰的領域，就要信任身體，憑著直覺的引導來選擇食物。

✳ 處女座 ♍

這個變動土象星座會讓你準備好放下當下的季節，迎接未來。

處女座時期會是個轉捩點。每年這個時節一到，就適合清除浮上檯面的窠臼，減少沉溺，選擇滋養。如果獅子座的季節是要發現自己「適合什麼」，處女座的季節就是要把重點擺在自己「不適合什麼」。檢查身體，自問哪一種運動、食物、人和經驗，可以和你的最高目的結合。

必須發揮效率，在季節即將移轉的時刻，持續去做最重要的事。

處女座季節也會召喚你為了目標而奉獻，要求你消化自己的功課，把注意力放在最重要的事情上。我喜歡把處女座視為「純淨的守護者」，因為這個季節會要求你保護最有意義的事物。

每年這個時候，要特別注意你的消化系統。為了讓身體吸收營養，減少毒素，必須格外用心咀嚼食物。消化是從口開始，如果可以的話，要用心地慢慢進食，品嚐並享受食物。

駕馭狂暴的夏末

每年當夏天快結束時，你是否會有些易怒？完全合理。過去幾個月的日子如百花齊放般爆發，注意力被拉向外面的世界。當你好不容易調整好狀態時又得開始改變，當然會令人有些抗拒。

我年輕時會跟「狂暴的夏末」硬碰硬。經過這些年的個人成長，我了解到，在季節轉換時感到不適，通常是因為沒有照顧自己的內心世界。

有趣的花花世界會分散你的注意力，忽略與自我的連結，然而唯有與自我連結，你才會是踏實的、滋潤的，也才會懂得珍惜地球的韻律起伏。而換季時最適合修復這個連結。獨自回到家，重新建立自我照顧的規律。

秋季的黃道星座 ──────────────

這是占星年度的第三個季節，在北半球是秋天，包括天秤座（基本風象）、天蠍座（固定水象）和射手座（變動火象）。

在秋季如何自我照護

秋分發生在豐收季節的中間，會為晝夜帶來平衡，接下來的白天較短，天色較暗，我們必須適應陽光的減少。

這股改變的風吹來，會為週遭帶來更多變動，不僅在樹梢之間，連整個大自然都會隨之變化，並且蔓延到我們的內心世界。不過在現代，氣候的變化是無法預測的，所以秋天也可能會有不穩定的天氣模式，特別是在風力強勁的颱風季節。秋天要求我們做好萬全準備，所以最重要的是要有意識地進入這個季節。

日光減少會降低體內的血清素，這會導致季節性的情緒問題，人會覺得憂鬱、浮躁、不安或焦慮。皮膚也會比較乾，因此護膚是首要工作。芝麻油是最棒的身體滋潤品，保濕面膜在夜晚也有幫助。在此時用蓖麻油按摩腳也特別有效（也可以加少許的檀香強化基底油）。

在這個時候也要滋養消化系統，因為氣候和日曬時間的改變會讓新陳代謝變慢。在這個日光漸漸減少的季節，也要處理自己的情感。在中醫裡，秋天是難過、悲傷和憂愁的季節，與肺有關。這個季節從事一

些淨化的活動，像是藝術、音樂、舞蹈、寫作、治療和瑜伽，甚至去看電影，都是不錯的選擇。

✳ 天秤座 ♎

天秤座是基本風象星座，它揭開了占星年度的第三個季節。

天秤座會把相反的事物凝聚在一起，從大自然的秋分就看得出這項特質。天秤座的季節很適合社交活動。在此時，我們要與自己的價值觀建立正確的關係，致力追求平靜、平衡和正義。天秤座也代表時尚，因此這段時間會激發我們改變服裝風格、調整居家裝潢，盡情發揮創造力。

此時最重要的事情之一，就是小心不要陷入互相依賴的互動模式裡。汲汲營營去討好別人，可能會導致下背痛；過分操勞也可能導致腎上腺失衡。此時適合練習陰瑜珈，可以試試人面獅身式、蝴蝶式，或是仰臥扭轉等動作來強化足少腎陰經。

天秤座的主要功課就是與自己的現實連結，同時關照與他人的關係。

✳ 天蠍座 ♏

這個固定水象星座讓我們置身於季節的中間點。

天蠍座是由冥王星和火星共同守護，喚醒性欲，勾起高潮帶來的療癒力。天秤座與重新校準和平衡有關，天蠍座則關乎於親密、與內心最深處的需求連結以及內觀。面對它吧，現代社會已經很少有時間做這些事，特別是年末佳節即將來臨的時刻。當你要進一步演化活出真實的自我時，給自己一點安靜的時間，評估轉化的功課。

此時，長期隱藏的羞恥感可能會冒出來。當你把光明帶到黑暗之中，也會創造療癒的機會。要留意上癮和其他逃避的出口。

天蠍座與性的健康有關，因此這個時節很適合滋養性欲，可以透過伴侶或自慰來探索性欲，甚至買新的情趣用品。如果你覺得性會帶來身體的疼痛，可以考慮骨盆健康物理治療。你如果曾經有性方面的創傷，在此時開始接受傳統治療或創傷治療，也會帶來很好的效果。

✳ 射手座 ♐

這個變動火象星座延伸涵蓋了季節交替的時節，創造出大膽直率、勇於冒險的氛圍。

在天蠍座的季節，你對內在已經進行過不自在的深度探索，現在可以拋開這些被揭露的真相，活在當下。射手座的守護行星是代表好運和祝福的木星，會帶來愉快、外向的能量，鼓勵你追求歡樂。

這個季節也提供成長的機會。不過，如果不留意，可能會導致過量或上癮。就情感和心靈層面來看，此時很適合沉浸於感恩、豐盛和樂觀的情緒，但要留意過度耽溺的傾向，這也是這個時期的常見的特徵。在狂亂匆忙的假期時，很容易覺得備感壓力和難過。請記得，情緒會引導你注意自己的內在需求。

射手座守護臀部，人們常說這個身體部位會保留情緒。在新年和冬至來臨之前，花點時間沉思一下即將要結束的這一年。你學到了什麼？你在慶祝什麼？為什麼悲傷？列出你體驗到的情緒，然後用身體乳液或精油按摩臀部。觀察一下在這麼做時有何感受。

冬季的黃道星座

這是占星年度第四個、同時也是最後一個季節，在北半球是冬季，包含了魔羯座（基本土象）、寶瓶座（固定風向）和雙魚座（變動水象）。

在冬季如何自我照護

此時適合把注意力轉向內在，休生養息，恢復元氣，同時聆聽內在的聲音。花點時間培養有意義的人際關係，帶著目標全心投入。

缺少陽光，意味著體內的血清素減少，讓人覺得這是個退縮的季節。要記得，這是自然淨化週期的一部分。你必須蛻變和釋放，才能成長，必須允許死亡，才能帶來重生。如果在這個時期感到恐懼，試著貼近這種感覺。如果不切身躍入痛苦，要如何感受何謂痛苦？

冬季是陰性修復的季節，大自然進入休眠狀態，但是需要成長和演化的原生力量仍然很強大，在表面下暗潮洶湧，力圖恢復生氣。此時也可以把更多注意力放在工作上，但也要花點時間由內而外地滋養自己。漫長的夜晚可以提供充分的睡眠與休息時間，讓身心獲得修復。

✳ 魔羯座 ♑

魔羯座這個基本土象星座開啟了占星年度第四個、同時也是最後一個季節。

魔羯座由土星守護，要求培養紀律，幫助你踏實，專心一致地朝著目標前進。你要面對前幾個季節學會的功課，利用它來打造堅固的基礎。魔羯座與膝蓋和骨頭有關，讓我們能挺直站立。每年的這個時節，伸展身體和練習瑜伽的效果會特別好。如果你缺乏活動能力，無法做到，那就利用呼吸與骨頭連結。

魔羯座是基本星座，也是土象星座，所以可以發揮你最高的潛能，接受世俗智慧的矛盾之處。現在很適合善用一些較不顯眼的生命元素來達成目標，像是日常規律、生活習慣和架構。只要投入時間、耐心和適當的內在資源，任何事情都可以做到。冬天雖然是休息的時間，但也是迎接新年，充滿野心抱負的時候。現在最重要的是，學習如何不需要過度擴張就能滋養自己。同時，你還要謹慎地依照目標的輕重緩急來引導能量的分配。

✳ 寶瓶座 ♒

寶瓶座是固定風象星座，出現在季節的中間。

寶瓶座由土星和天王星共同守護，帶來因為被迫反省而出現的破壞性創新，以及支持新想法出生的慢步調。此時很適合理解成長和刺激的集體能量。如果要做到這點，最好在早晨建立生活規律，可以幫你在面對外在世界之前，先找到踏實的力量，同時最重要的是與內在的情感世界建立連結。

寶瓶座守護腳踝，幫助你在踏入未來時能保持平衡。健康的關鍵在於能活出自己的特色，與他人區隔。不過到最後，你會想要找到一個社群，變成群體的一份子，但不是主流的群體。在這個時候，反而適合專注尋找「同溫層」。

✳ 雙魚座 ♓

雙魚座是變動水象星座，也是黃道最後一個星座，這個季節象徵占星年度的結束。雙魚座是黃道裡最具靈性色彩的星座。這個星座能理解眾生同為一體，所以會與別人產生共鳴，也很容易預測別人的需求。這個季節和調和有關，你非常了解細微的差別，進而讓靈性與現實融合。不過也要留意過度付出，因為不努力劃清界線，就很容易會失去自我。

另一種超越世俗的方式就是做夢。雙魚座是由充滿想像力的海王星和慈悲的木星共同守護，這會支持你的夢想，而在此刻，一切看來都充滿力量和可能性。你可以追求藝術，藉此脫離現實世界，獲得該有的休息，像是舞蹈、繪畫，或是重新找到情感的平衡。

此時也適合特別照顧足部（你在人生的踏實力量）和免疫系統，尤其是淋巴系統。建議你與週遭事物劃出界線，創造自己的空間。這段時間若每天進行冥想，也會特別具有療癒效果。

儀式：與自己的智慧連結 ─────────

讀完本書後，或是任何需要汲取個人智慧的時刻，都可以進行這個儀式。你會需要一本日記和一支筆。

一開始先聚精會神，進行短暫的冥想。

把重點放在呼吸上，用心觀察。你是覺得思緒清楚，注意力集中，還是心思紊亂，有些焦慮？無論如何，都要用接受、同理和愛，把呼吸帶入其中。

把焦點放在心靈。你感受到多少勇氣？現在是什麼帶給你啟發？你今天要如何活得更有勇氣，更受到激勵？花點時間去感受它，當你準備好時，再進入下一個階段。

注意你的直覺，要透過高層的自我來確認它。你今天感覺如何？你的直覺現在要求你承認什麼？現在有什麼情緒？靜下來，聆聽情感傳達的訊息。當你覺得完整時，再進入下一個階段。

留心你的身體。你的身體需要什麼？身體感覺如何，是在要求或需要什麼？你現在的活力狀態？你在休息嗎？你需要哪種活動？你今天能如何活動身體，感覺更滋養？身體渴望哪些營養？

聆聽你需要聽到的聲音，敞開心胸，接受身體的智慧。

現在拿出日記本，寫下發現的一切。

最後心懷感恩地結束這個儀式，然後全心投入一個自己的需求。

現在我們已經奠定扎實的基礎，可以開始解讀出生星盤，以及它的核心元素，也就是月亮星座、太陽星座和上升星座，會如何影響你的全方位健康。

1 出處：Gavin W. Lambert et al., "Effect of Sunlight and Season on Serotonin Turnover in the Brain."

2 出處：Richard J. Wurtman and Judith J. Wurtman, "Brain Serotonin, CarbohydrateCraving, Obesity, and Depression," Obesity Research 3, suppl. 4

3 出處：Alfred J. Lewy et al., "The Circadian Basis for Winter Depression,"

4 出處：Michael Terman et al., "Controlled Trial of Naturalistic Dawn Simulation and Negative Air Ionization for Seasonal Affective Disorder," American Journal of Psychiatry，以及 Konstantin V. Danilenko and Iana A. Ivanova, "Dawn Simulation vs. Bright Light in Seasonal Affective Disorder: Treatment Effects and Subjective Preference," Journal of Affective Disorders.

5 出處：Rachel Leproult et al., "Transition from Dim to Bright Light in the Morning Induces an Immediate Elevation of Cortisol Levels," Journal of Clinical Endocrinology and Metabolism.

6 出處：Madeline Kennedy, "Morning Daylight Exposure Tied to a Good Night's Sleep," Reuters, May 18, 2017.

7 出處：Northwestern University, "Bright Light Alters Metabolism," Science Daily.

第三部

風

整合你的核心占星學

創世神話雖然是以混沌揭開序幕，但是「混沌」這個字並沒有混淆和騷動的意味，只代表無盡的虛空。

——狄米特拉・喬治(Demetra George)，
《暗月的神話》(*Mysteries of the Dark Moon*)

第五章

月亮星座：學習如何自我滋養

•·············· ✳ ··············•

　　我們傾向讚美家中的「第一人」，好比第一個上大學的人、第一個離家的人，但是對我母親而言，當家裡的第一人並不容易。在一九八〇年代，我的母親是帶著三個小孩的家庭主婦，沒什麼成就感。當越來越多女性開始外出工作，她也渴望有自己的事業。她很快就成為家中第一個創業的女性，但也是第一位離婚的女性。很不幸地，這加深了她與母親之間根深蒂固、長達數十年的嫌隙。

　　我的外婆在很多方面都像典型的義大利長輩，在六歲時從義大利移民到美國，當了一輩子的家庭主婦，連駕照都沒有。外婆跟母親明明住在同一個州，卻像是身處於兩個不同世界。我的母親堅持追求獨立，外婆完全無法理解，特別是當母親決定要工作而跟父親離婚的那段時間，母女倆為了這件事吵得不可開交。

　　這件事對父權至上的義大利家庭來說是很沉重的負擔。外婆因為母親的決定而感到被排斥，母親又因此覺得被外婆排斥，我將這稱為「雙重排斥」，這後來也一點一滴地滲透進入我與母親的關係之中。

　　我接受子宮切除手術後，母親非常希望我聽從醫生的建議，求我「照

醫生的話做」。現在回頭看，我能理解她為什麼堅持只有醫生才最清楚狀況，但我還是想要用自己的方式治療。我不但沒做到她（還有醫生）的要求，還飛到離家幾千哩遠的對岸，按照自己的方式找到療癒的方法。

過去很多年，這個決定造成我們母女之間很大的緊張，兩人很少溝通。這的確令我相當痛苦，到最後，這個情感的斷層引導我走向有史以來最重要的療癒工作，那就是「與月亮合作」。

月亮會讓我們與自己的母性本能和母系遺傳建立連結，這兩者能為關係和生活帶來重大的療癒效果。

在這一章，我們將會檢視你的出生星盤的月亮星座，解釋它怎麼幫助你在情感、身體和心靈層面滋養自己。首先介紹一些關於情感的科學和占星學，以及我們如何與眼前的人建立連結。

進入自己的情緒

你的情緒狀態會影響身體健康，反過來也是一樣。請記住，這一切都是有關連的。除了身體和心智的關聯之外，情緒也會左右重要的行為和決定，這可能會對身體、社會和職業造成長遠的影響。

舉例來說，我們怎麼運用放縱、限制、創造、強迫、慷慨、親密或天賦的力量，就會對健康和生活造成同等的影響。我們的情感、心智和身體健全，就是每天體驗到的、數以千計的思緒和情感。如果真要活出心理健康，我們必須能用健康的方式處理和表達所有情緒。這些情緒包括喜悅和興奮等正面情緒，也包括像是焦慮和恐懼一類的負面情緒，所有情緒都必

須被表達出來。

　　雖然正面情緒聽起來比較誘人，但是美國知名學者布芮尼‧布朗（Brene Brown）有個著名的說法，她說喜悅常常是我們最怕感受到的情緒，因為這似乎預告了失望、拒絕，甚至是危機[1]。

　　由於正面情緒不容易感受和處理，加上我們不斷地經歷龐雜且時常無法負荷的情緒浪潮，所以我們與自己情緒的關係總是令人憂心。再加上我們每天要做這麼多事，生活中有這麼多的人、這麼多的責任和互動，每個小時、每一天或是每一週，都有很多情緒等待消化。

　　這也難怪，大部分人都很容易感受到內在的壓力，這是因為我們無法或不願意表達這些情感。為了掩飾情緒的跌宕起伏，我們會訴諸膚淺的語言。當有人問候時，我們總是說「很好」、「沒事」。我們大多都是反射性地這麼回答，很少清楚地想一想自己的答案，然後總是怕要跟對方交代更多而快速補上一句：「那你好嗎？」

　　這些機械化、甚至無意義的對話不時會出現，但是大部分的鄰居、同事，甚至是朋友，的確通常也沒時間或太大的興趣聆聽我們的生活瑣事，像是擔心即將要去的工作面試，或是對一段新關係的雀躍心情。

　　但是，當我們說「很好」、「沒事」時，有多常是因為不知道自己真實的感覺？說實話，我們根本常常就沒有足夠的時間或空間去注意自己的感覺，也不試著了解，反而會用比較理智的角度去過日子，擬定接下來要先滿足什麼需求，想著未來或過去，列出待辦事項，而不是去感受或表現情感。

最重要的是，別人的情緒噪音可能會擠壓我們的情感。也有些時候，我們就是選擇不要釐清現在的感受，因為這些感受實在太沉重或太痛苦了，我們會刻意忽略，然後把它們藏到最深處，這樣日子才能過下去。

唯一令人恐懼的，只有恐懼本身 ——————————

我再強調一次，**情緒都是短暫的**，這很重要，但常被忘記。即使是帶著報復色彩出現，**很多情緒只要去面對，了解它們要我們承認的事實，找出健康的方式去表達，它們就會轉化，為其他情緒騰出空間。不要逃避或壓抑情緒，注意並重視自己的情緒起伏才是更好的做法。**越快承認自己真正的感受，我們就能越快將不喜歡的情緒狀態轉化成更吸引人、更有生產力的情緒狀態。

情緒沒有好壞之分。舉個例子，偶爾忌妒一個朋友或心愛的人，這其實是很正常的情緒，是人性的一部分，本質上並沒有好或壞。當我們覺得憤怒、憂鬱或焦慮時，也是如此。依照我的正向心理學老師塔爾‧班夏哈（Tal Ben-Shahar）的說法，「問題在於我選擇如何表現一種強烈的情感？如何採取行動？這時道德就介入了。在這個點上，我的行為可以合乎道德或不顧道德[2]。」要去感受所有情緒，包括困難的情感，像是憤怒、仇恨和嫉妒，這對健康、安樂和幸福來說都非常重要。情緒本身很簡單，是行動和反應才會帶來複雜交錯的影響。

要相信情緒是暫時的，相信情緒的智慧，能讓我們在不斷的變化中找到安慰。這可以幫助我們放下扼殺、放大或控制的渴望，並讓情緒浮現，表現它們真正的模樣。然後我們才能在感受並釋放情緒的過程中變得更強大，更有彈性。

情緒是我們最私密的國度，它們有自己的語言，而認識它們的唯一方法就是聆聽。

找到情緒在身體的位置 ──────────────

我常常帶領個案做這個幫助他們找到自己情緒的練習：

閉上眼睛，如雷達掃瞄身體，注意身體有什麼感受。此時你的腦海中無論是喧鬧紛雜還是默然無聲，集中在一種感受上面，描述它。現在給它一個顏色，取個名字。做幾次深呼吸，詢問這個感受是否要傳達什麼訊息給你。

把很多注意力放在這個感受上，與它對話，看看有什麼情感藏在後面，就更能了解它要你表達什麼。從這裡，你可以看到如何有建設性地讓感受浮出檯面。舉個例子，與其勃然大怒，不如向信任的所愛之人解釋，他是怎麼傷了你的感情。你也可以用冥想或寫日記的方式紓解壓力。培養認識情緒的能力，必然可以強化健康，刺激復原力。

你的月亮星座和情感需求 ──────────────

除了要找到自己的諸多情緒，在日常生活令人喘不過氣的混亂中練習覺察情緒，也是非常重要的事。我喜歡運用月亮（與你的本命月亮星座以及持續的月亮週期協調），是因為它可以幫你用比較輕鬆、自我疼惜的方式來處理這一門充滿另類挑戰的功課。

你的本命月亮星座反應了你的存在的情感核心，也就是你更深層的需求，以及你需要什麼才能獲得情感上的滿足和安全。學習認識自己的月亮

星座可以培養情緒的自我覺察力。舉個簡單的例子：若月亮星座是處女座，代表更深層的需求是提供他人協助。然而，如果要滿足這份驅動力，對人們的生活帶來影響，你也需要充分的獨處才能復原。

　　一旦知道自己的情感需求，就能知道生活是否符合這些需求，然後做出必要的調整，好讓這些需求得到滿足。這有助於你的情感幸福，然後反過來也能促進身體健康。

　　你與自己的月亮的需求連結之際，也找到了一種健康策略，這是針對你實際的需求，而非你自認為的需求或別人的需求。

你的先祖就活在你的身體裡

DNA 透露出的表觀遺傳學揭露了我們的選擇，像是吃什麼、喝什麼、有多常運動、承受多少壓力，還有經歷過的創傷，包括透過基因從祖先遺傳的創傷……這些都會影響我們的下一代，甚至是下下一代的健康與幸福。

按照同樣的脈絡，有些研究認為卵巢是在子宮裡生成的。這代表出生性別是女性的人，在基因上與祖母和外祖母的連結更密切，勝過於之前科學的認知。

這些研究都強調跨世代的健康影響，特別是我們照顧自己的健康，以及心理／情感健康的方式。

這個過程當然也會反向操作，心靈和身體層面都是如此。所以你的母親與自己身體的關係，還有她所有的生命經驗，同樣也會影響你與身體的關係。此外，你母親滋養（以及不滋養）你的方式，也常常會影響你如何滋養（以及不滋養）自己。

這門科學也強調治療激烈創傷的重要性，通常是透過基因遺傳，會永久代代相傳。如果想要進一步了解，非常建議閱讀雷斯瑪·梅尼坎（Resmma Menakem）的《祖母的手：種族化的創傷以及修補身心的途徑》（*My Grandmother's Hands: Racialized Trauma and the Pathway to Mending Our Hearts and Bodies*）。他在裡面提到：「我們常認為療癒就是二分法：不是破碎，就是從破碎中獲得療癒。不過療癒不是這樣運作的，而且我們永遠無法知道人類會如何成長。其實我們更常看到的是，療癒和成長連續發生，在破碎和完整的健康之間會有無數的點狀事件[3]。

現在花點時間想一下：你從血緣遺傳到什麼樣的故事、存在方式、恐懼和痛苦？這個問題現在可能會把你考倒，但有點耐心，要知道，當你開始聊自己時，可能會在破碎和健康之間搖擺不定，但是藉由鍥而不捨地培養彈性，你同時也在治療你的祖母。要記得，所有一切都是相連的！

月亮：你最親密的知己

　　在占星學裡，月亮星座就是你出生那一刻月亮所在的黃道星座。月亮每個月的盈缺週期大概是一個月，在每一個星座平均停留兩天半。這就是為何在一月二十二日出生的寶瓶座，跟一月二十五日出生的寶瓶座會截然不同。

　　月亮一直與轉化和陰性有關，而古代文化也認為月亮的新月、滿月和「老舊」的階段，代表一個女人從少女、母親到老婦的階段。當然，正如在第三章所提的，從一個新月到下一個新月的二十九天半的週期，非常符合女人的經期。月亮會影響潮汐的起伏，也反映了經期的時間點。所以月亮與情緒波動有密切的關係，這完全不意外。

　　我們與月亮的關聯性，就跟與太陽的互動一樣深刻，同樣具有強大的力量。把月亮想像成私人內在世界的表達，太陽則是你展現出來的模樣，也就是你的身分意識和活力。月亮是陰性面，代表比較柔軟的特質，例如養育、敏感及照顧；太陽則是你的陽性面和白天的能量，代表果斷及獨立的特質。月亮大部分都在夜晚出現，因此反映出夜晚的能量，這是睡眠、做夢和滋養身心的私密時光。

利用欲望創造動力

　　知道自己的需求，就是知道自己想要什麼，沒有任何情感比欲望更具力量。如果你的太陽或月亮在牡羊座，那就需要大量運動才會覺得自己心理強壯和安全，所以會需要花點時間上飛輪課，參加健行，或是學習攀岩。這代表你必須挪出一點時間，拒絕任何會阻礙你健身的責任義務。這也意

味著把自己的情感需求放在第一位，重視自己的欲望。

知道自己想要什麼（以上述例子來說，就是有充分的時間展現自己的體能）的美好之處在於，你也會發現自己不想要什麼，以及哪些事物最不可能滿足自己。

對於像我這種喜歡傳授讀者事情的雙子座而言，寫書會帶來滋養，但是牡羊座沒耐心進行這種冗長、耗時的計畫。這裡的目標就是認清自己的情緒組成。

我們在人生的道路上常覺得對別人有用的方法，對自己也應該適用。「安穩讓他覺得快樂，我也應該會因此感到快樂」。然而當你努力想達到長期穩定，像是堅持一份工作或一段關係時，卻一點也不快樂，反而會感到沮喪。

你可能會繼續這樣過日子，嘗試讓別人感到快樂的方法，而非承認自己的情感需求。在這個例子裡，穩定並不適合你，搞不好冒險和創新才能點亮你的情感和靈魂火焰。

當你重視自己的欲望時，就能看到是否處於對自己有益的狀態中，然後用能帶來快樂的方式照顧自己。這可以幫助你摸清楚，要用什麼明確的方式才能在情感上獲得滋養，進而採取行動來實現它。

我的祈禱成真了

在二〇〇六年，我已經與月亮週期同步生活五年了，我賣掉所有家當，把在舊金山約三百五十平方英呎的工作室分租，買了一張單程機票飛

到歐洲。為了這趟冒險，我已籌備了兩年，並且刻意不鉅細靡遺地排好行程。我的目標很大膽，那就是不用一張信用卡環遊世界，只憑著強烈的欲望和直覺往前走。這是最極致的背包客探險。在這段旅途中，我打算運用所學，成為自己人生的魔術師，看看結果會如何。

除了少數幾個親近的朋友之外，沒有人認為這是個好點子。他們從不同的觀點加以評論，像是財務、健康、安全和欠缺經驗，一致認為這是趟大膽的旅行，我卻覺得很療癒。我從眾多發光的天體中學到，壓抑情感會造成身體的疾病。我相信自己就是如此，而且透過重視一種重要的情感，重新打造一種新的現實樣貌。我把整個人生當成賭注去做這件事，因為坦白說，人生本來就是一場賭注。

堅定地踏上這段旅程，也讓我解開了人生中巨大的動力。不知怎地，對我來說之前關上的門又打開了。在我準備旅程時，竟然可以把債還完，還存了五千美元，這在當時實在是很了不起的成就。而就在我要搭第一班飛機飛到紐約時，又被擠下班機。航空公司因此提供旅館房間、餐券和四百美元旅遊禮卷。賓果！我的背包客之旅意外獲得了預算上的幫助。我曾經多次感受到宇宙甜美的賜福，而這件事就是其一。

重視我的欲望

我的環遊世界之旅經歷過許多非常特別的時刻，其中一次格外明顯。當我旅遊到第三個月時，當時是七月中。我站在西班牙馬德里普拉多博物館前，背著大背包，汗流浹背，開始擔心晚上要睡哪裡。當我思慮過重之際，突然頓悟到一件事，那就是：只要跟著直覺走，忠於自己的欲望，就不可能做錯決定。在那一刻，我體會到了一種極少出現但極度渴望的感受

——自由。

在那炎熱的、執著到可笑的時刻，我真的懂了，無論做什麼決定，如果不喜歡，那麼再選一遍就是了。我感受到新發現的自由，拿到順應直覺行事的入場券，終於終結了困擾多年、充滿恐懼與控制的受限模式。

從那時開始，我決定放鬆，更加投入眼前的實驗，也就是毫無計畫，獨自在世界各地旅遊好幾個月。我允許自己去處理心中的不安，放手去冒險，相信直覺。在旅程中，我也學會了如何自我放鬆、自我滋養，並從失望中重新振作。

隨著每一次的新經驗，還有每個全新的一天，我加深了與自己的情感需求的連結。旅程中一直出現許多幸運的機緣，這讓我對機緣產生了永久的信任，也找到了內心的指引。自此之後，在我的身分意識和人生裡，直覺扮演了更重要、更亮眼的角色。

踏上這趟旅行是很重大的決定，但這個決定還具有療癒身心的重責大任。無論我喜歡與否，心理安康的條件就是要按照自己的方式過日子，不只是在人生順遂時，還包括要承擔極大的風險去嘗試，卻不保證能帶來想要的結果。

選擇和欲望的力量

到目前為止，做決定的權力是你擁有最重要的力量。所有的選擇，特別是大膽的選擇，都會產生同步性的效果。我在馬德里的那段日子明白一件事，即使有時一個決定看起來是「錯的」，你總可以選擇做出另一個不

同的、全新的決定。無論如何，在大多數的狀況裡，決定和選擇的過程都
可以促進成長和發展。只要做出一個選擇，找出自己的欲望，就能滋養自
己。這個選擇必須是真實的、徹底的，可以在情感層面上帶來療癒的，然
後無論如何都要全力以赴去實現它。這就是你和我們所有人實現最充實、
最振奮的人生方式。

我們可以篤定地說，這個過程會以情緒開始，開始慢慢接觸到自己最
深層的欲望。你的情緒是原始的力量，可以刺激你，如戲法般變出自己最
渴望的現實狀況。

本命月亮星座有助於解讀情感的語言，培養彈性，當你為了擴展自己
做出必要的冒險時，這是很重要的步驟。當你對於重視自己的欲望這件事
越來越自在時，就可以用欣賞自己的天生價值為出發點來培養自尊心，而
非根據別人眼中的你，或是別人對你的評價。

出生星盤裡的月亮：讓它成為你的助力

除了月亮的行運（在第三章曾經介紹過），認識自己的本命月亮星座
（也就是當你出生時的月亮位置），會有助於了解自己的情感傾向，同時
也顯示你的情感需要用什麼來滿足。

就身體而言，月亮與胃有關。學習與月亮合作，可以幫助你「餵養」
情感，了解它們如何影響你的身體，反之亦然。這也幫你開啟對痛苦的容
忍度，即承受困難情感的能力。

要記得，月亮代表潛意識和情感需求量。

還沒有自己的出生星盤嗎？

在接下來的章節裡，你會需要一張自己的出生星盤，才能把每一個行星的目的和指令融入偏向個人的背景裡。如果想要有最正確的出生星盤，你需要有生日、出生時間和出生地點。如果沒有出生時間，你可以有一張不包括上升星座的星盤（會在第七章討論），或是用預估的。如果想要知道如何取得一張免費的出生星盤，請參閱 JenniferRacioppi. com/resources。

接下來要介紹每一個月亮星座的特質。

✷ 本命月亮在牡羊座

先鋒、主導者和運動員

符號	元素	守護行星	模式
♈ 公羊	火	火星	基本

如果出生時月亮落在牡羊座，那麼你就擁有一個由火星守護的月亮，意味著你是創始者，在事情一開始時最興致勃勃的人。你的天性是行動取向，有不容小覷的存在感。不過，你也正在學習耐心和持續貫徹。當本命月亮在超級獨立的牡羊座時，你沒興趣忍受無法獨當一面的權威人士（除非事情是由你掌控）。你也不喜歡閒聊或拘泥細節。

當有這麼多的火能量時，你要留意自己欠缺耐心，這可能導致過度的憤怒。這裡的關鍵在於，要替自己大膽的能量找到出口，要做正念練習，像是冥想，也可以做一些心跳加速的有氧運動，對你都會有幫助。

你喜歡凡事自己來，對困難的容忍度就像釘子一樣強硬，但要記住，你不是注定要演獨角戲。對情感健康而言，有一件事情非常重要，那就是要學習委派他人！

牡羊座守護頭部，培養耐心，明智地處理壓力，可以幫你在完全不頭痛的狀態下完成目標，開花結果。

✳ 本命月亮在金牛座

美食主義者、園丁、阿芙蘿黛蒂女神

符號	元素	守護行星	模式
♉ 公牛	⛰ 土	金星	固定

月亮在金牛座是擢升的位置，這代表可以在這個星座發揮極佳的功能。當本命月亮在金牛座時，很自然就能培養出平靜和沉著的氣質。

對你而言，養育和滋養就像呼吸一樣容易。你天生就知道別人需要什麼，也比較願意付出，可能是準備一些療癒人心的餅乾，或是跟別人一起喝下午茶來交流連結。如果你發現身旁的人向你尋求支持，不要意外。月亮在金牛座的人會無意間散發踏實安穩的氛圍。

若是講到安慰，月亮金牛座守護物質層面，也就是能品嚐、碰觸和嗅

聞的東西，這是你認識這個世界和自己的靈魂的方式。你很容易理解大自然的節律與身體的交互作用，也知道如何利用這種互動。

當你可以應付物質領域時，就是最快樂的時刻，這時你不只是軟心腸的靈魂，講白了，你根本就是非常固執的靈魂。若是你刻意進入對面星座天蠍座的內在情感水域，可能會很驚訝自己的內在資源有多深。

金牛座守護喉嚨，所以要說出自己的真相。你甚至會想要唱歌，所以保持喉嚨清爽吧。

✳ 本命月亮在雙子座

連結者、教師、作家

符號	元素	守護行星	模式
♊雙胞胎	🌬風	水星	變動

當本命月亮在雙子座，你與生俱來就是要傳達、溝通。除非你正在蒐集週遭人的資訊，然後把自己已知的分享給別人，否則你會覺得不像自己。既然你是天生的老師，自我表達會滋養你的靈魂衝動，渴望交流重要的資訊，而這會賦予你廣泛不拘的心智目標感。

不過你的社交天性也可能燃燒殆盡。你要知道自己的警訊，包括情緒起伏、焦慮和強烈的憂鬱。你的情感健康的關鍵就是活出自己最深層的、切斷連結的需求。

一開始，你可能會覺得不看手機或電視螢幕的獨處時間令你感到不自

在，甚至有與世隔絕的感覺，但只要充分練習，就會發現這麼做對你的情緒健康極其寶貴。

當你靈活的腦袋閃過這麼多的想法和資訊時，很快就會從這個計畫轉移到下一個計畫。到最後，你的目標感會阻止自己同時做太多事情，還沒完成一個優先事項，又跳到下一個。你已能夠一眼看出可行的想法。選擇會令你雀躍的點子，從頭到尾看它們會如何實現吧。

雙子座與手臂、手掌和肩膀有關，所以可以找一些動作練習來幫助你安定下來，保持專注。

✳ 本命月亮在巨蟹座

皇后、維持生計的人、滋養者

符號	元素	守護行星	模式
♋ 螃蟹	水	月亮	基本

當本命月亮在巨蟹座時，你的情感直覺具有遠超乎邏輯能理解的深度。會將所有感覺放到最大，但是你有沒有利用這種情感來促成演化，活出更深層的自己？

你在照顧別人時是最有成就感的，但是照顧自己也很重要，才能建立靈魂渴望的安全感。無論你付出多少，都無法控制心愛的人事物會發生什麼事，但你永遠都還有自己。對你而言，這就是「照顧自己或一無所有」的狀況。

　　這裡的關鍵在於要知道什麼時候該放下腳步，重新充電，或是該動起來，重新出發。如果是前者，那就要給自己時間和空間，在家裡無所事事，或是利用獨處時找到另一種重新開始的方法，只要確定當你準備好迎頭面對自己的夢想時，再回到現實世界裡。你其實可以從對面的星座魔羯座找線索，不要害怕給自己空間！

　　你的心理健康取決於培養安全感的能力。這代表信心、自我肯定和財務的保障都很重要，也不要低估家族療癒的力量。用歷史的角度檢視家族的課題，在治療的過程中逐一處理，會為你帶來更多的療癒力量。

　　可以注意一下，當月亮變換星座時，你有什麼感覺。巨蟹座月亮代表些許的情緒化，所以學習認識並預測自己的情感波動會對你很有幫助。

　　巨蟹座與胸部和乳房有關。你可以記錄在哪裡可以把事情「全部宣洩出來」，有助於用健康的方式來處理情感。

✷ 本命月亮在獅子座

掌權者、激發者、領導者

符號	元素	守護行星	模式
♌ 獅子座	🔥 火	太陽	固定

　　當月亮星座是獅子座時，你不缺乏溫暖和愛。帶有獅子心的靈魂，注定要展現並擁抱一顆勇敢又大膽的心。這種勇氣勝過於一切，可以賦予你表達立場的力量。

雖然你非常需要被看見，但這並不代表你的目的是要站在鎂光燈下。不過坦白說吧，無論如何，你的確常是目光焦點。當你把慷慨的精神投射在週遭環境，以及你愛的人的心裡時，就是處於最佳狀態。

你的幸福與健康的關鍵就是純然的樂趣，能用情感的、創意的方式自我表達也很重要。你最愛的事莫過於向心愛的人展現自己去過哪裡，或是創造了什麼新鮮又繽紛的事物。雖然分享能帶來滋養，但重要的是要對帶給你這顆獅子心喜悅的事物，保持情感的彈性，就算沒有任何觀眾時也不要忘了這一點。你還是要繼續玩樂，活出藝術。創作歌曲或劇本，分享這些如史詩般的宏觀想法。但要記得給自己時間與空間，在與別人分享之前，先把光引進能帶來滿足的創作追求裡。

獨處能為情感健康帶來神奇的效果。獅子座守護心臟和上背部，最重要的是抬頭挺胸，注意儀態。

❋ 本命月亮在處女座

導師、工程師、編輯

符號	元素	守護行星	模式
♍ 處女	⛰ 土	水星	變動

當你的月亮星座是處女座時，傾向於在日常規律和週遭環境裡找到情緒穩定的力量。

你來這裡的目的是服務別人。所以只要工作有目標，你就沒問題，隨時準備上路。你不需要奢華的裝潢，或是在擴香器裡添加薰衣草精油。你

只需要保持簡單，讓自己專注在最愛的事物上。當你越能讓所有一切都在適當的位置時，就越覺得平靜。

當所有一切都按照你想的方式排列，日子過得充滿活力時，分類、移動和重複的特質能幫你汲取自己真實的情感。其實你是非常敏感的，有很多焦慮藏在胃裡。你每隔一陣子就要去哭、去笑和尖叫，把壓力釋放出來，這是必要的，也有治療效果。你要解放自己，跳出嚴苛的期許，引導對面星座雙魚座的力量，下載你的直覺，這是最有效率的做法。

當你放鬆一點時，還要確保把服務的渴望轉向自己。當你在執行條列分明的必要任務時，也要留足夠的時間和注意力給自己的遠大夢想，然後觀察會有什麼神奇的事情出現。

處女座主宰胃和大部分的消化過程，所以要注意飲食。治療腸道的方法以助於平衡，保持完美。

✳ 本命月亮在天秤座

藝術家、倡導者、解放者

符號	元素	守護行星	模式
♎ 秤	風	金星	基本

當你的月亮在天秤座，生活平衡時就是最佳狀態。從友誼到事業，你喜歡每個人都很冷靜，所有一切都很好。

不過，生活並非如此。你得學著引導生而為人都有的不愉快的情感，

才能從暴風雨中找到自己的平衡。接受當下比較不和諧的情緒，就是培養長期彈性的關鍵。有時讓自己更深入一點，去全面感受，然後盡力地找出其中的美好。

你也要記得，「認清自己，做自己」這句名言很適合你，勝過於其他月亮星座。天秤座既是風象星座，也是基本星座。雖然平衡是你天生的首要考量因素，但是你一點也不溫馴。學習為自己相信的奮鬥，這點非常重要。你會受到正義感驅動，讓這個世界對所有人更加公平。

這聽起來也許有些矛盾，但可以透過別人找到自己，透過與人互動、從別人身上學習，同時愛惜別人，理解如何幫助別人解放自己。此外，透過藝術、時尚和設計表達自己，也給予你一個舞臺，讓你能夠生動地展現自己精緻且老練的體悟。

天秤座主宰腰部，要維持健康，建立核心力量，避免衝動，但也不能不斷迎合他人，別讓自己像麻花那樣糾結扭曲。能做到這一點，你的腰椎會謝謝你！

✳ 本命月亮在天蠍座

女術士、治療者、調查者

符號	元素	守護行星	模式
♏ 蠍子	💧 水	冥王星和火星	固定

當本命月亮在天蠍座時，「強烈」就有如你的別名。不過你不會為了戲劇化故意演戲。其實這會讓你洩氣，速度比用針刺氣球還快。你的

強烈反而是來自於探索真相。

　　當你深入探索時，就是最好的狀態。如果只是跟一大群人相處，卻避開觸動心弦的對話，你會覺得毫無意義。親密感對你來說很重要，無論是與自己還是別人。

　　你要容許自己重視直覺，探索本性，但要記得不是每個人都像你一樣，具有「看透」的能力。你對心愛的人要求很多，但要小心，不是每個人都像你一樣能看清自己。你要尊重每個人的處境，接受他們，而不是催促他們進入你深邃的國度。

　　你不會戴上甜美的面具來吸引人，主要是因為你知道當好人不能滿足任何人。當你可以更深入，發現什麼事情能觸動一個人時，這反而不是在浪費時間。跟其他星座不同的是，你不怕自己會發現什麼。你認為即使因為什麼無法承受的事情跌了一跤，至少是在自己敏感的靈魂受傷之前，就發現了真相。

　　天蠍座守護骨盆部位，其中包含生殖系統和直腸，所以要密切注意生殖系統的健康，同時確定自己定期排泄（沒錯，我講的就是大號）。開啟性愛能量也是很重要的事。

✲ 本命月亮在射手座

享受人生的人，老師，真理追尋者

符號	元素	守護行星	模式
↗ 弓箭手	🔥 火	木星	變動

很少有人可以像月亮射手座的人一樣，相處起來這麼有趣。你就像所有火象星座一樣，對喜愛的事物很熱情，但是你特別會把這一切轉化成為無可動搖的樂觀和整體的幸福感。

如果要持續與情感連結，就必須把自己的善意與最高的真理結合。你要如何用自己的夢想和創造力來服務別人？你如何忠於自己的道德標準，同時表達內心的喜悅？這一類的問題可以鼓勵你，即使在事情變得棘手時也能帶來幫助。

要允許自己表達真理，釋放自己，跳出任何無法與真實自己結合的框架。而當你突破時，就等於也讓別人去做同樣的事。人生難免有高低起伏，最重要的是保持開放和誠實的心態，並且與自己的情感連結。

所有的火象星座都需要固定的刺激來滋養靈魂，尤其是你。因為當你覺得無聊或停滯時就很容易不安，要找點事去冒險，即使只是偶爾換個不同的路線開車去上班。

射手座守護臀部和大腿，所以瑜伽體位法對你而言是最適合的，因為這有助於感受自己的情感。你可以考慮鴿式，以及延伸腰肌。

✳ 本命月亮在魔羯座

專家、策略家、執行者

符號	元素	守護行星	模式
♑ 海山羊	⛰ 土	土星	基本

當本命月亮在魔羯座時，你不太會流露情感。其實你有時還會納悶，為何大家會對所有事情這麼情緒化，從浪漫喜劇到世界局勢都能讓他們激動。

這不代表你不關心，只是你的天性總是在思考。當你做了某件事，可以創造更善良、更體貼的世界時，就能獲得最大的情感滿足，如果還順道解決了複雜的課題，那就更加分了。

雖然你很追求出人頭地，但最重要的是還要注意在往上爬的過程中有什麼感覺。在所有月亮星座裡，你最容易壓抑感覺，以目標導向，可以忍受不斷增加的鳥事。你會告訴自己，等目標達成後再去處理感覺。不過基於欲望和工作準則，你總是努力邁向下一個階段。如果要覺得情感受到滋養，就必須在登上山頂的漫長過程中，學習玩樂、閒晃和探索，而不是在登頂之後才開始。

魔羯座是由獨裁專制的土星守護，所以你不會輕忽責任。你來到這裡學習什麼是盡責，尤其是在過程中需要極度的耐性和堅持。

魔羯座守護膝蓋，所以你要特別注意生活的結構和基礎。訓練力量，以及以校準為基礎的運動，能促進你的力量和決心。

✳ 本命月亮在寶瓶座

天才、革命者、設計家

符號	元素	守護行星	模式
♒ 水瓶	☁ 風	土星、天王星	固定

當本命月亮在象徵水瓶的星座時，你會花更多時間思考自己的情感，勝過於去體驗它們。你內在的滿足多半來自於創造和連結想法，喜悅來自於遠大長期的計畫，特別是當你可以集合各種不同想法的人來滋生一個新觀點。

這是個風象星座，現代的守護行星是革命創新的天王星，你是想法的領導者，同時還有無懈可擊的能力，能在問題中找到解決之道。雖然人們非常需要你的獨特觀點，但你有時很難與人連結。當你覺得受到限制或不被尊重時，可能會選擇孤立，而不會與人分享觀點。

你習慣把人類視為集體，不會更貼近地把每一個人視為個體。這可能會讓你看起來很疏離，但也是讓你與別人、還有與自己更加親近的機會。你存在的目的是為了解放，包括自我的解放，還有一切存有的解放。要做到這一點，就必須擁抱親密性。

如果想要在這個奇怪的、偶爾有些沉重的星球存活，讓你感覺滿足的關鍵就是全盤接受自己的模樣。當你走在正確的道路上時，你創新、進步的想法就會變成靈光乍現的洞見，像別針一樣釘在你的胸口。你要把它們寫下來，一個都不要遺漏，然後給它們時間發酵。

寶瓶座守護腳踝，所以要盡力保持平衡。透過滑板、滑雪板或槳板來練習平衡，甚至嘗試彈跳桿，都是不錯的方法。

✳ 本命月亮在雙魚座

有同理心的人、治療者、詩人

符號	元素	守護行星	模式
♓ 兩隻魚	水	海王星和木星	變動

當本命月亮在雙魚座時，你天生就是有智慧的老靈魂。你從年輕起，就擁有其他人可能要花上一輩子（或是好幾世）才能開啟的智慧。

身為變動水象星座，感受週遭人和環境的能量場，對你而言就像呼吸一樣容易。不過具備這個強大的能力，也可能讓你的情緒容易起伏不定。你有時可能必須區分一下自己和別人的情感能量。

由於你憑直覺就能「接上線」，所以也無法滿足於「平凡的」生活。你可以透過定期地超越肉體的框架，接觸別人的能量場，避免自己的限制，體驗更寬廣、更多面向的世界。這就像你過度刺激的靈魂的安慰劑。

你具備哲人般的智慧，足以改變心靈和心智。你在創造性的直覺與深度的同理心之間，擁有巨大的天賦，可以與這世界共享。要允許自己放下教條式的包袱，起身而行。

你要敏銳地注意直覺和感覺。當你的情感信息遠遠超乎平常時，要小心互相依賴的情況發生。關鍵就在於學習界線！

雙魚座守護腳，你天生具有不屬於人間的飄渺能量，所以定期按摩足部，甚至是腳底按摩，都是讓你落地扎根的重要方法。這種踏實的感受可以幫助你保留自己與別人的界線。

月亮和養育

有鑒於月亮星座與滋養自我和他人都有深刻的關聯性，我想要分享另一個關於養育的故事。故事的重點是母系的遺傳，但這位個案的故事跟我不同，重點在於她身為一位母親如何養育年幼的兒子。

我的個案卡莉納在兒子還沒斷奶時就來找我。她擔心自己的飲食會造成兒子痛苦的皮膚狀況。她只服用天然的藥物，也看了幾個醫生來解決這個問題。有位醫生幫她擬定了限制非常嚴格的飲食計畫。她基於宗教因素（她是信奉耆那教的印度女性）已經吃素了，對這種作法感到很挫折，也越來越生氣，因為除了生小孩餵母乳，現在連大部分喜歡的食物都必須忌口。她很惱怒這些加諸在身上的限制，很快就開始跟丈夫吵架，同時也因為有這麼多照顧孩子的事情落在自己頭上，感到憤憤不平。

我聽完卡莉納的故事後，幫助她了解自己的出生星盤。她開始明白這種限制性的飲食計畫行不通。她的本命月亮在獅子座，不能將自己的需求全數犧牲。被剝奪樂趣，只會對心理健康造成反效果。不能吃喜歡的食物，這對她也不管用。當她身為一位母親，付出許多來滿足剛出生的兒子的需求時，獅子座月亮也在內心喚醒了自己的需求，就是必須劃清界線，說出自己想要什麼！

明白這些事之後，她開始讓兒子接受各種過敏測試。當她知道他只是

對少數特定的食物過敏時，就可以改變自己的飲食，只放棄部分食物，其他的都不用忌口了。透過這麼做，她恢復了情感平衡，這對婚姻也有非常正面的影響。

我們的情感在許多方面都是健康的基礎，重視它們，就能更敏銳地找到解決方法。

月亮南北交點

如果要打個比方，我覺得月交點就像兩條高速公路在天空中交會。月亮繞著地球運轉的高速公路，交叉越過與太陽環繞著地球的明顯路徑（天球赤道）的高速公路。

——狄崔‧佩森（Dietrech J. Pessin），
《月亮陰影 III》（Lunar Shadows III）

月亮南北交點是月亮軌道的平面與黃道的平面交錯形成的點。它們既不是天體，天上也看不到，但在星盤上扮演重要的角色，一點也不能輕忽。

月亮北交點（）代表如果要活出完整的自己，必須克服的挑戰。北交點的課題一開始可能很嚇人，不過可以揭露你會在什麼領域找到巨大的成就感和滿足。只要你願意投入，堅持這條成長的道路。北交點代表你正在發展的性格特質，以及你主張活出的命運。

相反地，月亮南交點（☋）象徵你曾經走過的足跡：你天生擁有的課題和力量，或者如果你相信輪迴轉世，這代表你從前世帶來的事物。你的南交點課題可以看出你會如何面對人生。你可能會很自然地重現這些天生的、舒適圈的特質，把它們當成一張安全網，如果不去挑戰，就可能原地踏步。

南北交點兩者代表一種對立，就像它們在出生星盤上永遠在彼此的正對面，位於對立的星座。月交點軸線提醒我們生命中不斷存在的二元性。我們可以把這兩個點看成是矛盾的，但又是互補的，少了彼此都不完整。北交點就是你吸收新機會和創造力的地方。反之，南交點就點出你在哪裡必須放下討厭的本質，跳脫不再適合自己的習慣方式[4]。你的目標仍然是朝著正在發展的特質（北交點）前進，當你發現自己依賴覺得安全又有保障的特質時，或是一成不變時（南交點），就要選擇成長的道路，而非熟悉的。

從務實的角度來看，這強調了超越了南交點舒適圈的重要性，同時把這些力量當成起跑點，追求北交點潛力象徵的成功。

關於這個主題，我最喜歡的一本書是珍·史匹勒（Jan Spiller）的《靈魂占星》（*Astrology for the Soul*），深入討論了月亮南北交點。「國家地理宇宙研究理事會」會員梅拉·艾普斯坦（Meira Epstein）也對這個主題提出了有趣的觀點。如果有機會跟她學習，或是聽她演講，可要好好把握！

156

月交點行運

你也可以檢視目前的月交點軸線，看看宇宙要求我們關注哪一個領域的二元性。舉個例子，本書出版時，命運的月交點是在雙子座—射手座軸線，這要求我們將意識形態和哲學融合，也就是我們如何讓溝通透過社群化來分享出去（北交點在雙子座），同時努力追求療癒、解放過去所受到壓抑的面向（南交點在射手座）。月交點是很重要的，因為它們也代表發生食象的星座。

本命盤的月交點

我接下來會非常簡短地介紹本命盤裡的月交點軸線在生命中所象徵的意義。把這當成一個起點吧！

- **北交點在牡羊座，南交點在天秤座：** 你必須奮起運用牡羊座激發的獨立和領導天份，這代表你要學習果斷和信心，完全信任自己。你可能依靠關係的引導來做決定，但要培養自主權和獨立。要留意互相依賴的互動模式。

- **北交點在天秤座，南交點在牡羊座：** 你來這世上是為了培養合作關係，邁向和平的路上，你會激起一些浪潮，發揮影響力。你可以利用藝術、時尚、美感，以及忠於正義的態度來豐富人生。如果要減緩不耐煩和衝動的傾向，可以嘗試冥想。當你與別人結盟、詢問回饋意見、考慮別人的想法和需求時，就有機會獲得巨幅的成長。

- **北交點在金牛座，南交點在天蠍座：** 要試著培養固有的自我價值，享受平靜的時光。可以適時地用食物和愉悅來滋養自己。沉浸在大

自然裡也可以提升自我。搞不好你會發現自己很容易引來危機和激烈的事物，耗費心神處理別人的需求和麻煩，而這也是你自我價值的來源。你正在學習「信任」的功課。

- **北交點在天蠍座，南交點在金牛座：**當你隨著生命的自然變化時，有時會帶來很深刻的脆弱、親密和轉化，最終可以讓你活得更真實。要留心別對財產、他人和帶來安全感的想法太過執著。要承認自己旺盛的性能力，有點激烈並沒有什麼不妥。

- **北交點在雙子座，南交點在射手座：**你是天生的老師，來到這世上是為了傳播知識和智慧。你可以用強而有力的意見和觀點來展現獨特的能力，但注意別太標新立異。要放慢速度，讓信念扎根，優雅地聆聽，尋求別人的意見，互相交流。做到純粹地聆聽而不要搶著回答。

- **北交點在射手座，南交點在雙子座：**你非常善於溝通，很懂得表達自己。不過你的心智常常刺激過度，有時會過度延伸，讓邏輯壓過直覺，無法眼觀大局。你要信任直覺，發展冒險和體能健美的傾向。注意別太八卦，要忠於真理。

- **北交點在巨蟹座，南交點在魔羯座：**你很擅長付出和接受滋養的藝術，但出於天生的野心，你總想要控制大局。當你能更深刻感受到自己的靈性，有真實的安全感和保障時，不妨看看自己能在哪些地方放下控制，展現脆弱。要把個人生活和家庭放在第一位。

- **北交點在魔羯座，南交點在巨蟹座：**你會發現自己的靈感和領導才

能，而當你為自己的生命負責時，就會延伸創造力。你可以檢視在哪個領域可以承擔更多的責任，為自己的人生做主，你可以在這裡找到渴望的踏實的安全感。你天生就能滋養和養育別人，也正在發展用一種堅定的、實質的方式面對職責和人生。對你而言，天才就是精準符合工作倫理的人。

- **北交點在獅子座，南交點在寶瓶座：**你喜歡特立獨行，特別是當你想要得到自己渴望的東西時。在你學習把自己放在第一位時，也要給予別人同樣的自由。「自由」是你的關鍵字。至於你的挑戰，就是有時你的叛逆天性會讓你太快放棄或結束走人。要學習堅持自己的夢想，才能活出最具彈性的樣子。

- **北交點在寶瓶座，南交點在獅子座：**你要打破陳規，走一條屬於自己的真實道路。別為了獲得贊同的需求而放棄為自己的真理冒險。要堅持重視自己的價值，為了改造社會而努力。你來到這世上是要鼓勵自由，但別自我過了頭。你很容易陷入「討好」的模式，特別是把接受別人的愛當成自我價值的基礎。

- **北交點在處女座，南交點在雙魚座：**當南交點在雙魚座時，你深信宇宙給予的一切，這可能導致你「隨興而為」，沒有計畫。你要學習與宇宙共同創造，用清楚的架構、詳細的計畫、有組織地執行，以及具有生產力的制度來完成夢想。你來到這世上是為了服務，也很可能被療癒藝術吸引，不過要避免成為犧牲者。

- **北交點在雙魚座，南交點在處女座：**你要建立對宇宙的信念，要相信生命的流動，在其中找到慰藉。靈性的修煉是個人成就感和靈魂

滿足的關鍵。你要注意完美傾向。你具有敏銳的療癒天份和願意服務的靈魂。只是得確保你有留點時間給自己，有空時就多接觸音樂、藝術和有助於自我表達的事物。

每個月的月亮儀式

在典型的一個月（有些月份是非典型的）中，會有兩個主要的月亮事件：新月和滿月。

新月最適合設定目標，實現欲望。你可以清楚地寫下這個月亮週期的目標，在整個週期內積極地實現它。最理想的狀態是，你的目的會與新月所在的星座結合（第十五章會介紹新月儀式）

滿月最適合培養力量，同時也是一個月當中直覺最強的時刻，能量也會「不一樣」。你會很明確感受到滿月如何影響自己。

✳ 滿月儀式

儀式就像食譜，最好的版本一定是經過時間的洗禮。你要把接下來的滿月儀式當成起點，而非終點。這會帶你與元素連結，有助於平衡內心的土、風、火、水這四大元素。

首先要為儀式定調。一開始要評估實際的空間，看有什麼感覺。是乾淨整齊還是凌亂不堪？盡可能讓這個空間變成轉化的管道。

在打掃環境時可以放點音樂，曲風要符合你想召喚的能量。

在儀式開始之前，先洗個宇宙浴（你如果喜歡淋浴，效果也是一樣的，但是用磨砂膏取代浴鹽）。把浴缸放水，加一或兩匙瀉鹽，如果你有使用精油，也可以加幾滴最愛的精油。我通常會建議薰衣草或尤加利樹，但是任何精油都可以，看你的偏好。你也可以加一些花在浴缸裡，任何能啟發美感的事物都可以。

接下來泡澡二十分鐘，當你的皮膚在吸收鎂元素時，想像這些鹽會移除任何不神聖的物質。

洗完澡時，可以塗抹具有療癒效果的精油，像是芝麻油或荷荷巴油。在按摩身體時，刻意想像希望能召喚什麼事物進入生命之中。

擦完油後，穿上覺得特別的衣服，可能是最喜歡的睡衣、派對洋裝，或是任何覺得舒適的衣服。

接下來在屋子內找一個能冥想的角落，最好是在聖壇旁。你會需要蠟燭、香、筆、紙、打火機或火柴。花點時間集中注意力，然後點燃香和蠟燭。

把香點燃，開始與元素連結。

- 過與自己的呼吸連結，向風元素致敬。深吸氣，然後深吐氣。
- 透過與自己的欲望連結，向火元素致敬。想像對健康和人生的欲望，盡可能地燃起熱情。
- 透過與自己的直覺連結，向水元素致敬。聆聽內在安靜的聲音，它在耳旁低聲傾訴什麼？還是要透過感覺傳達什麼？如果寫日記對你比較有用，那就寫下這個問題：我目前的真相是什麼？

- 透過與自己的身體連結，向土元素致敬。它有什麼感覺？它需要什麼？
- 現在走到外面，如果夜空晴朗，就站在月光下。花至少五分鐘對著月亮冥想，浸淫在月光中。你可以睜眼或閉眼，自在就好。你可以祈禱或是重複一個肯定句。讓自己沉浸在這一刻，與月光和內在的力量連結。閉眼或睜眼都可以，重點是要與月光連結，在適合的時刻，同時與自己的力量連結。祈禱或是重複一句你正在努力的肯定句。

當你覺得完成時，回到聖壇或蠟燭旁，花點時間整合這個過程。然後要感謝自己，感謝地球和月亮。吹熄蠟燭，讓儀式畫下句點。

1 出處：OWN, "Dr. Brené Brown on Joy: It's Terrifying | SuperSoul Sunday | Oprah Winfrey Network," YouTube video, 5:58,

2 出處：Christian G, "Tal Ben-Shahar— Permission to Be Human,

3 出處：Resmaa Menakem, My Grandmother's Hands: Racialized Trauma and the Pathway to Mending Our Hearts and Bodies (Las Vegas, NV: Central Recovery Press, 2017).

4 出處：J. Lee Lehman, Ph.D., Classical Astrology for Modern Living: From Ptolemy to Psychology & Back Again (Atglen, PA: Whitford Press, 1996).

第六章

太陽星座：做自己

做自己就好。

我們常聽到這句話，但這到底是什麼意思？雖然實際意義不明確，但是言下之意很清楚，就是應該用「真實的」的自己駕馭人生，在各方面都能成長茁壯，包括身體、情感、靈性、財務、親密關係，以及在群體中的表現。聽起來很美好，是吧？

在占星學裡，本命的太陽星座就像認識真實自我的通道，是你驅動每日能量的本質。我們會在這一章逐一介紹太陽星座，但首先從宇宙健康的背景來看，你要如何做自己。

做（不斷變化且多面的）自己

心理學家兼作家大衛・施納赫（David Schnarch）主張，穩定又靈活的自我（他的招牌用詞）是很重要的。當要活出穩定又靈活的自我時，最重要的是**不要從別人身上尋求穩定感，而是要培養自我肯定**。當我們能肯定自己時，就不再需要扮演討喜的角色，與其尋求他人接受，我們可以從

內心產生自我接受。

在這麼做的過程中，我們追求的是被理解，而非被肯定[1]！而真實的目標是要體驗自由，而這是源自於與真實的自己一致且連結的感受。

不過我們還是要定義何謂做自己，不只是以宇宙健康為考量，同時也必須顧及日常生活和我們扮演的諸多角色。此外，我們真的能在各種場合裡做自己嗎？當我們不斷改變和演化時，又要如何做自己？

我曾與一位女性個案針對這些問題進行過冗長又具啟發性的對談。厄娜是非洲拉丁美裔混血女性，已經結婚生子，在一家企業擔任律師，與源自於祖先的靈性練習有很深的連結。她承諾要做自己，但又很矛盾。

她的本命太陽在獅子座，天生具有自我表達的傾向。對她而言，真實做自己代表接受自己的諸多不同面向。她不再渴望與某一部分的自我建立連結，像是企業內的專業人才、靈性追求者、母親或妻子，所以沒有感受到要將自己分割成不同角色的壓力。在企業工作的自己，就跟追求靈性自我的自己一樣確鑿真實。

不過這對她而言並非總是那麼容易。她是在美國長大的黑人女性，原生家庭從巴西移民到美國，基於這樣的背景，「做自己」其實很難。她要融入任何團體都不容易，必須努力適應許多與種族和身分認同有關的差異。當她要重新找到與非洲和拉丁美裔祖先的連結時，過程非常辛苦，必須同時切換不同的身分認同，包括美國黑人、有印地安血統的南美人、在以白人為主的大學裡的優秀學生，還有即將獨當一面的律師。

儘管充滿挑戰，但是過去這麼多年來，她已經學會接受自己有很多面

向，也不斷在演化，所以能在自己的多種角色之間優雅地轉換，卻不會犧牲自己的真實面，或是對自己的理解。這是因為在過程中，她沒有背叛自己。

現在進入中年階段，厄娜還是不斷蛻變。在這個過程中，她能細微分辨真實的自我，同時保持柔軟和變動性。她以感恩和謙卑的態度，接受不斷演化的靈性成長，但沒有犧牲自己的真實或誠摯。這就是我所謂在內心和人生裡，活出越來越真實的自己。不過在現實人生裡，很少有人能在所有人的面前活出自己的每一面。這是因為人生就如星盤，有很多面向。我們要尊重所有面向，同時也能接受不同的部分會持續地起伏變化。

認識自己的太陽星座 ————————————————

我們在上一章已經介紹過，本命月亮星座會如何凸顯更深層的情感需求。太陽星座則是代表核心的身分意識和整體的性格傾向，可以加深對自我的認識。**太陽是你的創造能量，象徵你是誰，還有你如何做好一件事。**

太陽星座是當你出生那一刻太陽行經的黃道星座。月亮星座可以讓我們深入理解許多更深層的情感需求和欲望，太陽星座則是在你成長和演化的過程中，提供了一個廣闊的架構。徹底了解太陽星座，可以凸顯你整體的人生道路，以及通往健康、真實且滿足的自我表達的路上的細微差異之處。

就像月亮星座一樣，你可以理解自己太陽星座大部分的特質，也可能沒有共鳴。無論如何，這都無妨。太陽代表星座雖然代表你的核心原型，攸關學習如何做自己，但是不能定義你的全部。

每個太陽星座特有的特質和能量包含了光明面和陰暗面。這無關好壞，但視情況而定，可能是強項或缺點。例如雙魚座被認為是直覺很強的星座，其中一個雙魚座的原型是治療者，這裡的光明面和強項是，可以對別人有很深的同理和同情。不過另一方面，或者說是缺點，就是雙魚座可能會放太多情感在別人的人生裡，最後成為受害者或犧牲者。

你越清楚是什麼讓自己變得獨一無二，就越能熟練面對自己的變化，知道哪些特定的特質是有幫助的，哪些則是無益的。你也能強化優勢，同時留心挑戰，展現同理心，這對情感和身體健康都是很重要的。

愛自己的一切 ────────────────

雪莉是三十八歲的澳洲女性，住在雪梨，事業非常成功，年收入高達數百萬美元。她是努力工作的典型魔羯座，總想成為最優秀的，維持權威的地位，這些特質讓她出人頭地，不過健康和人生也因此而付出了代價。

她身心俱疲，活得很空虛，婚姻和家庭生活充滿摩擦，讓她深感挫折，無力應付。她覺得很羞愧，無法在工作、家庭和健康中找到平衡，心中充滿了自我憎惡。

說真的，她很悲慘。身為魔羯座，她覺得照顧自己是浪費時間，但現在卻感到動彈不得，她知道這樣下去不行，必須做出改變。

在諮商的過程中，她知道自己藉由過度工作來逃避認清自我，所以她也避著不去和家人建立親密連結，這是她從父親身上學到的模式。父親教導她，成功就意味著犧牲，所謂活出價值就是日夜努力，不能有一絲鬆懈，也沒有適當的休息。

　　不過，為了走出困境，她開始安排更多的假期，創造一些必要的時間來修復與伴侶的關係，與女兒建立連結。工作減少後，她開始睡得比較好，比較常運動，最後終於能放鬆。

　　她現在很享受當媽媽，與伴侶更加親密，但並沒有什麼個人野心。她很興奮即將要開創新事業，但不再企圖用過度工作來「逃避」人生，反而享受全心創造的生活。

　　透過認識太陽星座，她盤點了自己的強項和缺點，接受這些都是自己的一部分。這種自我憐惜，激勵她去重新定義成功這件事。

　　有些個案很抗拒疼惜自己的想法，擔心對自己太「溫柔」會導致自滿，拒絕接受現實。然而實際上卻相反，當我們能接受並愛自己的全部，就能轉化行不通的部分。我平常都會做這個練習，只要開始批評自己，就會試著找到這個充滿愛、柔軟和溫和的聲音。透過這一層比較溫柔的過濾，我就可以發現想要改變的決定和行為。

　　當你越來越了解自己的太陽星座的優缺點後，自愛和自我憐惜的能力就會受到挑戰。這不要緊！要與困難的情緒共存，但不要犧牲自我憐惜，這是練習自我照護很重要的一環。雖然這種感覺可能不太好，但對於心理健康卻非常重要，會進一步影響到你的整體健康和快樂。

星盤中所有被強化的特質

如果你的太陽、月亮和上升點都是同一個星座，就要留心有關這個星座的描述。例如太陽和月亮都是在金牛座，太陽和月亮星座的描述看起來就很重複。你不能捨棄任何一個，而是要把這種強化且重複的描述視為機會，看能如何運用與這世間的連結，以及獲得慰藉的傾向，活出內在的經驗（透過月亮星座），活出自我意識和生命力（透過太陽星座）。

你的太陽星座和自我照顧

自我照護可以讓我們回到核心，在這個煩擾不斷的人生裡暫時得到喘息，強化恢復的彈性。在時下以消耗為主軸的世界裡，這種方式就成了一種補給。

自我照護有時看似放縱，但照顧自己的需求是很基本的必做之事。你如果吝於照顧自己，就等於犧牲生活中最重要的一面，那就是你的尊嚴。根據暢銷書《尊嚴：解決衝突時扮演的重要角色》（*Dignity: The Essential Role It Plays in Resolving Conflict*）作家唐娜‧希克斯（Donna Hicks）博士的說法，尊嚴代表重視自己與生俱來的價值與重要性[2]。你可以透過承認，還有被看見、被聽見、被見證、被接納的感覺來培養尊嚴，而歸屬感、社群感，以及健康的獨立感，也可以增強自尊。你也可以在認識自己和他人的過程中，展現自我尊嚴，而自我照護是很重要的落實方

式。最重要的是要認同自己存在的權利，在人生和行事曆裡替自己保留時間與空間。

女性主義者、神學家梅根・華特森（Meggan Watterson）曾說：「價值不是掙來的，而是權利」[3]。價值不需要被授與，而是要被揭露，被恢復。無論身材、職業、有沒有出色的專業成就、關係狀態，或是任何的指標，你都是有尊嚴的，都是值得的。

太陽星座不只揭露你如何活化生命力的能量，也能看出你獨特的需求，以及滿足它們的方法。

生星盤的太陽：化為你的助力

接下來會整體介紹十二個太陽星座，逐一解釋每一個星座的核心特質、強項及挑戰。你可以把這個視為出生星盤拼圖中的其中一片，當拼圖完成時，就能指出能夠有效提升健康和幸福水準的方式。

生日正逢太陽轉換星座，位於一個星座的開端

我有一個親近的友人如果出生時間提早五分鐘，就會是另一個太陽星座。不過在他出生的那一刻，的確是雙魚座，不是寶瓶座。因為任何黃道星座都有三十度，你可能出生在一個星座的前面度數或後面度數，或兩者皆非。下面提到的太陽星座的日期只是估計的，你如果出生在一個星座的開端，最重要的是排出星盤才能知道太陽星座。

牡羊座（三月二十一日至四月十九日）

先鋒、主導者和運動員

符號	元素	守護行星	模式
♈ 公羊	火	火星	基本

❈ 你的強項

　　身為牡羊座，你是天生的老闆，也是開創者，可以同時著眼於父權傳統的衰退和未來趨勢的流動，然後火力全開，將想法融入現實。因此，你有很強烈的企圖心，也具備相當的領導能力。無論承認與否，你就是先鋒。身為象徵行動、成長和新開始的基本火象星座，你知道自己想要什麼。你對行動有永遠無法滿足的胃口，所以很快就會攀上目光鎖定的任何巔峰，在生活裡創造空間，全心追求欲望，引導自己的強烈的活力來實現它。你其實很擅長指派他人，只是沒有自覺，所以務必依照這個特質來分配自己的工作量。

❈ 你的挑戰

　　身為創新者，你來到這世上是要讓新的影響融入這個世界，挑戰人們運作的方式。不過面對現實吧，不是所有人都準備好了。當別人無法跟上自己的步伐時，你可能會有些惱怒，但你要知道，這就是人生的一部分。對你而言，學習如何放慢腳步是很重要的。你果斷的天性可能很有活力，也有些跋扈，但要非常注意避免因為太咄咄逼人或太有侵略性，導致與人疏離。你要接受紀律，留意自己的叛逆傾向，這可能會讓你衝動地不留後路。你來到這裡是要學習堅持和從一而終的忠誠。

✻ 你的自我照顧

火星是你的守護行星，所以會喜歡速度感，雖然有時會讓你衝得太快。你什麼都想得到，但隔天就將這些渴求拋到腦海外。要學習如何有耐心地面對挑戰，有時反而慢下來才有好的成果，此時就會出現奇蹟。如果想要感覺煥然一新，獲得激勵，可以練習靜觀，幫助自己活在當下，然後大量休息。雖然放棄也是一種自重（不是所有你開始的一切都能完成），但是太快放棄，最後可能會留下很多錯誤的開始。你要許下承諾，然後堅持目標，特別是有助於個人野心的目標，這是保持熱情和健康的關鍵。

要留意，有時憤怒可能會鎖住悲傷，要給自己時間哭泣和處理痛苦。幸運的是，你的守護行星火星每兩年逆行一次，但是當火星逆行時，最重要的是利用這段時間再次調整自己的野心，重新思考目標。

✻ 你的身體健康

你的體質需要充分的身體活動和大量的原型食物，像是綠色蔬菜和高品質的蛋白質。深呼吸能釋放二氧化碳，有助於維持酸鹼平衡，調和急性子。

要注意鼻竇、頭部和眼睛，你特別容易頭痛或偏頭痛。定期使用洗鼻壺，這是可以維持鼻竇乾淨的簡單方式。由於你的守護行星火星掌管肌肉，任何能讓能量穿透神經肌肉的治療方式，都能讓你馬上獲得渴望的紓解。例如針灸、以身體為主的心理治療和按摩，都能幫助你新陳代謝出現的強烈感受。踢拳、跑步、飛輪和其他心肺活動，都能讓你消除疲勞，受到激勵，但重要的是不要過度，不然會對腎上腺帶來額外的壓力，這是你要放在心上的禁忌。能滿足成就感的關鍵就在於，與自己的身體需求連

結，這代表運動到極限，但不要過頭。要花點時間放鬆，在大量的能量衝刺後好好復原。

金牛座（四月二十日至五月二十日）

美食主義者、園丁、阿芙蘿黛蒂女神

符號	元素	守護行星	模式
♉公牛	⛰土	金星	固定

✳ 你的強項

身為金牛座，你很頑固、忠實又堅定。你很獨立，會明智地選擇計畫，因為一旦開始，就會堅持到底，而且做得很好。你讓人感覺溫和且舒服，可以透過有創意的變化帶來穩定，而天生具備的敏銳美感和感官能力，也讓你成為很有能力的滋養者。你很擅長培養資源和遵守節律。身為黃道第一個固定和土象星座，金牛座會在物質的世界裡找到慰藉和愉悅。你可以透過感官的享受來激勵自己，像是赤腳踩在地上，有意識地與大地女神蓋亞建立連結。你會透過嚴格堅守自己的標準，展現細膩的鑑賞能力，進而提升他人的水準。

✳ 你的挑戰

你與這個地球的連結，以及與世俗喜悅的連結，例如美食、享樂，甚至是一點奢華，都非常重要，可以讓你覺得踏實且平衡。不過你可能會用肉體的喜悅，去避免棘手的問題。要離開物質舒適圈；對生命的喜愛理應

可以讓你更深入沉浸在靈性的需求，而非遠離。你要克制過度耽溺和固執的傾向。為生活添加變化，可以加強你的彈性。學習用不同的方式陳述，挑戰信念，去了解不同的觀點。

✳ 你的自我照顧

你天生就很擅長自我滋養，特別是因為金星是你的守護行星。堅持地投入意味著從不停止、絕不輕易妥協或放棄希望，你要利用這些正面的特質創造優勢。你通常很溫和也很努力，很享受身為這世界一份子的感覺。不過你的理想步調是不疾不徐，而且在被逼得太緊、太快時，可能會一意孤行。這會讓你反彈，導致煙硝四起，充滿爭論的氛圍。你要留意自己的引爆點，認真的、負責的照顧是偉大成就的基石，不過別忘了，自我照護也代表嘗試新的事物，擴展視野。你要練習對不確定更自在一些。幸運的是，你的守護行星金星每十八個月才逆行一次，但是當金星逆行時，最重要的是利用這段時間重新調整自己的內在需求。

✳ 你的身體健康

金牛座主宰喉嚨，同時連結頭部至脊椎的尾端，為心智和身體搭起橋樑。喉嚨也連結橫隔膜和骨盆底，所以運用呼吸，可以取用原生的力量，獲得更深的放鬆。喉嚨內也有聲帶，所以承認自己的聲音，說出認定的真相，就是一帖良藥。只要可以時，就引喉高歌一曲。照顧甲狀腺也很重要。諷刺的是，這代表要善加照顧腸道，可以預防自身免疫性的疾病。注意體內的雌激素含量，盡可能避免會擾亂內分泌的化學藥物。避免過度攝取甜食、酒精和享樂的進食，找一個適合自己的規律運動。要記得，健康不能用體型衡量，練習去愛原本的自己。你的守護行星金星會特別賦予你額外

的觸碰感，所以替自己按摩真的很療癒！

雙子座（五月二十一日至六月二十日）

連結者、教師、作家

符號	元素	守護行星	模式
♊ 雙胞胎	☁ 風	水星	變動

✳ 你的強項

　　你不斷醞釀想法和創造力，等不及將它們化為成果。你以不同的機智聞名，活力充沛，而且像是披上了魔術師的外衣，以迅雷不及掩耳的速度展現。身為傳訊者水星守護的風象星座，風趣機智、善於社交和溝通的本質，會讓你很容易遇到新朋友和熟識的人。你會以獨特的方式連結人和想法，促成美好的事情發生。你觀察敏銳，警覺心強，消息靈通。你是很擅長合作的領導者，也是很出色的作家和溝通者。

✳ 你的挑戰

　　身為變動風象星座，腦袋裡總有成千上萬的想法在打轉。你會不斷探索和幻想，但是你的想法是否應該放在這裡？最重要的是要辨識接下來的重點是什麼，然後全心投入。雙子座是十二星座裡最不願意承諾的星座之一，你要減少發起的欲望，停下來，然後再次開始，有時會比把水變成酒還難。但我保證，你一定能做到言行合一。你興趣廣泛，可能因為善變而惡名昭彰，今天還在這裡，明天就轉眼不見人影。若你展現自己的黑暗面，

可能會嚼舌根惹事生非。要學著當個值得信賴的人,為他人保守祕密。

✳ 你的自我照顧

對你而言,能滋養靈魂、帶來滿足的自我照顧,關鍵就在於不要讓想法在腦海裡打結。固定寫作或寫日記會有神奇的效果。你可能太沉浸在外向的自己,所以要留意,不要把自己搞得精疲力盡。要刻意地減少安排兩成的活動,放慢腳步。在行事曆裡保留開放的時間,可以減少別人對你的憤慨,這往往是因為你先答應了一堆事情,之後又後悔,或是在最後一刻脫身。你要明白自己的警訊,像是情緒波動、焦慮和強烈的沮喪,必須替自己留點時間,包括放下社交媒體和數位產品,這也有助於穩定心智和神經系統。由於你是由水星守護,所以要注意水星逆行的週期,每年會發生二至三次。你要把水星逆行期間當成一年的神聖時光,並在這段時間整合正在學習的功課。

✳ 你的身體健康

雙子座主管肩膀、手臂、手和肺,而其守護行星水星主管神經系統,所以冥想和瑜伽呼吸法就是你的良藥,能幫助你處理雙子座常見的焦慮問題,然後集中注意力。這代表努力建立強壯的身心連結對你來說很重要。了解身體的需求,可以幫助你保持踏實。要試著建立並遵守規律,學習在每天固定的時間做同樣的事,有助於身體穩定,要為了營養而吃,為了能量而動,為了平靜而睡。無論在一開始覺得這有多麼不自然,規律就是你的一切。最好選擇有活力的體能活動,像是健行、溫和的慢跑、投籃、搖呼拉圈或跳舞。

巨蟹座（六月二十一日至七月二十二日）─────

皇后、維持生計的人、滋養者

符號	元素	守護行星	模式
♋ 螃蟹	水	月亮	基本

✳ 你的強項

　　身為基本水象星座，你天生就是土地和靈魂的園丁，這與古老的傳統有關。你出生在黃道最滋養的星座之一，具有幾乎無人能比擬的本領，能讓心愛的人覺得安全有保障。你的存在充滿了神聖感，也可能因此成為激進的保護者，特別是心愛的人覺得受到威脅時，這會加深你在生活中創造安全感的傾向。你很擅長建立資產，無論是心理力量或是物質的健全，這麼做可以讓你以平靜的心，大膽地追求眼前所見的一切，或是心愛的人眼前的事物。你也會儲蓄，同時享受窩在家裡。

✳ 你的挑戰

　　情感的水會在黃道第四個星座的深處流動，這是件好事。這個星座最容易背負別人的負擔和心痛。週遭人能感受到你的療癒天賦，所以會不自覺地（或是刻意地）向你傾訴痛苦。他們後來變得比較好過時，你卻發現自己被別人沉重的情感拖住。此外，再加上你的守護行星是月亮，比任何行星更快變換星座，你可能變得情緒化，甚至易怒。你要放慢腳步，穩定下來，回到自己的重心，這有助於找到內在的力量。

✲ 你的自我照顧

　　你有付出和滋養的傾向，天生的溫暖和慷慨可以拉近人們的距離。不過有時我們能提供心愛的人的最好幫助就是說不，這樣他們才能實現靈魂的成長。你比其他星座更需要建立並維持健康的界線，這是很重要的。照顧身旁的人也許很容易，不過你真正的力量在洞察力。你不需要承接所有的情感，你越快接受這一點，就越能進入自己真實的情感流動。對你而言，重要的是要花時間處理過去的情感痛苦、跨越世代的創傷，以及家族治療的趨力，還要運用月亮的週期。

✲ 你的身體健康

　　巨蟹座與胸部和乳房有關，攸關如何付出和接受滋養。不過，學習如何傾吐，意味著要自在面對不舒適的事物。你的身體就像天生的記錄者，可以儲存久遠的記憶和故事。刻意想起痛苦的情緒，可以幫助你走出去，學習如何實際地將它從體內釋放，也能幫助你體驗到情感的淨化。體內不流動會導致生活的停滯，這時你會失眠，陷入沉思，很容易焦慮。伸展身體、瑜伽，透過筋膜系統和軀體治療處理體內的創傷也非常重要。花時間親近水，總能幫你重新回到核心，音樂也是如此，所以每天聽音樂是最理想的。此外，每天觀察守護行星月亮，當它繞著地球運轉，與太陽和其他天體形成不同的角度時，會帶來什麼影響，這也可以幫助你追蹤並運用自己的生理和生物節律。

獅子座（七月二十三日至八月二十二日）

掌權者、激發者、領導者

符號	元素	守護行星	模式
♌ 獅子座	火	太陽	固定

✳ 你的強項

　　獅子座是黃道第五個星座，由太陽守護，一定會從創造力、自我表達、慷慨和樂趣的角度來體驗生命。身為固定的火象星座，你代表了一種純粹的潛力——就像演員上臺前緊張顫抖的呼吸，營火中冒出的第一撮火花。人們會被你天生的溫暖和高貴的特質吸引，感覺彷彿你能掌握一切，讓人有安全感，覺得被接受，也讓你成為勇敢又堅定的領導者。你對於成為目光焦點很自在，雖然你並不總是想出風頭。你天性愛玩，有自信，慷慨也大膽。獅子座具有影響力，可以吸引人們投入，同時幫助他們找到自己的光彩。

✳ 你的挑戰

　　當你獲得很多關注和愛時，也要接受這並不總是很舒服。你可以透過把注意力轉移到別人身上，減少不舒服，並且運用慷慨的天性。你如果對於成為注目焦點感到很自在，那就要稍微自我反省。身為固定火象星座，下臺這件事可能特別困難。你會被戲劇化的事情吸引，不過最好把能量放在創作上。你要發展像是藝術、寫日記、寫作或是其他形式的創作性自我表達，藉此來釋放緊張，同時辨識哪裡最需要你的領導技能。你要用開放

的心胸及用心聆聽來面對衝突，讓直覺的天份來引導自己。

✳ 你的自我照顧

獅子座就是要表明立場，無論需要多少勇氣。去做些能讓自己保持勇敢的事，但要注意是否太過自我，因為你不一定每次都是對的。如果出生星盤中有太多獅子座能量，那麼你天生就會有點不同。

你是純粹潛力的化身，充滿生命氣息，所以就比喻而言，你需要從心出發，活出內在核心。

這意味著要熱烈追求自己所愛的事物和大量的樂趣。不過在情感健康方面，你要學習用自己的脆弱來愛自己，努力對自己不想要的部分培養憐憫。一旦整合了光明與黑暗面，還有所有的功課，你就會變得更強大，成為注定成為的至高領袖。你是天生的付出者，但可能過度付出，最後身心俱疲，這裡的關鍵是要替自己加滿能量。

✳ 你的身體健康

獅子座是由太陽守護，所以要花點時間在戶外，曬太陽對你很重要。每天清晨接觸天然的日光，可以抑制褪黑激素，刺激健康的賀爾蒙反應，強化白天的能量。要記得，你的健康會透過身體的節律，與地球的自轉，以及地球繞著太陽的公轉交織在一起。如果充分強化這份連結，就要去溫暖的地方充分休息度假。玩樂可以滋養身體，減少壓力。按照季節生活對你而言特別重要。當太陽變換星座時，你也會改變。所以要注意黃道一年的各種特質，逐月利用它們的潛力。當你放鬆背部的緊繃後，你的獅子心就會自然閃耀發光。

處女座（八月二十三日至九月二十二日）

導師、工程師、編輯

符號	元素	守護行星	模式
♍ 處女	⛰ 土	水星	變動

❋ 你的強項

我很欣賞處女座，你細緻的精準就如「純粹的保護者」。你是有責任感的、以服務為導向的黃道審查者，會為過量和豐盛帶來秩序。雖然人們一直對你有「潔癖」的刻板印象，但你不總是完全條理分明。當你投入一件事時，會全力以赴，有時這意味著得放下其他責任，包括清潔打掃。你渴望透過服務為這世界帶來正面的影響，也喜歡在工作中發揮生產力，保持謙虛，讓安全簡單的制度運作，確保所有事情都能做好。當其他人還在想早餐要吃什麼時，你可能已經在處理資料，列出常規，建立制度，確保每件事情都能按照順序。你對細節的注意範圍和興趣相當驚人，但你是因為責任感與眾不同。在很多瑣碎的過程中，當大部分的人都放棄時，你的堅忍地會催促自己前進。

❋ 你的挑戰

你很擅長分類和組織，很容易想太多，面對無法輕易分類的人和狀況會很煩惱。你會挑剔一件事情的周邊細節，直到可以合乎自己的標準，這可能會導致焦慮，做事要求完美主義。你很容易讓生活充滿細節和工作，總是在支持他人，所以總是非常忙碌，不過這麼忙碌，會沒有足夠的時間

留給自己。要學習不要把生活排得太滿，才能照顧自己的需求。這不代表你要減少照顧，而是別讓忙碌成為一種光榮。說句你不愛聽的話——去度假吧！

✳ 你的自我照顧

要記得，有時放下細節是無妨的。要放下對完美的需求，找到方式在混亂中靜下心來，不必所有事情都十全十美。你要練習照顧自己，像是透過冥想把思緒帶回當下，在身體內創造協調感。請記得，效果強大的自我照顧儀式，有助於你為人服務。你的敏感天性需要獨處時間，這有助於保持平衡。你要避免反覆捉摸和負面思考的陷阱，因為它可能會導致失控，最後陷入焦慮，這是讓你過度思考的結果。

✳ 你的身體健康

當你非常關心人們和週遭環境的健康時，要記得自我照顧有助於為人服務。你天性敏感，需要持續忠誠的照顧。處女座主宰腹部，裡面有許多消化器官。腸（特別是小腸）、消化酵素、橫隔膜、肝、胃和腸內的神經系統，統稱為腸道神經系統，都會一起運作，你才能吸收並排除營養和廢物。腸道神經系統也被稱為「第二個大腦」，這就是為何相信你的腸子，就像分析後做出決定的能力一樣重要。你要避免讓自己和血糖失衡的食物，要注意自己吃了什麼，這也非常重要。消化從嘴開始，所以要學習細嚼慢嚥，這會很有幫助。就跟雙子座一樣，你的守護行星也是水星，一年會逆行三至四次，你要利用一年當中這些神聖的時間來重新調整和評估自己的目標。當你更注意健康時，也要神聖看待這些逆行。

天秤座（九月二十三日至十月二十二日）

藝術家、倡導者、解放者

符號	元素	守護行星	模式
♎ 秤	風	金星	基本

✳ 你的強項

　　身為黃道第七個星座，天秤座季節的開始就是占星年度的中間點，這正是你最喜歡的。作為基本風象星座，你從來不缺人脈或話題，但是當你能徹底與別人連結時，就是狀態最好的時候。你是由金星守護，會被藝術、美、文化和老練吸引。你可以透過關係踏上更深刻認識自己的旅程。透過別人找到自己，這聽來似乎有點矛盾，不過心理學家卡爾·羅傑斯（Carl Rogers）曾說：「最個人化的東西，就是最普遍的」。你是天生的維護和平者，非常關心公平與平衡，不只要把事做好，同時還要與別人、環境和週遭世界保持和諧。你的明智和療癒的風采，很擅長促成事情發生，在建立團體和培養友誼時，十分亮眼迷人。

✳ 你的挑戰

　　身為黃道第七個星座，天秤座季節的開始就是占星年度的中間點，這正是你最喜歡的。作為基本風象星座，你從來不缺人脈或話題，但是當你能徹底地與別人連結時，就是狀態最好的時候。你是由金星守護，會被藝術、美、文化和世故吸引。你可以透過關係，踏上更深刻認識自己的旅程。透過別人找到自己，這聽來似乎有點矛盾，不過心理學家卡爾·羅傑

斯（Carl Rogers）曾說：「最個人化的東西，就是最普遍的」。你是天生的維護和平者，非常關心公平與平衡，不只是要把事做好，同時還要與別人、環境和週遭世界保持和諧。你的明智和療癒的風采，很擅長促成事情發生，在建立團體和培養友誼時，十分亮眼迷人。

❈ 你的自我照顧

你對公平與和諧賦予很高的價值，有時會導致正面衝突，展現比較黑暗、難以處理的情緒。要如何讓這些降低衝突帶來的威脅？你可以透過學習如何不帶侵略性地接受、感受和表達憤怒，培養情感的彈性。要學習到，讓別人失望是無妨的。承認並接受自己取悅他人的傾向，然後努力地把自己放在第一順位，就像你對待別人一樣。你跟金牛座一樣，守護行星都是金星，就情感和靈性健康而言，沉浸在藝術裡是很重要的一環。要記得，金星每十八個月才逆行一次，這是非常特別的時期，此時你能整合自己的陰影，展現力量。

❈ 你的身體健康

如果要恢復平衡，最重要的就是放下行不通的事物，強化可行的部分。你要特別注意腎和下背部，以及身體排泄廢物的功能。你竭盡全力取悅別人，導致過度擴展，陷入痛苦。你如果發現自己靠咖啡因或糖來提振能量或精神，就要放假一天。別忘了金星也與喉嚨有關，而喉嚨與骨盆底之間也有連結。你可以利用聲音通往性欲本能。說出想法或是唱歌，都能讓你覺得更踏實，更自由。

天蠍座（十月二十三日至十一月二十一日）——————

女術士、治療者、調查者

符號	元素	守護行星	模式
♏ 蠍子	水	冥王星和火星	固定

✳ 你的強項

　　一隻狼發出警告的嚎叫來保護自己的窩穴。魔法背後的運作原理、死亡和重生，這些都是天蠍座運作的本質。這些無疑是你的宿命，不過你已做好萬全準備來駕馭這些旅程。身為水象星座，你很擅長解讀情感的能量及抽象的暗流，因此能無懈可擊地抓準時機，知道什麼時候要最後一擊，即使表面上看起來不動聲色。你展現了強烈的野心和獨立，因此時常掌握大權，而你也有成為佼佼者的企圖心。你忠於徹底的真理和真實，所以不會浪費時間在表面的事物上。當你深入挖掘，處理複雜的想法、情感和祕密時，最能展現旺盛的生命力。

✳ 你的挑戰

　　天蠍座被冠上帶來混亂的壞名聲，但這樣的指責並不公允。你是由侵略性的火星和神祕的冥王星守護，無怪乎總會有某種程度的不自在緊緊相隨。在現實生活中，你的任務就幫助人們切斷任何不符合最高自我利益的事物。你有保護自己的傾向，隨時都保持戒心。親密關係可以讓你變得柔軟放鬆，擴大豐富的感受。混亂畢竟是所有創造之前的空虛。擁抱生、死，然後重生的週期力量，你就能以最強的樣貌重生。不過，留意透過控制獲

得安全感的傾向。學習如何「呈現」對你來說很重要。

✸ 你的自我照顧

身為黃道天生的內向者，你需要很多獨處時間才能恢復活力。花時間把注意力轉向內在，才能展現點石成金的能力。你要注意自己的錯誤，才能關懷別人，幫助他們看到自己的錯誤。你習慣藏祕密，要敞開心胸放下，這是很重要的。參與淨化活動，可以幫你釋放能量和情感。用靈性練習來馴化嫉妒和猜忌。要留心自己的固著天性。你高度發展的直覺來自於靈魂對真相永不懈怠地、迫切地追求。你不喜歡美化粉飾，主要是因為你知道裝好人不會讓任何人滿意。當你開始深入探究時，不會害怕會發現什麼，反而認為在真相傷害自己敏感的靈魂之前，至少已經先知道了。

✸ 你的身體健康

天蠍座守護骨盆，包括出生和死亡過程的部位。所以注意月經週期和生殖器官是很重要的。擁有健康的性生活對你特別重要。即使你沒有伴侶，自慰也能充滿生命力，與自我連結。冥王星是天蠍座的守護行星，守護身體的新成代謝能力，以及排除的過程。要確定自己定期排便，這可以維持健康。我的醫藥占星老師蕾貝卡‧高登（Rebecca Gordon）談到「骶骨」（sacrum）是脊椎底部五塊骨頭合成，源自於拉丁文 os sacrum，有「神聖」之意[4]。由於在現代占星中，冥王星是天蠍座的守護行星，因此要非常注意冥王星的逆行，每一年大概占了五個月的時間。在這段期間，你必須整合自己的陰影面，放下不再適合的部分，好照顧自身的健康。

射手座（十一月二十二日至十二月二十一日）

享受人生的人，老師，真理追尋者

符號	元素	守護行星	模式
⚹ 弓箭手	🔥 火	木星	變動

✳ 你的強項

　　你如果曾經不斷渴望漫步在蜿蜒的小徑上，不在乎何處是終點，那就是射手座的精神在閃閃發光。你可能會下意識想法流浪，來到摩洛哥南部馬拉喀什的露天市場，或是只帶了幾件衣服就跳上飛機。你是由樂觀又擴張的木星守護，厭惡規則，非常喜歡獨立、冒險、旅行和哲學。你活著是為了探險、成長，成就不可能的事，然後向別人示範如何做到同樣的事。身為黃道的第九個星座，你有堅定的樂觀天性，這會帶來幸運。這是弓箭手的星座，你會非常積極地瞄準自己的欲望，然後正中紅心。你有話直說，不會藏在心裡。你天生就有著眼大局的本領，所以可以看到最後的獎賞，在登上巔峰的途中，不會因為閃閃發光的小玩意或有害的關係分神，登頂的過程是一半的樂趣來源。

✳ 你的挑戰

　　身為火象星座，你需要來點刺激才會快樂，但你會有點閒不下來。所以你要隨時向外探險，即使可能得用不同形式去達到冒險的目的。你要定期安排小探險，或是參加一生一次的跨洲旅行，如果無法出發，就繞個彎去圖書館，挑一本通常不會讀的書，或是去一個你喜歡的小酒吧認識新朋

友，或是試試一家新餐廳。你有哲學天性，但要記得，不能因為自己相信某件事，別人就必須認同。你的守護行星木星會放大成長，在一年中會逆行四個月。在這段時間，你可能會更好奇什麼可以啟發自己，如何活得更有熱情。

✳ 你的自我照顧

　　為了發揮潛能，你必須有點紀律，雖然你不太喜歡這個字眼。你喜歡聲勢浩大，可能會不計報酬地沉浸在渴望的事情裡。不過越「多」不代表越「好」。知道自己的極限可以讓你更加茁壯，特別是針對一些當下覺得很棒，到頭來卻搞得精疲力盡的事情，就像糖、酒精，或是隨便把時間浪費在無法帶來真正滋養的事情。被困住時，請靜下心想想，釐清自己是誰、想要什麼生活，以及渴望創造什麼的核心概念。這是最有用的方法，有助於你跟同類相處，這些人真心接受全部的你，你的幽默感、渲染力和自我表達的方式，也不會羞辱你的真性情。你可以問很多問題，聆聽答案，特別是身體提供的答案。當你能培養直覺，知道自己需要什麼時，心中就會有個萬年羅盤，幫助你精準地往需要的地方踏出下一步。

✳ 你的身體健康

　　自由對你而言非常重要，所以要選擇一些能滿足這種天性的運動，可以嘗試嘻哈舞、肚皮舞，甚至是鋼管舞。當射手座懶洋洋時，很容易失去生命力，覺得沮喪，所以身體健康對於心智健全非常重要。你可以練習正念，與靈性的目標建立真實的連結，能讓你充滿力量。對你而言，最療癒的事莫過於大笑一場了。無厘頭的電影、喜劇俱樂部、甚至是愛笑瑜珈，都能提供重要的滋養。拒絕平凡的美感標準，讚美自己身體天生的模樣。

沒錯，你是可以努力讓身材更穠纖合度，不過純粹是因為這能讓你自我感覺良好，而非想要贏得別人的認同，或是迎合父權制度的標準。射手座守護大腿和臀部，也就是能讓你四處旅行的下半身，所以瑜伽的鴿式，還有其他的開髖的動作，也很有幫助。你的守護行星木星與肝和腦下垂體有關，要確定飲食中有大量的水、高品質的蛋白質、健康的脂肪和很多綠葉蔬菜。要小心精緻食物，吃東西要注意血糖平衡，透過晚上保持良好睡眠，照顧下視丘—腦下垂體—腎上腺軸。

魔羯座（十二月二十二日至一月十九日）

專家、策略家、執行者

符號	元素	守護行星	模式
♑ 海山羊	△ 土	土星	基本

✳ 你的強項

　　身為魔羯座，你具備展現的能力，不只是坐在桌旁，而是在整個體制裡被看見。你是由獨裁的土星守護，不會輕忽責任。魔羯座來到這世上是要學習何謂擔負責任，即使是（也特別是）過程需要超乎平常的耐心、毅力和努力。事情並不一定容易成功，但成功一定是因為你的全心投入。沒有人像你這麼堅持，你會擺脫耽溺，克服萬難，蛻變成最不平凡的自己。由於你嚴肅又務實，所以非常具有商業天分。你也很清楚，要讓一件事情成形需要經歷多少忙碌奔波，所以天性就很尊重已經存在的事物。與其毀滅既有的界線，為什麼不以現有的為基礎，從內而外進行改變呢？

✳ 你的挑戰

　　喜怒不形於色，不代表你沒有深刻的感受。其實，完美的責任感會推動你去探索直覺和靈魂的智慧。你如果真的追求最佳表現，就必須發展全部的自己。一旦有直覺靈感時，你習慣嚴肅看待，有時會為事情帶來不必要的困難。不要因為渴望成功而在該放手時緊抓著不放！苦幹實幹，刻苦耐勞的天性可能會讓你缺乏玩樂。記得要停下來，在自己投身的偉大事物中找到放鬆和奇妙之處。

✳ 你的自我照顧

　　若要發揮最高的潛力，你必須接受世俗智慧的矛盾之處。你來到這世上是向別人示範，如何透過一些不起眼的方式來達成目標，像是例行事務、習慣和結構。你雖然很享受自己的成就，但很少真的為此感到心滿意足。當受到刺激時，你不耐煩的天性會逼著自己更努力。你雖然無法表現出那種信手拈來、游刃有餘的感覺，不過你向世人證明了，只要肯花時間、耐心和具備適當的內心資源，任何事都能達成。責任和職責是關鍵，不過你是否有照顧到自己較柔軟的部分？注意不要吝於照顧自己的情感。

✳ 你的身體健康

　　身為以結構為基礎的星座，你必須建立持續的健康規律。要忠於能帶來生命力的習慣，特別是健身、飲食和自我照顧的方法。魔羯座守護骨頭，所以泡個熱水澡特別有幫助，還要特別保養膝蓋。有助於平衡和柔軟的動作，可以讓你用較無威脅性的方式展現權威，也能避免因為阻礙感受導致的身體問題，深蹲和瑜伽都對你有益。你的守護行星是土星，也與皮膚和牙齒有關。所以在泡澡之前乾刷身體，維持牙齒清潔，有助於長久健康。

土星每年都會逆行，當土星逆行時，你要重新找回自主權，將其視為通往身體力量的道路。不過一年當中無論何時，都要留意自己的刻板傾向。

寶瓶座（一月二十日至二月十八日）

天才、革命者、設計家

符號	元素	守護行星	模式
♒ 水瓶	🌬 風	土星、天王星	固定

✳ 你的強項

別人眼中的你有些與眾不同，而且是指好的層面。不只因為你隨著自己的節奏起舞，也會鼓舞他人創造自己的旋律。你腦海中充滿革新的想法，會很尖銳地看待自己的計畫，培養超脫框架的全方位觀點。你善於利用多元化，讓你更為獨樹一格。你不害怕拋棄習俗，打破規則，然而，你來到這世上並不是為了魯莽地跟傳統作對。你會尊重正在發揮功能的部分，加以保留，然後改變行不通的地方。你是既機敏又有條理的天才，對細節很敏銳。你的創新天賦，還有引領潮流的敏銳度，能把成就提升到下一個階段。你渴望創造不同，提出的新點子是為了增加大多數人的利益。

✳ 你的挑戰

你獨特的觀點是很多人非常需要的才華，但有時可能很難與別人建立關係。如果覺得自由或獨特性不受尊重，你就很容易變得封閉，不與人分享觀點。不過透過關係，你才能真正改變世界。雖然這不太容易，不過培

養情感的敏銳度，有助於你發展藝術天賦、創新能力和領導才華。水瓶座的你當然具備了建立連結的溝通技巧。你可以決定是否要打破任何阻擋自己的障礙，可以參加一個能帶來改變的團體，不一定要是主流團體，只要專心尋找自己的同溫層就對了。

✳ 你的自我照顧

若要在這個奇怪、有時還很累贅的地球上感到滿足，關鍵就在於接受自己之所以成為現在這個樣子的一切原因。不要忽略任何靈感或頓悟，這些都在告訴你，你走在對的路上。寫下這些想法，一個都不要遺漏，然後給點時間讓它們發酵。讓可能性與現實接軌，一切只是時間問題。

有時你可能在情感上很疏離，所以要注意自己的情緒，練習向別人敞開心胸。在現代占星中，天王星是你的守護行星，它是以側面橢圓形的軌道繞著太陽運行，它很不同，也是對立的。你也具有類似的反叛色彩，可能有時會帶來孤立感。要學著照顧自己的孤獨感受，這點很重要。天王星每年會逆行約五個月，在這段期間，你必須整合在解放道路上學會的功課。生命中的哪一個部分可以讓你更完整地接受自己的真實面？如何才能活得更勇敢？你要如何才能穩固與自我情感的連結？你可以仔細思量擁有內在力量的方法，然後採取行動。

✳ 你的身體健康

寶瓶座守護腳踝和小腿，當你在這世上乘風破浪時，這些部位可以幫助你保持平衡。腳踝只由三塊主要的骨頭構成，但是是很重要的身體部位，連結了腳和腿的下半部。小腿也是如此，連結了膝蓋與腳踝。

如果要培養連結性，同時更廣泛地運用在身體健康上面，刻意培養身體、心智與情感之間的連結，對你來說會很受用。你傾向於動腦，而非動情，在心智和創意方面的突破比任何人都快。你活在腦袋而不非身體裡，所以可能會覺得不踏實、急躁又容易激動。你甚至很容易靜脈曲張、因為神經系統過度刺激冒冷汗、動作笨拙、缺乏協調感，腳踝腫脹和受傷。如果要彌補這些傾向，你可以嘗試緩慢的、刻意的動作練習，像是陰瑜伽、皮拉提斯、重力訓練和長距離散步。你也可以做平衡的姿勢來強化腳踝，像是瑜伽的樹式和腳踝旋轉。腹式呼吸可以幫助你集中精神，強化身體自然排毒的能力，也能跟自己的情感培養更深的連結，這就是你需要的，所以你可以言行合一，領導他人繼續向前行。

雙魚座（二月十九日至三月二十日）

有同理心的人、治療者、詩人

符號	元素	守護行星	模式
♓ 兩隻魚	💧 水	海王星和木星	變動

✳ 你的強項

身為黃道最後一個星座，你天生就擁有其他人可能要一輩子、甚至是幾輩子才能累積的原生智慧。身為變動水象星座，你很容易感受週遭的能量場，所以無法滿足於「平凡的」生活。你會不斷地超越身體的框架，進入別人的能量場，所以可以逃避自己的限制，感受更寬廣的、多面的世界，而這可以慰藉你過度刺激的靈魂。你是由充滿想像力的海王星和木星

守護，具備強大的個人夢想和願景。你會想要透過探索藝術和靈性，實現夢想，處理自己世俗的情感。你有情感的智慧和同理心，所以是很棒的朋友。在創造性的直覺和深度同理心之間，你擁有巨大的天賦可以與這世界分享。你要放下教條式的包袱，起身表達自己。如果要做到這點，你必須建立有如雙腳緊貼著大地的安全感。

✳ 你的挑戰

許多傳統的宗教機構都具備雙魚座的服務和犧牲暗示，不過他們的信念是認為服務就是某種形式的受苦。這其實是誤導的宗教準則的遺毒，而你的潛意識裡不應該有這種想法，一輩子都不能這麼想。敏感就是你的超能力，所以運用它就是你的宇宙功課，特別是當你因此無法負荷時。換句話說，活在當下很重要，而且要活得入世一點。你很容易被想像力和神祕主義謎樣般的領域狂掃而過。這不一定是壞事，只要你不是隨時都處於這種狀態，包括飲酒、透過麻痺自己或睡覺來逃避，或是把自己的痛苦投射到別人身上。許多人認為你是百分之百的溫柔，不會傷人。不過當你在戰鬥時，就一定要贏，甚至沒人發現你其實有武器。隨時留意自己的情緒，可以幫助你駕馭現實生活裡的強烈感受。

✳ 你的自我照顧

雙魚座是變動水象星座，情感很容易起伏波動，而這不只是你自己的情感，還有集體意識。你有時會覺得這種能量非常難以負荷，也很難辨識哪些能量是自己的，哪些是屬於別人的？如果要讓想法落實在物質世界，就必須注重靈魂、心智和身體的融合。冥想和其他身心練習是必要的，沒

得商量。探索藝術，重新找到情感的平衡對雙魚座來說也很重要。創造力就像避風港，讓你逃避刺激過度的物質世界，可以溜進自己的世界，稍微喘口氣。

✳ 你的身體健康

雙魚座守護足部，所以這個部位的保養很重要。在腳上塗一層厚厚的乳霜（如果你已經在做了，記得手也要塗），可以幫腳趾做 SPA（可以嘗試快速吸收的沙棘或芝麻油），因為你的腳跟你一樣敏感。甚至建議你，把每晚的足部按摩當作常態的自我照護。談到夜晚，睡眠對你特別重要。在上床之前，要給自己很多時間放鬆，還要注意你的夢境，因為當中包含關於療癒的訊息，甚至可能直接連結到集體無意識。你很容易有足部、過敏、上癮、長期疲勞和睡不安穩的問題，或是一些神祕的、很難診斷的疾病。如果想要駕馭這些弱點，關鍵就在於落實每天的練習，幫助自己辨識情緒和身體的感覺，然後理解其中的訊息。你的直覺力很強，有很多浮出的答案勝過於你自以為知道的。你的守護行星海王星每年會逆行約五個月，利用這段時間聆聽自己靈魂的聲音，傾聽即將浮現的新夢想。

194

1 出處：David Schnarch, Intimacy and Desire: Awaken the Passion in Your Relationship
2 出處：Donna Hicks, Dignity: The Essential Role It Plays in Resolving Conflict
3 出處：Meggan Watterson, Reveal: A Sacred Manual for Getting Spiritually Naked
4 出處：Stephanie Marango and Rebecca Gordon, Your Body and the Stars: The Zodiac as Your Wellness

第七章

上升星座：活出自己的精彩

你要重視欲望，學習如何滋養自己（月亮星座），同時結合真實的身分意識和活力的源頭（太陽星座），這短短幾句話遠遠無法完全描述這兩個星座對你的影響，然而卻足以對你的組成給出一些指引。不過如果你還想更進一步活出獨一無二的自己呢？

你如果無視批評的聲音，全神貫注在眼前的、內心批評無法轉移焦點的事物上，會是如何？你如果培養彈性，加強創造力，透過培養自己最好的、最真實的一面來提升能量呢？你如果非常清楚需要什麼才能精神一振，覺得被自己推了一把？你如果誠懇地向世界展現自己，同時又放大自己最真實的一面？

看懂了嗎？

讓我們從最重要的一點開始，那就是——你很了不起！而你可以做到上述提到的一切，都得感謝自己的上升星座。

你的上升星座也就是上升點，是個人占星核心的第三個、也是最後一個元素。上升星座代表你的身體，賦予你活力，包括性格，以及你與這個

世界的互動方式。你也可以在介紹太陽和月亮星座的部分,看一下上升星座,這能讓你更深入理解自己的健康需求。此外。你要特別注意上升星座的守護行星,這攸關你如何「起身」發揮自己最好的潛力。

我們偉大卻常被忽略的超能力 ———————

我們都有振奮、激勵或點亮自己的獨特方式,即使是在最困難的時候也是如此。這可能是我們的堅韌或可靠之處,或是能展現自己的姿態,也可能是別的特質。無論如何,這些我們性格當中天生的部分,常會用連自己都無法意識到的方式展現。

當我們努力解決健康問題時,很容易忘記這些讓自己獨一無二的原生和獨特性格面向,而這些關鍵特質會讓我們散發光芒。我們可能會忽略這些自我特質,但別人卻常常因而對我們投以崇拜的眼光,畢竟這些對我們來說信手拈來。若說這些特質滋養、激發、啟動了我們的精彩人生,一點也不為過。

這些特質是與生俱來的強項,每個人都有,可以幫助我們創造更深刻的幸福。就如太陽代表了我們是誰,月亮代表了情感面貌,上升星座驅動了我們如何出現在世人面前,而這世界又是如何看待我們。上升星座可以看出自我形象,也與身體有關,還可以激發強項,並且揭露我們會如何運用自己的天賦來追求幸福。它會為我們在這世上的目的添加助力。當我們能了解並整合上升星座提供的智慧時,就能更具體實現自我,更能成長茁壯。

現代的飲食文化不斷強力放送一種訊息,就是達到特定的腰圍尺寸或

象徵地位，才能活出最棒的自己，但你本來就已經具備最好的一面，尤其是當你珍惜並強化自己的出色之處，就會特別顯而易見。只要你練習，假以時日還能加強這些特質。沒錯，性格中的強項是可以被培養的，它們與你固有的出色之處有關，而當你加以利用時，就會覺得更有自信，把眼光聚焦在正面的事物上，而這也能提升應變的彈性。

這聽起來好到不太真實嗎？但這可不是說假話。

認識你的上升星座

確定太陽和月亮星座很簡單，但上升星座比較難。這是取得出生星盤最困難的一部分，因為你必須知道準確的出生時間（要準確到分）和地點。這代表在你出生那一刻的所在之處，在東方地平面升起的黃道星座。

有鑑於此，出生的地點和時間是很必要的，不只要知道幾點出生，還要明確到幾分，這特別重要，因為約每兩個小時會換一個上升星座。在回歸黃道上，每個星座都占了三十度，由於上升星座每四分鐘就會移動一度，即使是雙胞胎在同一個上升星座，都可能有些微的度數差異，在有些罕見的情況，甚至還有完全不同的上升星座。

上升星座就是一宮的宮頭，星盤中一個重要的基本點（當你想要運用其他技巧時，上升星座就更重要了）。在宇宙健康的架構裡，它可以幫助你深入了解自己天生擅長的事物，也就是出色之處，以及背後的動力及原因。

上升星座是火象星座（牡羊座、獅子座、射手座），代表動力來自於

能量、樂觀、自發性和熱情。這些人行動迅速，有很多創造空間時，就處於最佳狀態。上升星座是土象星座（金牛座、處女座、魔羯座）如果能運用務實、謹慎及紀律的天性時，最能表現生命力。關係和溝通技巧則是上升星座風象星座（雙子座、天秤座、寶瓶座）的成功之道，這些星座需要言語的溝通，別無他法。水象星座（巨蟹座、天蠍座、雙魚座）能運用直覺、同理心和情感智慧時最有活力。

知道自己的強項，可以專注培養它們，達成目標，而這可以增加樂趣和目標感，也能讓你更深入體認自己注定要走的道路，這些是你發自內心想要達到、認為有價值的目標，而不是將精力放在自認為「應該」想要的事物上。

不知道出生時間？

你如果已經想盡辦法，但仍不知道出生時間，可以找一個合格的占星師來校正星盤，這需要進階技巧才能確定出生時間。你可以找聲譽良好的組織認證的、擅長星盤校正的占星師。書末有附上一些提供星盤校正專業訓練的組織。

培養自己的強項

無論是否知道上升星座，認識自己性格的強項，以及如何運用強項來改善人生，就是以實證為基礎的正向心理學的核心價值。

在二〇〇四年，正向心理學領域兩位代表性人物賓州大學教授馬汀‧塞利格曼（Martin E. P. Seligman）和克里斯多福‧彼德森（Christopher Peterson），深入研究人類的強項。他們透過歷史綜觀全世界，發現人類都有六種核心美德，還有二十四種性格強項可以培養這些美德。我們都擁有這所有的性格強項，都有獨特的綜合表現，只是程度不同。

正向心理學是追求成長發展的科學。有一群傑出的正向心理學家和研究人員創辦了非營利組織「VIA 性格中心」，設計推出 VIA 性格強項測驗。這個測驗是免費、保密的評估，部分是根據塞利格曼的研究，結果是專屬於你的，能判斷主要的強項性格。即使你知道了上升星座，我還是鼓勵你上網站 viacharacter.org 做測驗。

更高層次的幸福

所謂的豐盛是覺察並投入內在和外在人生，使兩者達到和諧，此時內在的需求獲得滿足，而外在的需求也得到合理的滿足，然而身心都不會受到委屈[1]。

——凱瑟琳‧P‧庫克—科頓（Catherine P. Cook-Cottone），
水牛城大學教授

　　我們如果要達成更高層次的幸福和真正的豐盛，就必須活出充實的人生，結合自己的價值、興趣和強項。

　　這就是為何塞格里曼教授建立 PERMA 模式，這是以實證為基礎的幸福模型，其中列出五種豐盛的特質，以及如何培養它們。PERMA 是這些基礎的英文縮寫：

- **P 正面情感（Positive Emotion）**：正面情感會帶來更高層次的創造力、彈性、慷慨和成功，更良好的關係和身體健康[2]。培養感激、興奮和享受可以增加正面情感。
- **E 投入（Engagement）**：當我們利用自己的強項完成一項具有挑戰性的任務時，就進入了「流動」狀態，非常投入，眼中除了手邊的事情之外別無他物。處於流動狀態是非常療癒的境地。
- **R 關係（Relationship）**：要滋養與父母、兄弟姊妹、同儕、伴侶、同事和社群之間強烈且真實的關係，這對於復原及彈性非常重要。
- **M 意義（Meaning）**：為了一個勝過於自己的目的而活，可以賦予生命意義。我們可以在靈性練習、社會理想、家庭和其他事物中找到意義。
- **A 成就（Accomplishments）**：把目光放在具有價值、衷心渴望的目標上，一旦達成，就能帶來最深層的驕傲和滿足感[3]。

　　當討論到生命的豐盛時，PERMA 並不會帶來消耗，反而是提供底線，讓你知道必須如何才能活出豐盛，這也能有助於做出能結合你的價值和強項的決定。

　　如果想要更近一步了解，建議閱讀塞格里曼的著作《豐盛》（*Flourish*）。

努力和練習的重要性 ─────────────

在塞利格曼和彼德森的研究中，最令人興奮的發現就是我們可以練習自己的強項，並能藉此更進一步發展強項。首先，要認清自己的強項，然後要相信自己能成長、改變和學習。

知名心理學家卡蘿・杜維克（Carol Dweck）在暢銷書《心態致勝：全新成功心理學》（*Mindset: How You Can Fulfil Your Potential*）提出「成長心態」的概念，提到一些學生相信可以透過努力變得更聰明。當一個人有成長心態時，就會認為我可以學習、可以改善、可以透過研究／學習／練習來提升理解和表現。結果是很真實的。她的研究清楚證明具有成長心態的學生，會花更多時間和注意力在學業上，因此獲得更多成就。

另一方面，「固定心態」的學生認為自己的特質、智力和才華是固定停滯的，所以不會多做努力。他們的想法是「我永遠就是這樣」或「我已經很聰明了」。當他們沒有持續努力改善自己的知識和技能，就會有損成就和自尊。

成長心態的好處很清楚，就是擁有性格強項是不夠的，還必須培養性格強項，帶來更多的彈性、自尊、自我效能和自信。

因此最重要的是，聚焦在自己最擅長的事物上，同時練習加強它。看看自己的獨特之處，然後全心放大它。當我們發揮強項，而非一味試圖彌補弱點時，比較容易成功。

我離開大企業開始創業時，親身學到這件事。我一開始只想當瑜伽老師，但不太順利，移動和調整身體是很繁重的工作，連續上課也無法帶來

興奮感。顯然瑜伽不是我的職業道路，不過當時我想要踏入療癒藝術領域，而「瑜伽老師」是我能想到的唯一方式。

當時我沒看清楚自己的本質和追求的工作之間是不協調的，直到因為受傷退出一次密集的進階瑜伽師資訓練課程，才明白這件事（受傷為生活帶來混亂，嚴重打亂計畫，最後必須重新調整全部的生命狀態）。當我為了治療肩膀而必須暫停受訓時，心力交瘁之下，就利用時間拿到阿育吠陀營養師的執照。新的訓練教會我一件事，那就是我可以用人生教練的角色來活出豐盛的人生。我已經知道自己的溝通能力，還能整合複雜的資訊，所以就報名參加杜克整合醫學中心的行為改變健康教練課程。在此時，我的創業家和教練的事業合而為一，身為上升星座天秤座，親密的、一對一的交談對我來說很自然。

我們都可以檢查自己獨特的地方，培養這些特質。運用並放大自己的強項，可以開啟潛能，活出豐盛。如此一來，更能影響生命中的改變，也能培養出更多的自我效能和沉著。

當我們根據強項來運作，在困難的時候也多去利用強處，就能用有建設性的方法來應付人生的起起伏伏。甚至在極度的混亂中，還是能夠穩住重心，覺得更能適應壓力的狀況。

我們必須面對一個事實，取用自己的力量，體驗真正的幸福，代表必須放下對舒適圈的依戀。相反地，我們必須冒險，而這需要彈性。沒有彈性，就很容易成為生命境遇的受害者，這會把我們擊倒，認為自己應該放棄。

你來到這裡的真實目的

你不必成為任何人，只要做自己就很有價值。

——塔拉納・柏克（Tarana Burke），MeToo運動發起人

　　大部分人在界定真實的自我時，都沒有考慮到天賦與才華。我們會根據外表和扮演的角色（父母、朋友、伴侶和老闆）來定義自己。我們會拖延，不去追求自己真實的夢想，因為我們總是著眼於短暫的現實，而非當前的可能性。沒錯，當我們與靈魂的渴望失去連結時，我們就失去了自己最出色的特質！我們都有強項，等待被精通熟用。一項正向心理學研究顯示，多做自己擅長的事情可以建立自尊和自我守護的感受，進而讓人感到更快樂，更健康。

　　接下來我們會朝著這個目標，詳細介紹每一個上升星座。

出生星盤的上升星座：化為你的助力

✳ 上升星座牡羊座

先鋒、主導者和運動員

符號	元素	守護行星	模式
♈ 公羊	火	火星	基本

上升星座牡羊座的人在火力全開時，會對任何情境注入溫暖、樂觀和

無以倫比的篤定態度。人們很自然會被你的存在和冒險氣質吸引。只是要記得，當你展開下一段冒險時，別把其他人遠遠拋在後面！

不是每個人都有無止盡的活力，大部分人都有需要加油打氣的時候。重要的是，在你以自己的活力為榮時，要知道不是所有人都能像你一樣這麼快就恢復元氣。在所有黃道星座中，唯一會太賣力、太快的人就是你。這也意味著，當你不重視活力時，可能會沮喪，甚至生氣。要信任自己無窮盡的能量引領的方向，活出自己的精彩，但記得偶爾要停下腳步休息片刻。

· **強項**：你就像發電廠，無人可比。別人會在你身上尋求動機和啟發，同時被你讓世界閃耀發光的能力觸動。

· **活出精彩小咒語：我相信自己的活力。**

❋ 上升星座金牛座

美食主義者、園丁、阿芙蘿黛蒂女神

符號	元素	守護行星	模式
♉公牛	⛰土	金星	固定

上升星座金牛座的你，永遠不缺需要你的人。無論你是擅長做家常菜，還是幫朋友重新裝潢房子，人們都會被你的善良和溫和的言行態度吸引。只要確定在幫助別人的時候，別忘了自己的需求。

你比任何星座都了解自我照顧是健康的基石，但很難放下待辦事項，

把注意力放在自己的需求上。你要善用自己的堅持，關掉電話，享受泡泡浴，沉浸在一本愉快的小說裡。

等恢復元氣再回去工作吧。上升星座金牛座的人喜歡嘗試任何享受，在照顧別人一整天後，你絕對值得好好寵愛自己。如果還想來更多刺激，可以在書桌上點蠟燭來加強感官享受，或是吃幾塊純巧克力。

· **強項**：你擁有真實的溫暖，散發誠實的氣息。你的存在令別人有安全感，讓你很容易與別人連結，建立真誠的關係。

· **活出精彩小咒語**：我相信自己的感官。

❈ 上升星座雙子座

連結者、教師、作家

符號	元素	守護行星	模式
♊雙胞胎	☁風	水星	變動

上升星座雙子座的人社交風采十分優雅，可以跟任何人侃侃而談。你很多變、有創意，永遠不缺話題，會為任何能引起興趣的狀況和人帶來活潑的能量。你的想法變得很快，看似有點輕浮，其實只是因為你有無法滿足的好奇心，會刺激你令人刮目相看的心智。

無論是什麼原因，你最快樂的狀態就是能遊走於各領域的人和想法之間，而這兩者都是你的專長。你喜歡把一個地方的想法，散播到一個不可能的情境中。你也很渴望混合、搭配和實驗不同的溝通模式，然後創造全

新的事物。

在人和計畫之間遊走的傾向，能滿足你的創作直覺，但要確保自己的好奇心不會被誤認為虛偽。當你能把好奇心與對面星座射手座結合時，就最具影響力，射手座有本事發現別人最好的一面。你不知道需要知道每個人的每一件事，有時坐看他們的發展才是最好的方法。

- **強項：**你除了是天生的連結者，當你在用之前從未想過的方式來連結想法時，可以讓心智成為引路人。

- **活出精彩小咒語：**我相信自己的好奇心。

✳ 上升星座巨蟹座

皇后、維持生計的人、滋養者

符號	元素	守護行星	模式
♋ 螃蟹	🌊 水	月亮	基本

上升星座巨蟹座的人需要強大堅固的基礎，你可能看來很宅，把自己藏得很深。這不代表你沒有遠大的夢想，或是無法大膽行事，只是喜歡先打造一個穩固的基地。

你不只非常擅長為未來做好準備，也很善於築巢。你的家總是充滿溫暖的色彩和柔和的質感。即使你不認為自己是傳統定義的「持家的人」，但你愛的人很可能把你當成安全的避風港，可以在這裡休息、反省和獲得治療。

　　你的情感是全面包容的，但不會隨便與人分享。你需要完全信任一個人，才會對他打開心房（這又是安全感的課題）。這並沒有什麼錯，只要你還是願意透過關係成長。你不一定總是得保護別人，也要允許別人來照顧自己。

・**強項：**你骨子裡充滿智慧。當你有部分的情感失控時，就不會保持溫柔了。你可以毫無間隙地結合奉獻和勇氣。

・**活出精彩小咒語：**我相信自己的韌性。

✲ 上升星座獅子座

掌權者、激發者、領導者

符號	元素	守護行星	模式
♌ 獅子座	火	太陽	固定

　　身為上升獅子座，只要看到鎂光燈，你就會很自然地靠過去。不只是因為你很習慣成為目光焦點，也是因為你很需要被眾人注視，而這也理所當然，因為人們把你當成領導者。

　　你具有吸引力和天生的魅力，無論到哪都很容易有一群人跟著你。人們會向你尋求溫暖，進而建立自信。承認吧，你也不介意被拍馬屁。當你培養出自信時，最重要的是記得以正直和道德來領導眾人。你也可以從對面的星座寶瓶座獲得提示，要學習滿足集體的利益，這永遠是首要之務。

　　你可以善用喜愛玩樂的天性，發揮遠大的影響力。你天生就明白且重

視樂趣和自由扮演非常重要的角色。你可以向全世界證明，即使是最艱困的登頂之路，也可以用輕鬆的態度面對，而這樣比較能夠承受過程的痛苦。

· **強項**：你來到這世上是要點燃人們的熱情。你充滿活力和力量，是個天生的樂觀派，而這又和你的領導能力相互呼應，讓你能夠用勇氣和力量來帶領眾人。

· **活出精彩小咒語**：我相信自己的領導能力。

�֎ 上升星座處女座

導師、工程師、編輯

符號	元素	守護行星	模式
♍ 處女	⛰ 土	水星	變動

身為上升處女座，你不只條理分明，會用顏色將預算編碼分類，連衣櫃裡的衣服都用蒸氣熨斗燙過，按照季節擺放。有些人可能認為你很吹毛求疵，事實不然。你其實只是無法忍受過度。每件事都有其目的，你只是揭露這一點而已。

身為「純淨的保護者」，你喜歡一切都有效率，特別是日常生活的運作。你天生就能辨識並刪除所有無助於達成目標的事物，而人們甚至會因此敬重你。

按照處女座的真實風格，你會發現，自己常被以服務為導向的職業和計畫吸引。即使你不是在傳統的「服務業」工作，可能也會報名義工團體，

或找到方法來幫助人們設定工作表，精簡行事曆。不過要確保別因為日常的拖磨而讓你無法有更寬廣的想法。

・**強項**：注意細節、工作倫理及服務精神，讓你發揮出無與倫比的價值，不只對身旁的人，還包括對你帶著目標服務的人們而言都是如此。

・**活出精彩小咒語**：我相信對服務的貢獻。

✳ 上升星座天秤座

藝術家、倡導者、解放者

符號	元素	守護行星	模式
♎ 秤	風	金星	基本

　　若有個人看起來泰然自若，彷彿隨時都準備好，那他八九不離十是上升天秤座。從無敵的衣櫃到史詩般的藝術收藏，你很清楚如何尊崇人類精神的精緻發展。

　　你不只能在油畫和高級服飾裡發掘靈魂的本質，也很善於帶出人們最美好的一面。關係就是你的主場，三教九流的人都很容易向你靠攏。你會讓人們很自在地做自己，透過全然的接納給予療癒。

　　身為上升天秤座，你特別需要注意如何分配精力。平衡是關鍵，而且如果你不拒絕的話，很多朋友、家人，甚至只有數面之緣的人，都會想要占用你每一分每一秒的自由時間。你需要在內在和外在之間找到平衡，也

必須在優雅老練的社交技巧及劃清界線的需求之間找到平衡，這樣才能獲得長期的健康快樂。

- **強項**：你具有外交天賦，可以看到事情的一體兩面，同情心就是指引的力量。你天性審慎明智，也會遵守對和平的承諾。

- **活出精彩小咒語**：我相信自己的審慎明智。

✳ 上升星座天蠍座

女術士、治療者、調查者

符號	元素	守護行星	模式
♏ 蠍子	🌊 水	冥王星和火星	固定

身為上升天蠍座，你一定會追根究柢，什麼事都要查個水落石出，每間密室都要一探究竟。這不代表你愛管閒事，其實剛好相反，你只想要深入確認已經知道的一切。

這種內在的認知是與生俱來的，深入你的性格。在旁人眼中，你有超齡的智慧，彷彿這不是你第一次投胎為人。即使你散發出對一切了然於心的氣場，還是會敏銳地觀察一切。沒什麼事能逃過你的眼睛，即使是最不重要的細節也會被你記住，存放在龐大的內部資料庫，以待日後使用。

雖然你已經穩穩掌握人性心理，但還是很有戒心。你不是不喜歡其他人，只是水象的天性習慣吸收所有一切。感受深刻是你的強項之一，但也可能滋生恐懼。你要允許自己不完美、放手，同時去體驗生命，而非把每件事都藏著。

・**強項：**沒有任何狀況會太黑暗、太恐怖或超出你的能力，讓你無法應付。你可能會對此質疑，有時面對苦難也會崩潰，但放過自己一馬吧。你比自認為的更加強大！

・**活出精彩小咒語：**我相信自己的內在認知。

✳ 上升星座射手座

享受人生的人，老師，真理追尋者

符號	元素	守護行星	模式
↗弓箭手	🔥火	木星	變動

身為上升射手座，熱愛生命就是你外向性格的特徵。人們很喜歡圍繞在你身旁，而且實在沒有理由不喜歡。這不只因為你天性有趣又快活，而且在深入探究人們存在的真理時，你也不畏於添加哲學色彩。

不過射手座談論的宏觀想法並非憑空而來。你早已出發去探索這個世界，無論是透過大部頭鉅作還是火車之旅，這就是人們為何天生就相信你的世界觀的原因。就某種層面來看，人們認為你宣揚的一切都是經過實際體驗的，所以願意相信你的任務就是帶來全新的觀點。

即使是在最認真的關係裡，你也很難安定下來。自由是你的動力，你知道如何擴張，沒人可以拉得動你。你要保持誠實、努力工作，並在天性渴望的自由和探險之中打造喜愛的人生。

・**強項：**你快活的天性總能找到一線希望，所以不只是天生的樂觀主義者，還能自在優雅地為正在進行的事帶來正面影響。當旁人還膠著於錯

誤時，你很快就找到解決方法。

- **活出精彩小咒語：**我相信自己辨識真理的能力。

✳ 上升星座魔羯座

專家、策略家、執行者

符號	元素	守護行星	模式
♑ 海山羊	⛰ 土	土星	基本

身為上升魔羯座，你的最佳狀態就是獨自處理事情，別人都不要來插手。至少別人很容易這樣看你，把你當成知道自己在幹嘛的領導者。

你做事會全力以赴，願意奉獻，因為你知道自己電郵的簽名檔遲早會加上「執行長」的頭銜。在別人眼中，你這種成功在望的態度可能顯得有些狂傲，但是魔羯座，這是因為你沒有讓外人知道，自己在私底下花了多少時間努力。

你喜歡秩序勝過於紊亂，偏好結構勝過於即興發揮。所以人們可能會認為你有點掃興。這不代表你不能享受美好時光，只是要有機會。你天性有紀律，知道如何把事情做好，所以很難把你拉離辦公桌，特別是當你熱情投入自己的計畫時。偶爾要安排晚上出門，讓自己放鬆一下。面對事實吧！你還是會成功的。

- **強項：**堅韌就像你的別名，一但你知道自己想要什麼，就不會放棄或退縮。這讓你不只在專業領域成為要角，也是家裡和團體中的重要人物。

・**活出精彩小咒語**：我相信自己的毅力。

✳ 上升星座寶瓶座

天才、革命者、設計家

符號	元素	守護行星	模式
♒ 水瓶	風	土星、天王星	固定

身為上升寶瓶座，有些人認為你只根據自己的節奏做事。其實，你根本就拋開節奏這件事，用電子音板奏出搖滾樂，這個音板當然是你用備用零件自己打造的。你是發明家，改革者，也是經典。有時人們真不知該如何與你相處。

不過雖然一開始有些遲疑，但人們終究會靠向你。他們會發現，你的瘋狂點子的核心裡其實存有真理，而你可能是未來的大人物。即使他們沒興趣靠你提攜，飛黃騰達，但很清楚你理解世界的方式有其獨特之處。他們會想更深入了解你的觀點，還有你這個人。

你看似喜歡幻想，但其實很善於連結看似不同的人、想法和地點。你很容易知道如何把這些點連起來，讓世界變得更美好，只是在等待每個人都就定位而已。

・**強項**：你來到這世上是要讓人們知道什麼是可能的。你一直取得先機，也可能永遠如此。你不甘於平凡，反而會把目光放在如何讓事情變得更好。

・**活出精彩小咒語**：我相信自己的獨創性。

✳ 上升星座雙魚座

有同理心的人、治療者、詩人

符號	元素	守護行星	模式
♓ 兩隻魚	💧 水	海王星和木星	變動

　　當上升星座在不食人間煙火的雙魚座，你似乎無所不知，但不是傳統的、男性的、陽剛風格的那種知曉。你的知識超乎當前的一畝地，這是一種與生俱來、而非後天獲得的靈性天賦。

　　你是個敏感的靈魂，很快就會覺得無法負荷，然而這不一定是壞事。因為感覺如此深刻，所以你有無與倫比的同理心，也非常有藝術天份，總能依靠直覺知道什麼是最好的。當你能真實面對自己的靈性練習時，或是跟一小群能信任的朋友在一起，最好是在有療癒效果的地方，例如在浪潮輕輕拍打的海邊，那就是狀態最好的時候。

　　當你到了治療的地方，你會感到如魚得水，因為你天生就是個療癒者。其他人會感受到這件事，所以當有人出現，要把大量的精神包袱扔給你時，也不用太驚訝。你比較喜歡順勢而為，但當事情攸關個人的能量時，最好能劃出清楚的界線。治療者如果不能照顧自己，對任何人都沒有好處。

- **強項**：你的身體很清楚別人的表面之下藏了什麼，馬上能接收到未說出口的細微差異。因此，你擁有令人欽羨的藝術、直覺和治療能力。

- **活出精彩小咒語**：我相信自己的直覺。

儀式：活出自己的精彩 ───────────

你已經透過自己的主要占星元素和性格強項，更加了解自己，現在花點時間消化一下這些新發現。如果喜歡的話，你可以在自己的聖壇做這件事，但這不是必要的。

現在回答思考以下的問題：
- 我的太陽星座是什麼？
- 我的月亮星座是什麼？
- 我的上升星座是什麼？
- 我的上升星座的守護行星是什麼？我如何感受到這個行星？
- 我的五個主要經典強項是什麼？在這些強項裡，在人生此時此刻，我最想精通哪一個？

以下星座與哪個元素有關？
- 太陽星座：
- 月亮星座：
- 上升星座：

以下星座與哪個模式有關？
- 太陽星座：
- 月亮星座：
- 上升星座：
- 在這三個星座裡，我對哪個最有感覺，為什麼？
- 我如何善加利用與自己主要占星元素有關的強項？
- 根據太陽、月亮和上升星座的結合，還有性格強項，我有什麼獨特

的綜合出色之處？

現在列一張自己的超能力清單。你如何活出獨特的精彩？一開始你可能覺得有點手足無措，特別是你不習慣為自己喝采，但要有耐心，繼續列出來。

清單完成後，試想你目前面對的某個困難，也許是健康的挑戰，或是與自信有關的挑戰。或許你就像很多人一樣，面臨事業或關係互動的問題。這裡的目標是列出一個你現在想要改善的領域。

知道想要改善哪一個生命領域後，再看一次超能力清單。你要怎麼把自己獨特的出色之處運用在這件事上？你可以培養哪一項強項、技巧、天生才華或能力，甚至進一步運用？利用你的強項來對付問題，可以帶來成長，有助於創造你追求的持續改變。

現在開始投入吧。造一個肯定句或咒語，可以正面強化你天生的才華，以及能帶來渴望的改變的能力。然後大聲地讀出來，對它冥想。你要全面觀看自己，知道自己的潛能，承認自己的出色之處。但最重要的是，想像自己在面對想要解決的問題時，積極地利用強處。看到你能做到的方式，同時運用自己的強項獲得勝利。

一旦感受到堅定的意念，就要感謝自己。要給自己愛和感激，同時欣賞自己已經表現很出色的一切！

現在你已經知道自己主要的占星元素——月亮、太陽和上升星座，那就進入第四部吧，我們將更深入探討你的星盤，以及它如何支持你的宇宙健康。

1 出處：Catherine P. Cook-Cottone, "Incorporating Positive Body Image into the Treatment of Eating Disorders: A Model for Attunement and Mindful Self-Care."
2 出處：Sonja Lyubomirsky, Laura King, and Ed Diener, "The Benefits of Frequent Positive Affect: Does Happiness Lead to Success?"" School of Arts and Sciences", University of Pennsylvania.
3 出處：Positive Psychology Center, "Perma Theory of Well-Being and Perma Workshops," School of Arts and Sciences, University of Pennsylvania.

第四部

水

在生活中運用
行星的智慧

自由只是比較光明的混亂。

——艾倫‧狄恩‧佛斯特(Alan Dean Foster)，
《通往消失點》(*To the Vanishing Point*)

第八章

水星：
你真的可以擁有想要的一切嗎？

· · · · · · · · · · ✳ · · · · · · · · · ·

「你還要這樣浪擲光陰多久？」擔任使者的希臘天神荷米斯（Hermes）用最嚴厲的聲音提出疑問，「眾神之王送我來到你面前，他命令你出發，尋找你的命運的國度。」[1]。

這是荷米斯對特洛伊英雄艾尼亞斯（Aeneas）說的話，但其實這句話也可以拿來問你、我或任何人。

你是否曾經深刻感受到一種呼喚，彷彿來自某個神聖的源頭？你是否覺得深受啟發，想要追求某件事物，就像是你的靈性命令你要這麼做？這個召喚可能是開創新事業、為人母親、一個有創意的計畫或是一趟壯闊的旅行，而且這種召喚終其一生都會以各種形式來到你的面前。

就神話的層面來看，我們不可能是天神或女神，但的確擁有超能力。只要願意，就像前面介紹過的，我們可以活出自己的精彩，這通常意味著找到自己的「國度」，實現自己的「命運」。

不過，我們往往猶豫不決，總是先拖一個月，然後放到下一季、下一

年。我們為什麼要這麼做？我們可能無所事事地享樂，逃避努力工作，即使更遠大的希望和夢想並不需要大量的犧牲，很多人還是會磨磨蹭蹭，停留在原地。

在這一章，我們會討論這種傾向如何影響心態，以及「使者行星」水星所扮演最重要的角色，就是如何幫助我們達成最渴望的目標。最後還有一個重點，我們會檢視你的本命水星的位置，幫助你更主動地朝著自己想要的目標前進。

不過在此之前，我想要分享一些想法，討論制度的壓迫如何影響我們追尋自己的國度、實現命運。

心態與恩典

當我們深入探討心態時，最重要的是認清最真實的外在影響，其實是源自於種族歧視和其他偏見，這限制了我們創造改變和實現命運的能力。

制度的不公和壓迫有礙宇宙健康，其設計就是要讓我們不舒服，破壞集體的幸福，嚴重影響黑人、黃種人和原住民的個人健康，特別是在LGBTQ[2]團體裡被認為是女性的人，行動會受到阻礙，也缺乏經濟主體。我們一定要採取個人和集體的行動，打斷制度的壓迫，才能實現集體的命運。

雖然這一章是討論心態，但我不是暗示只要靠著思考就能擺脫壓迫、普偏的不公平，或是許多為社會帶來災難的不公平。在這裡，我們的重點放在水星這個「個人行星」，代表我們的理性，而這在宇宙健康裡的意思

就是，調整出最佳心態，來支持、甚至提升個人幸福。

　　心態是彈性的工具，可以讓我們面對人生真實的模樣，無論有多困難，為了個人和集體的健康，還是能堅持走在提升的道路上。心態不能抵銷歷史和當前種族主義的影響，不過就像水星一樣，可以幫助我們調整信念，支持我們追求集體的解放。心態也能讓我們用更多的彈性去面對每一個關乎自由的社會限制。

敞開心胸迎向豐盛 ——————————

　　我剛開始擔任人生教練時，發現個案都有一個有趣的共同主題。許多人想要達到生命的里程碑，卻很害怕彷彿只要達成某個目標，就必然要經歷心碎，或是在某些生命領域會有缺憾。這些個案看上去都是很有成就、充滿自信，表現亮眼的女性，不過其中很多人私底下都相信，只要「用完」豐盛的最高配額，緊接著就會有壞事發生。

　　這種想法會以各種方式出現。像是住在阿姆斯特丹的荷蘭女子艾瑪會拒絕討論自己的情緒性進食。她本身是心理健康專業人士，卻長期透過吃宵夜零嘴來放鬆，逃避有成就感卻很耗神的工作。幾年下來，她已經習慣用這種不健康的方式來逃避，也對自己的身體感到非常不自在。她對於自己的暴飲暴食越來越無力，這種失控當然也會緩慢地吞噬自尊。

　　一起共事時，我發現她對於談論自己的情緒性進食還有其他抗拒。自從上小學起，她就把對女孩的刻板印象放在心裡，認為女生就應該瘦，外表要完美無瑕，好像不用去管智力和獨特性，只要苗條就好。她沒有跟著世俗標準走，選擇當一個勇敢的、看上去像文青的風趣女生。這個選擇很

適合她，不過在無意識裡，這也變成一張許可證，讓她有藉口靠著吃甜食來逃避，不去處理自己的感覺。

艾瑪開始試著與自己的情感和食物建立新關係。她發現糖果只是廉價的樂趣替代品，但是自己不需要犧牲樂趣也能改變生活方式。她練習去感受自己的感覺，而非靠著情緒性進食來麻痺自我。她隨即發現自己的能量有明顯轉變，而當她從內在找到更多的勇氣時，自信心也隨之增加。

我們常會設置心智上的障礙，讓明明唾手可得的東西變得遙不可及，像是擁有財富和事業，就一定找不到真愛；要享有健康，就得犧牲樂趣；有一位人生伴侶，就不會有理想的生活型態⋯⋯這些受限的想法會把我們絆住，深信如果想實現某個夢想或欲望，就勢必得放棄另外一個。

我們可能在不同的人生階段，為了得到渴望的事物做出各種改變，但是過程中不一定要犧牲自我、健康和夢想。一旦放下這種二擇一的限制性想法，不要以為「只能被允許」擁有多少美好，我們就會發現自己真正得做什麼改變，儘管一開始有點不知所措，但其實比我們之前假設有更多可能性。雖然不能保證結果，但是嘗試本身就有許多樂趣。

突破自己的上限 ——————————————

蓋伊・漢德瑞克（Gay Hendricks）在《跳脫極限：征服內在的恐懼，擺脫現狀，踏進人生新境界》（*Conquer Your Hidden Fear and Take Life to the Next Level*）說過，我們對人生能有多美好設下的限制，就是我們的「上限」，這是每個人都有的天花板，代表我們能允許自己感受多少美好。一旦觸及上限，我們就會想辦法破壞自己的努力和最重要的成就，還會因為

太害怕失去和痛苦而不敢進一步冒險。這就說明了為何我們認為必須至少應該犧牲自己某部分或某個夢想，才能得到另一個，其實在無意識裡，我們都會聽命於自己的極限。

我曾在不同的人生階段、用不同的方式感受到這種不一致。環遊世界結束後，我搬到紐約，感情生活變得更豐富，事業卻越來越無力。有一陣子，我內心有個想法，那就是我只能在很棒的關係或很好的事業之中擇其一，魚與熊掌不能兼得。

不過我後來發現內心有種更深層、更局限的想法，我發現很多客戶也有同樣的心態，用某種方式阻礙自己，以為這樣就能控制自己要承受多少痛苦。這種想法當然大錯特錯，事實是，我們在生命中一定都會經歷痛苦與失去。當我們把生命花在限制這些負面的情感時，常常只會帶來更多失望和絕望。當我知道可以同時擁有感情和喜愛的工作時，就發現之前的極限是自己創造的，同時也知道不需要試圖去「控制」痛苦。

把恐懼和抵抗變成寶藏

如今回頭去看，我可以看到自己的事業經歷了一場重大的轉變，然而改變卻像是一瞬間那樣簡單，只要換個心態，然後全心追求自己的想望就行了。有些人生的重大改變就是如此，有些則不然。大概十年後，我發現我的人生正處在進退兩難的十字路口。

某天我去看婦科，當醫生診斷出我有骨質疏鬆時，我當場驚呆了。

骨質疏鬆是年長女性常見的疾病，會讓骨頭變得鬆脆，即便像是前彎

這種簡單的動作都可能導致骨折。我知道切除子宮後可能會有骨質疏鬆的危險，所以這麼多年來一直很努力預防，像是改變飲食，補充雌激素和維他命，健身、練習瑜伽，定時看專科醫師等，不過任何一種方式都無法補救沒有卵巢這件事。

雖然我才三十多歲，骨頭卻已開始脆化。這個診斷結果嚴重打擊我的自信心，讓我陷入生存危機。我連續好幾個月都在對抗大量的恐懼、焦慮、痛苦和憤怒，有如一場逃不過的情緒洪災。我知道從此刻開始，必須花大量的精力和注意力照顧健康，因此開始非常掙扎到底要不要認養小孩。這實在是很磨人的選擇。

跟事業不一樣，這次我沒有如願以償，甚至還差得很遠。這是很多罹患慢性疾病的人面臨的現實。對身體而言，為人父母不是正確的選擇。這是非常困難的決定，但我最後還是做出必要的選擇。

即使沒有慢性疾病，生命終究會出現很多不可控的狀況。當事情發生時，我們必須對自己說出的故事和抱持的心態做出重要選擇。

重新架構自己的故事

我的存在是否受到詛咒，注定要被身體拖垮，還是只是被逼著寫出一個不容易、不自然的故事？答案真是肯定的嗎？類似的問題常常會在人生面臨困境時冒出來，而我曾有好幾個月努力理解自己面對的全新現實，還有這一切對自己的意義。

我們不能控制結果，只能控制自己在面對挑戰和危機時願意變得多有

彈性。明白這一點後，我終於把重心轉到人生的下一個篇章，現在我已經不考慮當媽媽這件事了，那麼，我想要的是什麼？我可以選擇無止盡地痛苦和憤怒，還是要把這些鳥事拋出美好的人生，享受每一天的點點滴滴？

我不會說謊，有時這真的很難做到，尤其是在我緊抓著永遠無法為人母的事實不放，面臨無法負荷的深刻心碎和痛苦時。不過即使在這個當下，我還是得做出重要的選擇，其他人也是如此：到底是要陷入痛苦，還是要突破極限，全心享受喜悅、希望和豐盛？

心態的力量

你知道去看眼科檢查視力時，視力檢查表上面有一個大字母，然後在最底下有一行很小的字母。從心理上來說，這個表格會告訴你的大腦，你無法看到最小的字，一定看不到，而這馬上會應驗。哈佛大學知名的心理學教授艾倫‧蘭格（Ellen Langer）好奇，如果把同樣的表倒過來會發生什麼事。換言之，如果大腦馬上就知道接下來會看得很清楚，可以通過視力檢查，結果是否會因此改變？

這聽起來似乎不太可能，不過試想一下，當你覺得準備充分、蓄勢待發時，跟你覺得可能會失敗，沒有把握時，哪個表現會較好，何者表現比較糟？你是否曾經全心投入一個目標，達到之前似乎無法想像的成績後，自己也大吃一驚？

正如蘭格博士的預測，檢查表倒過來後，最小的字母在上面，最大的字母在最下面，參加測試的人可以看到之前無法看到的小字母。

這個實驗的有趣之處就在於，如果沒有這類的研究，我們通常不會質疑自以為知道或是被告知是「事實」或「真理」的事情。我們會接受視力測驗，得出結果，然後接受這就是目前最簡單明瞭的視力報告。就如蘭格解釋，「我們沒有意識到，當自己不用心時，並不知道自己心不在焉[3]。」

當我們不用心時，會把臆測和過去的經驗當成「事實」或「真理」，而不會用全新的角度來考慮目前的背景和狀況。在視力檢查的實驗裡，這意味著認為視力測驗的結果就是最終的事實。

就是這種不用心地依賴過去的經驗和其他限制性的想法，導致我們困在上限裡，認定自己可以擁有多少喜悅和成功，或是「獲准」可以感受到多少的愛。我們之前如果不曾身材健美，就認為永遠不可能。親密關係如果總是以背叛和心痛收場，我們就會相信像是「愛很傷人」這類的歌詞。

這些都是已知的不用心，只展現了我們相信的、體驗的事物，卻無法看到真實的可能性。

改變思考的方法和內容

蘭格博士在所謂「可能性心理學」的研究裡，還研究了細微改變想法的力量。她在一九七九年做過一個知名的「逆時鐘研究」，將一個與世隔絕的僧院裝潢成一九五九年的模樣，讓年老的男性分為實驗組和控制組，在裡面待一個星期。她鼓勵實驗組假裝真的活在一九五九年，而控制組就只是當成回憶。

結果跟控制組相比，實驗組的健康有明顯改善，包括關節痛減少、視

力改善、智力測驗成績變好，姿態和體重也出現了正向改變。如果比較參與者在實驗一開始及結束時的照片，客觀的觀察者指出，實驗組在結束時明顯看起來年輕多了。簡單的心態改變，可以幫助這組人的行為、模樣和感覺更加健康，純粹因為健康的基礎點是比較年輕的狀態[4]。

這個結果具有劃時代的意義，讓之前很少被討論的身心健康成為熱門領域。從那之後，有更多研究證明心態和身體健康息息相關，以下是一些相關的研究結果：

- 蘭格博士針對一群準備成為空軍飛行員的人，發現在模擬飛行後接受視力測驗的人，成績勝過於只是假裝飛行的人[5]。
- 二○一六年一份研究顯示，第二型糖尿病患者的血糖程度會在認定的時間升降，而非實際的時間。參與者的生化數據其實也會符合自己的期望[6]。
- 蘭格博士另一份持續的研究也發現，如果鼓勵參與者假裝自己感冒，然後觀看有流感和感冒症狀的人的影片，之後就會實際出現症狀，體內的 IgA 抗體也會增加，意味著身體已經準備好對抗感染。不過另一組控制組，沒有任何預設心態，看了影片後就不會出現症狀，免疫反應也不會提高[7]。

只要心態稍微改變，就能轉變健康、提升能力，超越之前的心理限制。哇！如果我們打從心底清楚明白心態的力量，就能想見要怎麼改善我們的健康和人生！

這裡有個美好的真理，就是我們並不知道自己能做到什麼，而要開始其實很簡單，只要把自己推往正確的方向就行了。而現在，你要盡可能時常把注意力放在做一些能讓心態出現預期改變的事，無論是要向親近的友

人吐露真實的感受、接受自己的不完美，還是休息一下，修復心情。每次向前走一小步都能支持下一步，很快你就能順利地往前走，遠甚過於出發時的想像。

利用自我表達來改變心態

心態包含了態度，以及用來過濾及詮釋資訊的心智架構。自我表達就是如何向自己或別他人傳播想法和信念的溝通方式。在第五章，曾經介紹過自我表達對於情感健康的重要性。其實把想法和感覺放在心裡，會對健康造成重大的傷害。社會心理學家詹姆斯・W・潘貝克（James W. Pennebaker）研究過透過寫日記表達自己，對健康有哪些益處。

這個研究讓往後的人能夠更深入理解自我表達會如何影響自己的幸福程度。結果發現，無論是口語或非口語的溝通都有利於療癒身體和情感的彈性。只要表達自己，就有助於強烈的心態轉變，提升身心的幸福程度。

你可以考慮用一些自我表達的方式，建立更強大的心態：

- **寫日記**：潘貝克和同事在一九八五年邀請大學生參與研究，要求實驗組連續四天每天寫十五分鐘的日記，記錄在人生中最受傷或最生氣的事件，然後請控制組只寫一些膚淺的話題。相較之下，實驗組比較少生病，之後也比較少去學校的健康中心就診[8]。

- **藝術和音樂**：彈奏或聆聽音樂，創造藝術，或是只是參與過程，都能與當下建立更深刻的連結，幫助你更加留意自己。正如蘭格博士的研究證明，透過多種結合心智和身體的方法來提高覺察力，可以為幸福帶來正面影響，還能增加記憶力、減少焦慮並轉換心情。

　　你要如何自我表達？什麼能引起共鳴？我們習慣於把這些活動視為成癮或休閒嗜好。其實當我們表達自己時，可以啟動或限制這些釋放的管道，進而影響健康。

　　當我們深入探討這些心態和自我表達的重要領域時，接下來就要介紹水星。你可以把水星當成宇宙盟友，讓你清楚知道該怎麼善用這顆行星的力量，打造最健康有活力的幸福人生。

其他轉化心態的方式

除了自我表達，以下這些行動有助於讓你改變心態：

1. **表現得煞有其事。**這個方法遠超過假裝或冥想，而是要表現得有好像已經達成渴望的結果那樣，例如疼痛消失或擁有一段深刻忠實的關係，假設自己已經活出渴望的結果。

2. **改變環境。**讓環境符合想要的心態。可能是做一些簡單的事，像是打掃髒亂、重新布置房間，或是把一面牆塗上顯眼的色彩，讓自己感到放鬆、充滿靈感而心情振奮。也以更常去喜歡的小徑散步，花更多時間與能讓你充電而非耗損能量的人相處。

3. **謹慎地用字遣詞。**我們使用的字彙是很有力量的，會影響對目前現實及未來期望的認知。

水星：使者的行星 ————————————

當你在整合這些改變心態的新方法時，也可以參考本命星盤的水星位置。

我們會在下一章介紹水星、金星和火星，這些被稱為「個人行星」。這三顆行星和太陽、月亮和上升星座結合起來，會影響思考、愛、行動和反應的方式。

水星會活化認知，因此也會激勵心態，負責蒐集宇宙中所有的訊息。它同時也是一位使者，也是說故事的人。

在出生星盤裡，水星的位置揭露了你如何與別人溝通，以及在心智和社會層面上如何與環境互動。本命盤水星的星座和宮位可以看出你集中心智的方式、什麼會刺激你學習，以及你喜歡學習的東西。

聽起來不難吧？不過水星的軌道非常靠近太陽，不只會帶來重要的影響，運行的速度也很快，繞太陽一圈（在水星的恆星週期）只需要八十八天。水星如此接近太陽（在會合週期），所以時常看到水星跟太陽是同一個星座。如果你的水星與太陽星座不同，那就是在太陽的前一個或後一個星座。

你可以把水星當成指引，學習如何訴說自己的事，而不會讓自己成為受害者。你還可以把自己的故事當成一種獲得能力的來源，而在這過程中能轉變心態，實現欲望。

我在前面提過的個案艾瑪，本命水星是處女座，很會挑剔自己，也非常務實。她如果要改變吃宵夜的習慣，就得認知到內心的批判會傷害自

己。這對任何人來說都不是件容易的事，尤其是對水星在處女座的人而言。不過當她更能意識到自己的情感和需求時，就能更有同情心，做出有意義的改變。

她必須對於具有挑戰性的情感更加寬容，只要能做到，就能捨棄舊想法，不再認為身體感覺良好就代表貧乏無味。在這個過程中，她越來越有彈性，開始與食物、樂趣和身體感覺良好這些事，建立新的互動關係。

出生星盤的水星：化為你的助力 ——————

水星守護雙子座和處女座，掌管分析性思考、學習和心智。水星在本命星盤中的位置有助於深入理解你的心態和溝通風格。

一旦知道水星在本命星盤的位置，就可以按照下列的描述，找出水星星座對你的意義。我是按照水星與太陽的組合來區分，也為每一個組合加上自我肯定的建議。

✳ 水星在牡羊座 ♈

當你出生時，水星行經牡羊座（基本火象星座），太陽就會是雙魚座、牡羊座或金牛座。

當機智的水星落在黃道第一個星座，你享受速度，也能很快下決定，同時能激勵並啟發別人。

太陽雙魚座、水星牡羊座：你具有敏銳的情感智商，也很果決，很清楚自己的感覺，會用感覺來認識自己和別人。

自我肯定：我能理解和預期別人的需求，清楚果斷地做出重要決定。我重視果決的能力。我能誠實地說出想法，也不會威脅別人的完整表達。

太陽牡羊座、水星牡羊座：全世界要當心了！你很清楚自己要什麼，也不害怕提出要求。你可以用大膽直接的方式溝通，有清楚的指示，但有時可能有些唐突。最重要的是學習放慢腳步。

自我肯定：我知道自己想要什麼，也很有信心追求所需的東西。我知道就算事情沒有馬上發生，不代表不會發生。我要培養耐心，忠於自己的夢想。

太陽金牛座、水星牡羊座：你有時會覺得人生太顛簸，好像一腳在踩煞車，一腳在催油門。你踏實的性情會害怕並閃躲冒險，但是水星在牡羊座，代表你比自認為的更能冒險。

自我肯定：當我知道改變是人生唯一的常態時，就能衡量並運用堅定投入的天性。當我願意治療過去的傷痛，讓情緒恢復平靜，就能如魔法般實現渴望的人生。渴望自己想要的一切是安全的，無須擔憂。

✳ 水星在金牛座 ♉

　　當你出生時，水星行經金牛座（固定土象星座），太陽就會是牡羊座、金牛座或雙子座。水星在金牛座會帶來踏實的氛圍，在培養和建立想法時提供更多的養分。

太陽牡羊座、水星金牛座：太陽是火象星座，水星卻在堅定的、土象的金牛座落腳。即使你想要得到的東西可能隔天就變了，但也能展現驚人的耐心和投入。

自我肯定：即使我無法現在就得到想要的東西，還是能堅定腳步，如魔法般實現最高層次的命運，渴望需要的東西。我非常堅定一致。我想要的一

切也會渴望我的參與。

太陽金牛座、水星金牛座：你有固定的土象能量，代表喜歡日常規律勝過冒險，但你有高尚的品味，能為人生添加美好的滋味。

自我肯定：我知道身體健康是最重要的資產，因此會好好照顧身體。我會為了營養而吃，為了恢復活力而睡，為了樂趣而動，為了整合而冥想。我會與引導人生的節律同步生活。我不會匆忙倉促，這不打緊。

太陽雙子座、水星金牛座：你的機智天性會回應在最踏實的星座的水星。這種組合意味著儘管雙子座的天性多變，但你還是喜歡規律。

自我肯定：自由意味著擁有安靜和充實的心。因此，我在此刻能接受，自己已經擁有一切足以完整表達對人生的體現。我很清楚規律和習慣成就了自己，所以可以明智地選擇它們，放棄不再需要的東西。

✳ 水星在雙子座 ♊

當你出生時，水星行經雙子座（變動水象星座），太陽就會是金牛座、雙子座和巨蟹座。

由於水星守護雙子座，水星在這裡表現特別好。機智的溝通和語言天賦，是所有水星在雙子座的人的經典特質。

太陽金牛座、水星雙子座：水星會放大金牛座的經典特質，就是美妙的聲音。當你說話時，人們都會聆聽。你要有自己的觀點，追求必要的事物，不要害怕給予指導。

自我肯定：我很踏實又穩定，但也知道如何聽從智力的引導。我的腦袋靈活多變，可以務實且巧妙地解決問題。

太陽雙子座、水星雙子座：哈囉，雙子座，請看這裡！當水星回到自己的國度，又是你太陽的守護行星，你如閃電般的心智是最重要的特質之一。思考、寫作並宣傳，利用自己出色的教學能力，讓其成為優勢。

自我肯定：我的心智和口語能力是主要強項。我會運用洞察力、相信直覺，同時深入地聆聽。我會用覺察和敏銳的認知能力來引導行動。當這變得困難時，會重新聽任欲望安排。

太陽巨蟹座、水星雙子座：你的太陽巨蟹座重視回憶、心愛的人和滋養，但水星在雙子座會讓你不停往前走。有時感覺起來好像有點衝突，但有個解決方法，就是在情感失控時，你總是能找到言語來表達自己。

自我肯定：我的情感智商能引導想法、文字和行動。我會透過實現欲望來滋養自己，即使在失去勇氣時，還是會持續堅持欲望。

✳ 水星在巨蟹座 ♋

當你出生時，水星行經巨蟹座，太陽就會是雙子座、巨蟹座或獅子座。

水星在巨蟹座會加強聆聽別人的能力，用關懷的態度溝通，要讓這些技巧成為自己的優勢，但在回應之前，要花時間真正地聆聽。

太陽雙子座、水星巨蟹座：你有雙子座的機智特質，但一點也不膚淺。你的感受很深刻，只要投入與一個人溝通，或是溝通一件事時，就能持續進行。

自我肯定：當我許下承諾時就會遵守，所以在答應之前會仔細思考，而且我只對真正想要的事物許下承諾。我是很好的聆聽者，我總是能善用這一點，成為自己的優勢。

太陽巨蟹座、水星巨蟹座：你的身體和心智一致。你有什麼天賦？就是帶著洞察的聆聽能力。你的挑戰就是要聆聽事實，而非恐懼。

自我肯定：我會給予感情空間，我需要根據明辨和清晰採取堅定的行動。我是優秀的聆聽者，可以讓這個強項成為優勢。我會聆聽需要的訊息，相信自己認知的現狀。

太陽獅子座、水星巨蟹座：你大膽又勇敢的太陽星座特質，帶有無懈可擊的敏感。你有愛心，也很敏感，具備真誠的情緒智商。

自我肯定：當我追求夢想、目標和欲望時，會利用自己的敏感，把這變成優勢。當我滋養自己時，也滋養別人。靈性成長可以幫助我達成人生目標。

✳ 水星在獅子座 ♌

當你出生時，水星行經在獅子座（固定火象星座），太陽就會是巨蟹座、獅子座或處女座。

水星在獅子座會擁有深刻表達自己、領導才華和鼓勵他人的特質。你有領導地位的想法，聲音也散發權威。你看起來有點戲劇化，其實你只是擁有無與倫比的熱情罷了。

太陽巨蟹座、水星獅子座：你會用大膽和下對下的姿態展現敏感和關懷的天性。

自我肯定：我會把握湧現的創意，與啟發自己的事物保持連結。我把敏感視為天賦，藉此開啟創造的魔法。我很樂觀、堅定，也有覺察能力，會藉此達成目標。

太陽獅子座、水星獅子座：你必須承認自己有發光的權利。你具有感染力

的熱情和正面氛圍，很容易振奮別人，如果還能表現調皮的驚嘆，會有加分效果。

自我肯定：身為領導人，我在此就是要激勵別人。我會在振奮別人時運用創造力。對我而言，被看見是很安全的事。我會接受能見度就是人生道路的一部分。

太陽處女座、水星獅子座：你可以看到細節，聲音能帶來正面力量。你能用輕鬆和優雅的態度來鼓勵別人採取行動，表現最好的一面。

自我肯定：我可以為了別人服務，啟發靈感和創新。當我與自己的真理結合時，真實的靈感會引導我向前。我來到此就是為了服務。

✷ 水星在處女座 ♍

出生時水星行經處女座，太陽就會是獅子座、處女座或天秤座。

當掌管溝通的水星位於愛挑剔的、注重細節的處女座，論及精準、技術的訣竅和服務精神，你可是高手。

太陽獅子座、水星處女座：你最好的表現就是擁有如羅伯特·K·格林雷夫（Robert．K. Greenleaf）所謂的「僕人式領導」的性情，也就是以能滿足他人主要需求為優先的領導力。

自我肯定：我以服務為導向，願意奉獻。自愛可以強化我激勵和振奮別人的能力。為了帶來最好的影響，重點應放在進步，而非完美。我在這裡是要當創造的催化劑。

太陽處女座、水星處女座：你具有深度的精準力，專長就是注重細節。在論及專注和交付任務時，你會如銳利的雷射一樣精準無誤地做好自己喜歡

的事。

自我肯定：我重視對細節的注意，想法精準且周全，但要留意批判傾向，對待自己和對待別人都是。我會溫和地對自己說話，與別人互動時，會把同情放在第一位。

太陽天秤座、水星在處女座：你有平衡的傾向，但會注意細節。你知道如何把別人的需求放在第一位，但不會背棄自己。

自我肯定：我可以滔滔雄辯去爭取需要的東西，從內在獲取安全感和保障，同時擅長透過平衡與優雅的方式滿足需求。

✳ 水星在天秤座 ♎

當你出生時，水星行經天秤座（基本風象星座），太陽就會是處女座、天秤座或天蠍座。

當水星這個溝通的行星到了金星的國度時，你很容易說出充滿愛意的話語，同時具有公平的天性，但重要的是留意自己取悅他人的傾向。

太陽處女座、水星在天秤座：你可以看到細節，對美感極其敏銳，還有一顆公平的心。你知道如何讓事情恢復平衡，但還是有點挑剔。而且，你想要「公平」，但還是可能會做出討好他人的決定，不注意的話可能會導致憤怒。

自我肯定：我會注意看到細節，把心放在擴張的視野。我允許別人支持自己。愛會啟發和振奮我所做的一切及自己的全部面向。我很擅長展現美麗的事物。

太陽天秤座、水星天秤座：你的評估公平且平衡，可以很出色地表達想法。

學習如何優雅地拒絕別人仍是你要不斷學習成長的部分。

自我肯定：我的生活會與季節、賀爾蒙和引導自己的天體的節律達成和諧。我可以輕易地、毫不費力地拒絕，保持界線，並把最深層的需求放在第一位。

太陽天蠍座、水星天秤座：你會把美和光帶進黑暗，追求公平的天性知道如何運用誠摯的優雅來催生真理。

自我肯定：我很感謝今日的自己，也愛自己變成的模樣。我會與現實和諧共處，了解自己的需求，知道如何提出要求。

✳ 水星在天蠍座 ♏

當你出生時，水星行經天蠍座（固定水象星座），太陽就會是天秤座、天蠍座或射手座。

當水星在「要不深入，要不就別管」的天蠍座，你很自然就會自省，直覺性地思考。你並不怕面對真相。最重要的是，你知道如何守密，很值得信賴。

太陽天秤座、水星天蠍座：你的天賦是建立關係，也很擅長與人親密互動。此外，你的直覺非常強烈，有時會猶豫不決，但只要相信自己的勇氣，你就勝券在握。

自我肯定：直覺可提供專業級的指引，而我絕對會聆聽它的訊息。我會在生活所有層面運用情感智商，特別是人際關係。我知道如何支持別人，也知道如何支持自己。

太陽天蠍座、水星天蠍座：你能看到、聽到和「知道」真相，很擅長

追根究柢實際發生的狀況。

自我肯定：我可以信任直覺和天生的知曉。我天性堅定，可以得到想要的事物，但仍能保持彈性，順勢而為。

太陽射手座、水星天蠍座：你有冒險的精神，但內心很嚴肅。沒錯，你想要自由，但更想要知道真相。

自我肯定：我不害怕去身體力行。自由來自於承諾，我很具有彈性，也很強大。

✳ 水星在射手座 ♐

當你出生時，水星行經射手座（變動風象星座），太陽就會是天蠍座、射手座或魔羯座。

當水星這個溝通的行星落在大膽唐突的射手座時，很自然就會散發具有渲染力的樂觀主義。你毫不修飾的誠實，若是以善意為出發點，就會逼出人們的極限，遠超乎他們自己的認知。

太陽天蠍座、水星射手座：你身上有種好玩的衝突感，一方面很懂得自省，甚至有點內向，但又不害怕說真話。

自我肯定：我充滿洞察力，不害怕說真話，但會有耐心、有策略地表達。我會聽從樂觀天性的指引，也很有勇氣。

太陽射手座、水星射手座：你很大膽、魯莽又誠實，表達一針見血。

自我肯定：我會接受自己的強烈、熱情和說出真相的能力。我有勇氣，也很仁慈。我允許自己表現堅定，也很清楚自己的感受，能以自己的立場溝通，但也不會威脅別人的誠實。

太陽魔羯座、水星射手座：水星射手座喜愛享樂，可以造福努力工作的天性。「努力工作、努力享樂」這句話，很貼近你的本性。

自我肯定：我會在實現最高層次的命運的路上，善用支配能力。我會聽從夢想的指引，永遠相信自己的勇氣。我具備某種成功的能力。

✳ 水星在魔羯座 ♑

出生時，水星行經魔羯座（基本土象星座），太陽就會是射手座、魔羯座或寶瓶座。

當水星在魔羯座，你喜歡結構、秩序和務實主義，但這不代表你不相信魔法，只是魔法要有合理性。

太陽射手座、水星魔羯座：你會被自由的天性所驅策，但也有健全的責任感。

自我肯定：我不害怕努力工作，但我很了解，自我價值並非來自世俗成就。我會花時間停下來、反省和成長，從自己本身、而非我在做的事情中找到力量。

太陽魔羯座、水星魔羯座：你幹勁十足，以結果為導向，不會害怕親力親為把事情做好。你很有能力，但偶爾找點樂子是你需要成長的部分。

自我肯定：天賦就是正確運用工作準則。我有能力做到，不代表我就得這麼做。我在許下承諾時，會運用洞察和辨別能力，並且設定健康合理的界線。

太陽寶瓶座、水星魔羯座：你很有冒險精神，但會用傳統方式把事情做好。當你在改善一件事時，會保留目前可行的部分。

自我肯定：我會敞開心胸接受新的想法和可能性。我喜歡嘗試，也能有信心地接受未知。

✲ 水星在寶瓶座 ♒

當你出生時，水星行經寶瓶座（固定風象星座），太陽就會是魔羯座、寶瓶座或雙魚座。

當水星在寶瓶座時，你的機靈不只是心智敏捷，同時也有辨識能力，可以找到通往未來最有效率的道路。你有時可能無法融入，但再次強調，你也不是非融入不可。

太陽魔羯座、水星寶瓶座：你非常尊重傳統，但沒時間做那些被時間淘汰的事。你可以把工作準則運用在進步的想法，來到這裡的任務是要打破現狀。
自我肯定：我會清楚一致地表達想法，同時相信自己的想法和直覺。我是有眼界的領導者，不害怕說出自己的想法。

太陽寶瓶座、水星寶瓶座：你擅長看到細節，也很有設計方面的眼光。你可以在先進的想法以及直覺的明智洞見之間達成平衡。
自我肯定：我相信自己的想法，常常超越時代，這是很棒的。我允許自己與眾不同。

太陽雙魚座、水星寶瓶座：你完美結合情感智商和富有創意的直覺，是心智和靈性覺察最理想的綜合體。
自我肯定：我可以相信直覺，把同理心當成超能力。我知道自己領先時代，也是個領導者。

✳ 水星在雙魚座 ♓

當你出生時，水星行經雙魚座（變動水象星座），太陽就會是寶瓶座、雙魚座或牡羊座。

水星在雙魚座的你具有不可思議的**敏感直覺**。你很擅長聆聽，訴說的方式甚至帶點詩意。你在開口之前會先感受一下，說出口的話都是有意涵的。

太陽寶瓶座、水星雙魚座：你有敏銳的心智和隱晦的直覺。雖然是風象的太陽星座，然而你有時會與情感失去連結，不過當你聆聽自己的感受時，就能優美地表達情感。
自我肯定：我會利用理解的天賦和汲取情感的能力，做出最渴望的改變，活出最好的人生。

太陽雙魚座、水星雙魚座：你具有不可思議的夢想、感受和創造能力，雖然你有時會很渴望逃避或登出，但只要有紀律並且保持專注，你的夢想就能實現。你是一名治療者。
自我肯定：我會磨練持久的能力，直到看見夢想開花結果，為世界帶來療癒。

太陽牡羊座、水星雙魚座：你很有同理心，但不會畏懼提出自己的需求。你天性敏感，在溝通時能預期別人的需求，所以一定也要重視自己的需求。
自我肯定：當我衡量用言語展現果決的能力、提出自己的需求時，能聽從情感智商的引導。我既有同理心，但也果決，對此感到自在。當我提出要求時，也應該能獲得回應，即使過程非常不舒服，需要耐心。

水星逆行（放鬆休息，不需要擔心！） —————

在神話裡，水星與希臘天神荷米斯（Hermes）有關，所以在討論水星逆行時，荷米斯的神話故事特別重要。

荷米斯出生後就贏得宙斯的寵愛，擔任眾神的使者。他戴著一頂插翼帽子，穿著插翼涼鞋，還披上可以隱藏魔法的斗篷。他負責讓狡猾的政客和有良知的商人說話，也會引導死者前往冥府，並把其他人帶往眾神居住的奧林帕斯。荷米斯是唯一的天神，可以輕鬆穿越人間、奧林帕斯和黑帝斯的冥府的界線。

不過當水星逆行時，我們能最清楚看到荷米斯聰明但狡猾、愛捉弄人的本質。我相信我們可以、也應該要享受這段時光，同時利用它創造優勢。

水星每一年會逆行三次，每次約莫三週。逆行其實是視覺的幻影，行星只是看起來像是在倒退，實際上並非如此。在水星逆行時，我們可能覺得自己「被戲弄了」。不過，當我們與內在的真理建立更深層的連結時，幻影就消失了。

水星逆行是轉換速度和重新校準的時期。這時的確可能出現混亂，不過也提醒我們在出門前確認一下是不是有什麼事情太匆忙以至於被忽略了，同時也要檢討慣有的作法，找到缺點，重新思考其他方法。此時宇宙正在大聲告訴我們即將來場大逆轉，要求我們重新思考自己的觀點、工作和程序。

水逆時期不宜發動或開始一項大計畫，但也不是要我們停止前進。我們此時反而能讓自己解套，在想法和認知上做出重大的改變。如果能聽從

內心的直覺，清除過去的課題，就能與當下建立更多的連結，獲得清楚的指示，知道下一步該如何執行。

儀式：衡量利用月亮的節律

艾倫・蘭格（Ellen Langer）是正念練習的先驅，已經三十幾年不用冥想就能達到正念了。她教導我們不用透過冥想就能強化正念的方式，只要練習「描繪新事物的共時性」的技巧即可。只要將這項技巧結合月亮週期和星座，那麼你每天都能保持正念，及時創造與顯化新事物。如此一來，你就能與月亮的節律建立獨有的關係，學習如何轉化核心信念，提升並穩固幸福。

你可以上 jenniferracioppi.com/resources/，下載免費的宇宙健康電子書，其中有包含儀式指導的完整的月亮日記。

我們已經更加了解水星和心智的關係，接下來要探索金星和其所代表的熱情和價值。

1 出處：Edith Hamilton, Mythology (New York: Little, Brown, 1976).

2 LGBT 是女同性戀者（Lesbian）、男同性戀者（Gay）、雙性戀者（Bisexual）與跨性別者（Transgender）的英文字首縮寫。

3 出處：Poptech, "Ellen Langer: Mindfulness Over Matter," YouTube 影片，以及其著作 how mindset influences health outcomes, based on her findings with the Counterclockwise study.

4 出處：Ellen J. Langer, Counterclockwise: Mindful Health and the Power of Possibility.

5 出處：Association for Psychological Science, "Do You Really Need Those Eyeglasses?"

6 出處：Chanmo Park et al., "Blood Sugar Level Follows Perceived Time Rather than Actual Time in People with Type 2 Diabetes,". Bruce Grierson, "What If Age Is Nothing but a Mind-Set?" New York Times Magazine, Health Issue, October 22, 2015.

7 出處：Karen A. Baikie and Kay Wilhelm, "Emotional and Physical Health Benefits of Expressive Writing," Advances in Psychiatric Treatment 11, no. 5 (2005)

8 出處：Ellen J. Langer, "The Third Metric for Success," blog at ellenlanger.com.

第九章

金星：美、愛和身體

蘇美神話女神伊南娜（Inanna）是愛、感官、豐饒和繁殖的女神，也是國王身邊特殊的女侍衛，會參與戰爭和政治，守護我們的本性和世界。

伊南娜的神性展現了純潔和原始的女性力量——這指的不是婚姻或為人母親——同時利用自己的智慧、美麗和心機來獲得喜愛，並追求龐大的野心。她既無情，卻也忠實，具有侵略性，但也有包容心。她與男性平起平坐，而非他們的附屬品或受害者。

在人世間，當女性因為表現多元面貌的本性的深廣，因此受到懲罰和譏諷時，可以看看像是伊南娜這樣的女神，她具體呈現了阿芙蘿黛蒂女神（象徵美和包容）和女神雅典娜（戰爭和權力）的面貌，與源自內在女性創造者的龐大力量建立更全面的關係。

在占星學中，當我們在認識自己全部的潛能時，可以檢視金星。這個行星就像伊南娜一樣，具體展現她重視的事物，同時願意去努力爭取。這既是愛，也是戰爭。當我們在主張展現這些同樣重要的自我面向時，會變成親暱的愛人，同時也是衝鋒陷陣的戰士，會化身令人喜愛的滋養者，同時也是偉大的女保護者，會變成耽溺的享樂主義者，同時也是有紀律的積

極進取的人。

在本章裡，我們會更深入討論這種原始的、賦予力量的能量，這是全體人類共有的，接著會結合本命星盤的金星，引導你找到更深層、卻只得到片面發展的自我。

覆寫現代的規則

保持忙碌，正向思考、滋養和愛，但別忘了顧及他人感受。目標是要持續前進，然而這個目標卻擾亂我們內心深處的平靜。

我們從小就開始內化這些訊息，要變成有生產力、有抱負的大人，永遠忙個不停，但缺少必要的時間和人際連結，培養並追求真正的熱情。身為女性，我們被教導要展現愛和滋養，如果主張另一方面的特質時，也就是為了自己喜愛的事物和人開戰，只會被羞辱、被指責。

我們與內在真實的深度失去連結，就會在別的地方找成就感，用糖來取代甜美，用過度工作和過度承諾來取代與自己和他人建立更深層的連結。我們脫離了自己真實的價值，反而投入「一報還一報」的關係，總是感覺很難擺脫其他義務。導致我們一直瞎忙，卻犧牲了簡單的樂趣，例如坐下來好好享受一頓家常菜。

最重要的是，我們每個人都住在一個身體裡，有時看起來非常危險又脆弱，很可能失控。如果這個身體自認為是女性，就會更強烈感受到這種脆弱。當在表達感受到的喜悅和樂趣，或是對此採取行動時，最好的狀況是覺得不方便，最糟糕的狀況就是覺得這是很羞恥、甚至不道德的耽溺。女性的性慾不斷受到尊崇，不斷被渴望，但也被貶低，甚是被妖魔化。

當我們身處在這個複雜又具雙重性的文化，努力尋找女性的定義時，如果對一切都照單全收，就更加粉碎了女性的力量，因為每當我們說不，就得面臨被冷落或變得無足輕重的風險。我們從年輕時就被訓練要配合，要默許，讓所有人都覺得自在。我們會適應，避免製造風波，會付出加倍的情感和心力來持家、維持居家環境，在辦公室和家裡當一個永遠優雅的女主人。我們肩負了這麼多的文化期待，很清楚要如何開始並結束每一天，感覺比較像簽了僱傭契約的僕人，而不是表現自己擁有的完整神性。

與金星連結能賦予深層的力量，但也具有顛覆性。為了要體驗真實的、骨子裡的天生樂趣，就必須覆寫時下社會告訴我們要遵守的基本規則，而這正是這一章要完成的事。

找回神聖的女性特質

古代的人認為晨星出現時，就是保護並爭取喜愛和渴望的事物的時刻。而夜星的出現則是和平的時刻，代表滋養、連結和復原的機會。不過他們不了解的是，這兩種星其實都是同一個，它們都是金星。

金星是神聖女性特質在宇宙中的代表。所以我們也不意外聽到金星代表女神阿芙蘿黛蒂，她象徵了與樂趣有關的連結、具體化及合作。不過我們在女神伊南娜身上看到同樣重要也一定要被取回的猛烈特質。

「戰爭」這類的字眼暗示危險和暴力，不過金星並不魯莽草率，反而能全面包容內在原生的力量，追尋最渴望的事物，為心愛的人和事物而戰，並且捍衛自己的權利，進而展現每個人內在的雙重性。金星既是愛人和滋養者，同時也是戰士。

在男性主導的文化裡，女性只能扮演屈從和溫順的角色，擁有真實的金星天性有如禁忌。所以如今過了數千年，我們仍然試圖找回所有的本質。而在這個過程中，我們會點燃熱情、不屈不撓、勇敢地具體展現自己的猛烈天性，進而召喚最渴望的人生顯現。與內在這種未被馴化的猛烈建立不受控制的連結，這就是宇宙健康的源頭。我們現在要更深入討論金星的雙重面向，先從享樂、美麗和愛的一面開始。

金星：愛、美、愉悅和品味的守護者 ——————

安佳是住在舊金山的亞裔企業主管，事業非常成功，但仍掩蓋不了內心深處的寂寞、透支和失望。她壓力大到快被壓垮，心力交瘁，對於未來也越發憤世忌俗。她渴望一段親密關係的深刻連結。

她本命的金星在雙子座，有幾個重要的行星位於由金星守護的金牛座。安佳的命盤基本上就是受金星影響，既然金星與許多形式的樂趣及美有關，我建議她從藝術開始這趟療癒之旅。雖然這看起來跟她對親密關係的渴望無關，但金星與樂趣的連結是很有力量的。當我們允許自己體驗一些能帶來深度滋養的樂趣時，就能喚醒自己其他的金星面向。

安佳很驚訝我「看到」她埋藏已久的對藝術的喜愛，開始退出下班後的喝酒聚會，尋找不同的機會去創作，接觸藝術。她先是從上課開始，後來還會參加藝術性聚會，然後重新找回安全感，去做一些之前忽略的事。

隨著時間過去，她開始發現自己全新的一面，包括想要創業，做與藝術有關的生意。此外，她也獲得正念導師的執照，成為她第二熱衷的事。

時間快轉幾年之後，她在公司的正職，以及其他兩個熱情投入的領域

都發展得很好。她在生命裡重新找回自我關懷和樂趣，整個人生脫胎換骨。她除了減少飲酒，吃得更健康，也透過運動與活動身體的樂趣重新建立連結。

她現在重新喚醒源自於金星的創造能量和力量，感覺更加快樂，也更有自信，可能還建立了一段彼此承諾的關係。這就是金星的力量。當我們能利用她賦予我們的原始力量時，就能在人生裡映照出最深層的欲望和價值。

解開壓抑樂趣的魔咒

為了活出完整的金星面向，以及廣泛呈現我們的多重本質，我們需要大膽追求健康的樂趣及和玩樂有關的天生需求。我們接下來會討論這兩者的角色，但首先要解開壓抑我們享受樂趣的魔咒，特別是原始本質的樂趣。

女性一直被認為在勾引男性，放蕩肉欲，雖然很多性感舞蹈其實自然又健康，但是女性在誘惑男性的這個角色裡，常被蒙上負面、甚至是惡魔般的色彩。這裡強調的訊息是，只有身為男性，欲望才是正常的，能被接受的。即使在「現在」這個年代，女性如果感受到性欲和渴望，多半都沒說出口，因為這常會被投射成妓女、婊子、騙子和其他類型的「淫蕩」女性。

這種雙重標準形成一種社會觀念，就是女性只要理直氣壯地追求樂趣，放縱享樂，多少都會伴隨著像是自私、不道德、或是缺少智慧等缺點。這些訛傳的誤解可以追溯至歷史上許多不同時期，包括清教徒時期。清教

徒否決了人類對於樂趣的各種形式的需求，特別是肉體上的。

這種想法在女性或一般人之間都很普遍，常常會影響女性是否願意全心享樂。對身體缺乏自信，是因為沒有活出「完美身體」這種無稽的標準，不過幾乎地球上的女性都是如此！我們會抑制性欲，或是沉溺在其他感官上的享樂，例如食物或酒精。

為了糾正這種平衡，讓樂趣和享樂在生命中占有應得的、更重要的位置，就必須先抽離我們對肉體和感官樂趣的欲望和需求的羞恥感，讓自己去探索和體驗這一塊重要的自我和力量。

愉悅與玩樂：彈性的工具

必須理直氣壯地享受、玩樂和放縱，任何想到美好人生時會出現的要素都可以，因為這麼做有助於從壓力中復原，所以對健康和活力也很重要。

要記得，壓力本身並非壞事。我們感受到的情緒，還有身體對情緒的反應，可以作為引導我們直覺和淺意識的指標。令人精疲力竭的嚴重壓力，像是工作太到晚而睡不飽，意味著我們有地方需要改變。

當我們留意並做出必要的調整時，就越能掌握人生，增加幸福感。

大部分人對壓力的觀感較為負面。不過科學已經證實我們對壓力的心態，會嚴重影響我們的感受，這也是可以理解的。刻意對壓力抱持正面心態，對健康有神奇的效果，其實在壓力中尋找機會也可以強化自己的彈性[1]。

不過這不代表要不惜代價地保持正面心態，或是在經歷人生必經的困難時，試圖用「光和愛」來展開眼前的道路，而是用絕對的誠實和具有彈性的心態，來面對導致壓力的狀況。

最重要的是，這個世界過度強調生產力、立即性和時間不夠。在這種令人喘不過氣的現實環境下，很容易就會忽略自己其實承受了多少壓力。我們如果不能用彈性的心態面對挑戰，做出適當的行為改變，就會困在負面的壓力漩渦裡。這種情形發生時，身體就會進入「戰或逃」的模式，分泌正腎上腺素和腎上腺素，刺激我們進入更高速運轉的狀態。如果長時間處於這種賀爾蒙壓力超載的狀況，特別是之後又沒有得到適當的修復，便可能造成傷害。

我們當然無法一直控制要承受多少壓力，或是如何應付壓力，只能用愉悅、享樂、休息和社會連結來抵消壓力。當我們體驗到樂趣時，身體就會釋放好的分泌物，像是腦內啡，還有令人感覺良好的賀爾蒙，像是催產素，這會刺激免疫系統反應，進入愉快的狀態。在生理層面上，我們就更能應付壓力，與別人連結，信任別人，安定負擔過重的神經系統。

玩樂對身體和心智也有類似的效果。「國家玩樂協會」（National Institute for Play）創辦人、《就是要玩：告訴你玩樂如何形塑大腦、開發想像力、激活靈魂》（*Play: How It Shapes the Brain, Opens the Imagination, and Invigorates the Soul*）作者史都華・布朗（Stuart Brown）博士花了幾十年研究人類與玩樂的關係。他的研究發現，玩樂和人生是否成功之間有密不可分的關係。

金星允許我們用健康的方式來叛逆一下。你可能會把花園弄得一團

糟，做點藝術創作，不然就是隨性地蹺課一天，在床上玩角色扮演，做些前衛的打扮⋯⋯各種小叛逆。布朗博士指出，玩樂可以讓我們進入另一種狀態，不顧其他的天生傾向，包括壓力反應，同時還能鼓勵我們探索可能性和潛力。玩樂也有助於培養同理心、心理韌性，以及建立一種方式，有助於我們遊走於變幻莫測、壓力滿點的世界。

情緒可能被晾在一旁，或是包覆在無法辨認、充滿困惑的謎團裡，我們很難找到自己真正享受或感到愉快的事物。很多時候，我們被教導要得過且過，與別人連結獲好得安全感，最後卻變成互相依賴。而工作過度也讓我們與樂趣失去連結。跟身體形象有關的問題和上癮也很容易剝奪我們的活力。這樣日復一日，年復一年，甚至好幾十年，時光從指尖溜走，我們都沒有把自己的喜悅和樂趣放在第一位。

這是在享樂還是逃避？

任何事都是一體兩面的，對我們而言，最重要的是要注意樂趣和玩樂的負面影響。

日內瓦大學的一份研究發現，壓力會刺激身體渴望並追求娛樂活動，藉此來快速且輕鬆地得到振奮，例如吃甜食。可惜這些活動都不能提供足夠的樂趣來抵消壓力，也不能用任何正面的、持久的方式來改變生理狀態[2]。

當某種娛樂活動會不斷讓你逃避，不去面對並處理生活中的挑戰和壓

力時，這就是一種讓你心理狀態不健康的耽溺。

要注意，不要失去了面對壓力和痛苦的能力。你不需要假裝你的感覺，你也有足夠的力量能夠應付這些壓力，正面迎擊人生的壓力源頭。

你準備好來點樂子，讓自己開心一下了嗎？——

有時第一步才是最困難的。這裡有些可以為生命帶來更多的樂趣的方法：

- 瘋狂聽音樂跳舞；去聽演唱會。
- 耍笨，像個小孩子；花時間跟小孩或寵物相處；展現年輕的一面。
- 放膽去做；找到勇氣。
- 跟最喜歡的人相處。
- 參與愉快的、用心的活動；像是讀書，或是花時間接觸大自然。

這裡還有另一種娛樂活動，那就是「性愛」。性愛可以讓你重新熟悉感覺美好的事物，而且自我娛樂也是必要的，這是健康的自我照護的一部分。性為健康帶來的益處不只是感覺良好和分泌腦內啡，性的樂趣也能刺激分泌保護性的抗生素，這是一種免疫系統的反應，可以遠離有害的細菌、病毒和其他微生物。性活動也被證實可以降低收縮壓（高血壓），平衡賀爾蒙，減少心臟病、骨質疏鬆和攝護腺癌的風險，同時帶來放鬆和睡意，強化記憶和分析性的思考[3]。

金星：戰爭的女神，操縱和衝突 ─────────

安佳的故事示範了如何活出金星享樂的一面，讓人生充滿活力。那麼當我們拒絕承認金星給予我們的內在力量時，會是什麼樣的狀況？

瑞吉娜是住在紐約布魯克林區的白人女性。當我第一次跟她見面時，她充滿矛盾且憤世嫉俗，事業也正在走下坡。她已結婚生子，有自己的事業，雖然略有所成，但她還是覺得沒有徹底實現自我。這麼多年下來，她一直很希望自己能創個副業，幫助女性喚醒創造力，同時也希望能完成她花大把時間創作的小說。

她對於達成這些目標充滿熱情，不過每當投入更多心力，她就開始覺得自己很蠢，覺得這麼做毫無價值，然後把注意力又放回目前的事業，強迫性地認為自己永遠無法做好本業之外的任何事。

當我看到瑞吉娜的星盤時，一眼就看到金星扮演了重要角色。她在新月出生，太陽、月亮和金星合相在獅子座。金星在特別的位置，對身分意識和人生有實質的影響力。

星盤中有這麼強的獅子座能量，代表瑞吉娜非常需要被看見，不過目前的事業和工作需要的事物剛好相反，她完全沒有曝光度。為了活出充滿獅子座能量的金星，她也必須找到創造力真正的深度和廣度，這對工作來說很重要，但她也一直沒有在事業或家庭中完全釋放這股能量。

當我開始跟她討論這種緊張的氣氛如何表現在人生裡，她不發一語。她的遲疑十分沉重，彷彿埋得很深，一開口說話，眼淚就流個不停。過去這麼多年，她一直逃避不去面對成長時的痛苦，也不好意思勇敢站出來說

話、有創意地表達自己。她天生就是大膽勇敢的靈魂，但很小就被教導，刻意引起注意是可恥的。為了避免受到更多傷害，她學會如何在眾目睽睽之下隱藏自己，強烈壓抑表現創造天賦的深層需求，然後被迫放棄。這麼做導致更多自我懷疑、羞恥和憤怒感，有還時會影響到她的婚姻以及媽媽這個角色，讓她更覺得無地自容。

當瑞吉娜認識並重新找到金星的不同體現方式，就發現自己一直利用金星的戰士精神來保護別人，賦予別人力量，對象包括客戶，還有她的丈夫與兒子，他們也是很有創造力的靈魂，卻很少這樣對待自己。她現在必須用內在的金星戰士來追求幸福與快樂。

也許這意味著要積極追求更遠大的事業夢想，即使有時它們看起來毫無希望。就更深層面來看，她也需要面對與重新找回創造力和自我價值有關的關鍵傷口。

這裡還有一點很重要，像是瑞吉娜這樣的女性常常會在身體上感受到這些情感傷口，特別與金星有關時。不過瑞吉娜是個例外，部分是因為她長期健康的生活習慣，包括時常運動，也很著重吃原型、有營養的食物。她一直持續這些習慣，藉此感受到自己最好的一面，她也很清楚，維持這些習慣對於實踐自己的潛能會有幫助。

幾個月後，當我看到瑞吉娜，她看上去有些不同，擦上很酷的墨綠色指甲油，髮型也有些許改變，戴了厚實的珠寶，穿了件顏色大膽的上衣。

她談到開始再次享受時尚的樂趣，而這是自童年以來的祕密熱情（而這也很符合星盤裡這麼強烈的獅子座能量）。她跟女性的友誼也不一樣了，當她開始展現喜歡玩樂、不壓抑的一面時，不僅更貼近自己，也更能

與其他人連結。她也開創了全新的事業，同時確定能從第一天起，就把創作天賦融入品牌的 DNA。雖然這些改變仍在初期階段，不過她無法用言語描述它們有多重要。她的睡眠改善了，跟丈夫和兒子的互動也更有樂趣，在生活和工作中開啟了表達自我創意的全新領域。

金星與個人價值之間的關係

在此提醒一下，我們除了享受健康的樂趣，也得努力活出自我價值。金星會賦予我們力量，從內心最底層釋放完整的、多面的本性。金星透過這種方式，保護我們對抗生命中一些最挑戰、最耗損的壓力，也就是無法與自己核心價值同步的壓力。你知道我在說什麼吧？對於瑞吉娜而言，這就是不重視自己的創造力。

大部分人都在生活中經歷過這種不平衡。我們渴望融入，想要被接納，所以背叛了自己的內在核心，過著無法代表真實自己的人生。長期處在這種壓力下，不只很難面對，也很難療癒。

當我們遇到衝突的價值，試圖去妥協時，同時也會覺得與自己失去連結。許多女性因為具有各種角色而充滿緊張時，也會有這種體驗。女性常常既是母親也是職業婦女，既是伴侶，也是年邁父母的女兒，既是社群的領導者，也是靈性的追求者，所有的角色都需要持續的投入和存在。

舉例，開會和孩子的學校活動被安排在同一時間，你會選擇去工作開會，還是去參加孩子的學校活動？我在被診斷出有骨質疏鬆後，也有類似但不完全相同的妥協。我向來因為不想殺生而不吃動物性蛋白質，但是診斷結果指出我的蛋白質嚴重不足。

　　雖然互相衝突的需求和價值會把我們逼到角落，不過通常還是有辦法可想。上一章介紹過的艾瑪就是很好的例子。她很渴望忠於自己，活出大膽和冒險精神，因此擺脫了以為照顧自己就會淪為自私與膚淺的錯誤想法。吃宵夜造成她對自己身體的不自信，所以她後來就戒掉消夜。她因為害怕自己變得太過耀眼而下意識嗜吃糖果。她最後做了必要的改變，趕走折磨自己將近二十年的習慣，然後發現可以輕鬆自在地透過食物來享受樂趣。在此刻，她很坦然地與自己所有的價值建立更完整的連結。

　　我們如果要體驗最耀眼的宇宙健康，一定要將價值與目標結合。在這個過程中，我們可以獲得力量，受到鼓舞，採取行動，為自己各個層面提供養分，同時也有勇氣做一些健康的冒險。若是忽略這個最重要的步驟，只打安全牌，就會有損活力。平庸過日子就是在發出訊號，提醒我們必須與點燃最基本的幸福欲望的核心價值重新校準。我們如果能解開束縛，接受金星所有的本質，就會變得勇氣十足，能夠召喚奇蹟出現。

出生星盤的金星：化為你的助力

　　金星守護金牛座和天秤座。金星在出生星盤中的位置，顯示出你如何與他人互動，以及在私人關係和物質財產的領域會被什麼吸引。金星所在的星座代表金星的表現方式，而所在的宮位可以看出對哪一個生命領域的影響最強烈。

✳ 金星在牡羊座 ♈

　　金星在這個基本火象星座不會害怕追求想要的事物，就像梅莉·史翠普（Meryl Streep）在電影《穿著 Prada 的惡魔》（*The Devil Wears*

Prada）飾演的米蘭達‧普瑞斯特利（Miranda Priestly）。你只需要知道自己最想要什麼，定義喜愛的事物及其原因，就能征服並展現欲望。

✳ 金星在金牛座 ♉

這是金星最喜歡的位置之一。因為金星守護金牛座（固定土象星座），你天生就知道享樂的訣竅，可以透過滋養和感官與自己的神性連結。想像一下令人垂涎的美食、熱水澡，或是在美麗的大自然裡散步。如果要解開金星的力量，就必須慢慢來，享受小事帶來的樂趣。

✳ 金星在雙子座 ♊

旅行、網絡連結、刺激的冒險。金星在這個變動風象星座會透過輕鬆的、如沐春風的、明亮的方式來充分利用雙子座快速移動的能量，蜻蜓點水般地不深入。社交魅力是你最強大的能力之一，而你也很擅長分享資訊。寫作對你來說極為重要，即便只是寫日記也可以。

✳ 金星在巨蟹座 ♋

金星在這個基本水象星座的光芒，就是讓別人覺得被接納和受到滋養。巨蟹座是以食物導向的星座，所以舉辦晚餐派對就是最能展現魅力的方式。你會與人建立深入的連結，也很喜歡照顧別人，具有不可思議的情感魅力。你要利用這個特質，滋養情緒智商，讓它成為優勢。

✳ 金星在獅子座 ♌

金星在這個固定火象星座，強調必須給予樂趣與玩樂的本能表現空間，這對你而言是不容妥協的。娛樂和享受社交活動，還有許多形式的創

意表現都很適合你。你要大膽、勇敢地做自己。

✳ 金星在處女座 ♍

當金星在這個變動土象星座，你可以用最純淨的奉獻去愛。對你而言，樂趣來自於健康的日常規律或有紀律的練習，可以透過玩樂獲得釋放，享受帶來滋養的事物。你是修女原型的具體化身。

✳ 金星在天秤座 ♎

金星在基本風象的天秤座很適合平衡、和諧與正義。你的時尚和居家風格非常出色。伴侶關係對你很重要，但不要低估自己。你要確定這是真愛，是對的人，而不只是熱戀，或是滿足內心深處、想要擁有「那個人」的渴望。

✳ 金星在天蠍座 ♏

當金星在這個固定水象星座，駕馭禁忌話題的本領無人可比。你喜歡神祕，與生俱來的探究特質，讓你對感情的深度和親密性有所要求。你性格剛烈，性需求和占有欲較為旺盛。

✳ 金星在射手座 ♐

當金星在弓箭手象徵的變動火象星座，你會鎖定喜愛的事物，總是在夢想下一條寬敞大道，渴望冒險和樂趣。你天生外向，懂得社交，不喜歡限制或挑戰自由的關係。基於這些理由，你可能選擇單身或較晚找到另一半，不過一旦愛上了，就會轟轟烈烈。

✳ **金星在魔羯座** ♑

當金星在海山羊這個基本土象星座時，天生就會被結構、專注的工作準則，以及有目標的奉獻吸引。你的品味極佳，對於喜愛的、尊敬的事物非常忠誠，會以堅忍克制的方式展現個人價值。

✳ **金星在寶瓶座** ♒

當金星在這個以水瓶為原型的固定風象星座時，天生具備創新能力。你熱愛自由，可能不會喜愛傳統關係，對許多非傳統的事物都保持開放心態，會多方探索興趣。你會採取行動、撼動現狀，因為天生具有遠見卓識，常居領導地位。

✳ **金星在雙魚座** ♓

當享樂的女神找到一條路，通往魚象徵的變動水象星座，就能體現敏感和浪漫的特質。你會被與源頭及靈性的交流吸引，沉浸在藝術裡也很適合你。音樂、戲劇、攝影和舞蹈，都能在生活裡帶來感官享受和樂趣的解放，只是要小心逃避傾向。

金星逆行

我們從地球上觀察，會看到金星每隔三到四週就會換星座，而且因為逆行，最長可以在一個星座停留四個月。金星每十八個月逆行一次，每次維持約四十天。

我們已經知道金星如何代表女性的兩種神聖面向，其中一面是金星是

夜星時，人稱金星赫斯珀洛斯（Hesperus），具體展現了最仁慈厚道的熱情和魅惑。另一面是當金星與太陽一起從東邊升起，此時金星是最明亮的，人稱金星路西法（Lucifer）。金星每隔九個月就會轉換面向。在逆行期間，就會從夜星轉為晨星的位置。

在逆行時，金星的能量會被召喚回到內在的狂野裡，重新找到價值，以及內在失去的東西。金星退回私密的世界重新檢視自己、心愛的和重視的事物後，就會重新點燃熱情，也準備好讓某些人另眼相看。

金星逆行時，會積極地要求你進入自己的私密世界，面對可能沒有定期認同的個人面向，像是狂熱、憤怒和忌妒。你的陰暗面現在要求關注和治療。逆行可能會突顯你與自己的價值觀、身體、金錢、友誼、性欲、繁殖力和感官的關係，而這些全都是金星守護的領域。逆行會造成什麼影響，必須看逆行在個人星盤中的哪一個星座。

逆行時，金星有助於找到已經交出力量或違背核心價值的生命領域，這也是在要求你更深入想要避免的領域，同時創造機會，幫助你重新找回巨大的力量、個人和治療的動力。

金星逆行時，適合重拾你真正的本質與價值。

金星儀式：喚起戰士與愛人 ———————

這個儀式是要幫助你喚起和體驗生命中的愛的力量，最適合進行的時間就是在金牛座和天秤座（兩者都由金星守護）的新月或滿月，或是從東邊升起的那一天，每九個月會發生一次。在這個儀式裡，我們會擁抱金星

的兩個面向：一個是晨星的位置，金星會宣告追求欲望的旅途；另一個是夜星的位置，她會沉浸在享樂之中，具體表現世俗喜悅的豐美。

在儀式開始之前，你可能想要重複滿月儀式的宇宙之浴（參閱第五章）。這可以幫助你清潔並淨化能量，雖然這個儀式具有強大的影響力，但不是必要步驟。開始儀式之前，你需要準備一些簡單的物品：

- 三個蠟燭：一個象徵自己的戰士精神，一個象徵女神精神；另一個象徵兩者的結合。蠟燭的顏色、形狀和大小由你決定。

- 一小碗水。

- 一撮鹽。

- 可以提振心情的音樂，只需要一首歌。

當你準備好時，坐在你的聖壇前，或是坐在冥想坐墊上，接著把鹽放進水裡攪和。這個過程會創造土元素和水元素的強烈融合，而當這兩種元素結合時，就能促進其帶有的療癒特質。

把鹽水灑在聖壇前，或是把手放到碗裡沾水，然後點在兩眉之間，也就是所謂第三隻眼的位置。

現在採取坐姿，輕輕地閉上眼，與自己內在的宇宙連結，也就是內心世界。當你感受到連結時，開始感覺力量慢慢擴張。花點時間想像金星是在晨星的位置，她很熱切，很積極，可以捍衛自己愛的人事物。接著點亮蠟燭，用戰士的姿態與金星連結。

當你準備好時，就開始與夜星位置的金星連結，彷彿她從你的身體內

出現。你現在可以浸浴在生命的喜悅裡：樂趣、奢華、喜悅和接納。點亮蠟燭代表這個位置的金星。當兩個蠟燭都燃盡時，你就能感受到金星代表會守護與享樂的完整領域，她會捍衛，也會欣喜。

接下來，你要與自己的領域連結。你的強烈、感受性、憤怒和熱情，激烈的愛，還有滋養的愛。試著想像很多能夠定義自己的相反特質，然後想像這所有的對立性都會被一種共同的價值融合，也就是愛。接著點燃第三個蠟燭代表這個融合，試著想像能把你帶進愛的本質的人、地點、時刻和經驗。

當你準備好時，放一首歌，可以提升自我，更深入這份愛的共鳴。如果你想要跳舞，就跳吧。

當你覺得完成時，回到聖壇前，感謝金星，然後將蠟燭吹熄。

---

1 出處：Alia J. Crum, Peter Salovey, and Shawn Achor, "Rethinking Stress: The Role of Mindsets in Determining the Stress Response," Journal of Personality and Social Psychology 104, no. 4 (2013).

2 出處：Eva Pool et al., "Stress Increases Cue-Triggered 'Wanting' for Sweet Reward in Humans," Journal of Experimental Psychology 41, no. 2 (2015): 128–36.

3 出處：Kara Mayer Robinson, "10 Surprising Health Benefits of Sex,"

第十章
火星：行動力和動機

我們如何駕馭能量和欲望，在生命中勇敢採取行動？我們如何在感到彆扭或困難時，仍舊鼓起勇氣追求希望和夢想？

很多教導都告訴我們，無論是健康、工作和事業、關係或其他事物，取得成功的方法來自於設定目標，然後還得配合紀律、規律和堅定採取必要的行動。實現任何遠大的目標通常需要全心投入、堅持到底，但事實真是如此嗎？

如果想要朝著目標不斷採取大膽行動，我們就必須看得更深入，了解自己要怎樣才能有意志力，在身體和生活中創造行動。少了這種重要的、想往前衝的原始能量和欲望，我們會動彈不得，有一搭沒一搭地培養正面習慣，最後與成功失之交臂。

如果想要體驗宇宙健康，發揮最大的療癒力，就必須駕馭自己的活力和耐力。我們必須喚起並培養熱情，強化彈性。這麼做有助於透過目標和意志展現的創造能力，並且結合內在與外在的力量。

就宇宙層面來看，火星會主導我們的行動方式，也與身體的能量有關。

　　我們接下來會檢視，是什麼阻止自己大膽行事？如何啟動自己的勇氣與能量？然後利用火星在星盤的位置，明確地朝著夢想前進。

從內心找到行動的意志力 ————————————————

　　我們如果是透過精力充沛、有目標地運用力量，找到最強烈、最持續的意志力，採取行動來實現欲望，而非僅靠紀律或決心呢？如果我們需要的是啟動愛和毅力，而非只是執行鐵的紀律呢？

　　如果實現最豐盛、最充實的宇宙健康，包括做出一連串必須的改變，而要啟動這些連鎖反應，搞不好其實只是做一些生來注定要做的事而已。

　　哈佛大學臨床精神科副教授約翰・J・瑞提（John J. Ratey）博士在二〇〇三年到伊利諾州納伯維爾鎮（Naperville）旅行，在某地區的小學親眼目睹這個過程如何展開。當時美國大部分的學校的數學和科學表現，在全球排名第十至十五名，而納伯維爾鎮的學生的科學表現是全世界第一名，數學則是第六名。

　　有趣的是，學生的優秀表現部分是因為該鎮的 K-12（從幼稚園到中學）體育課。所有 K-12 的學生每天都必須上四十五分鐘的體育課，而這著重在培養學生的健康，而非特殊的運動技巧。每個學生的學業表現因此突飛猛進。

　　瑞提博士對這深感興趣，很清楚知道學生的課業表現改善，絕大部分是因為日常必要的體能活動。他在《運動改造大腦：活化憂鬱腦、預防失智腦，IQ 和 EQ 大進步的關鍵》（*Spark: The Revolutionary New Science of Exercise and the Brain*）提到，嚴格的體能運動不只能燃燒熱量，也能

啟動大腦，活化前額葉皮質（大腦的「執行長」，控制執行功能和神經衝動）、創造神經傳遞物質（這會影響情緒和情感），同時導致分泌大腦衍生神經滋養因素（BDNF），或是瑞提博士所稱的「大腦肥料」，即是一種可以讓大腦保持年輕、預防與老年相關的認知退化的蛋白質[1]。

瑞提博士及其團隊對於納伯維爾的學生的改變非常興奮，開始把這些發現帶到一些學業成績表現不出色的學校進行實驗。在加拿大安大略南部的一所高中，校方開始安排常出現破壞性行為的學生上體育課。這些學生因為家庭生活不穩定，常因違反校規而被勒令休學。不過在幾個月內，他們的休學從九十五天減少到五天，出席率也增加了。另一所在南卡羅來納州查爾斯頓的學校，也設計了體育課，結果在前四個月，學生紀律問題的比例就減少百分之八十三[2]。

活動身體可以提升認知能力，增加專注力，讓情緒保持平穩，那對我們的宇宙健康及人生又能帶來什麼影響？

運動身體，強化大腦（以及靈魂）

每天早上私人教練法蘭克都會打電話叫我起床，此時通常天都還沒亮，過幾分鐘後我就得硬拖著自己去海邊，開始累人的運動。總體來說，這種感覺很棒、很操，讓我馬上充滿活力，進而鼓舞我開創奇蹟，讓我的人生之路閃耀發光。

我當時正處於人生的過渡期，力抗憂鬱症，渴望找到事業的方向，努力整頓情感包袱，也想去環遊世界，全面地擴展自己，看看有什麼奇蹟發生。一開始我找了一位人生教練，重新把運動當成一回事，開始加入法蘭

克的行列。他會在清晨打電話叫我起床，一起去健身。

從小我們就被灌輸做運動是為了身體好。不過根據我的體驗，還有瑞提博士投入大半生的教學經驗，活動身體至少會對大腦有益。除了改善認知，也是治療憂鬱最有效、最可靠的方式。

杜克大學的研究人員曾經進行過一個四個月的控制研究，觀察運動對於有嚴重憂鬱症的年長患者會有什麼影響。在研究期間，一百五十六名患者被分為三組。第一組服用抗憂鬱藥，第二組固定運動，第三組服用抗憂鬱藥也同時運動。四個月後，只運動的組跟其他兩組比較，病情有所改善。八個月後，只運動的組別中只有百分之八的人憂鬱症復發，只服藥的組別中有百分之三十八的人復發，而同時服藥又運動的組別中有百分之三十一的人復發[3]。

不可否認藥物在治療憂鬱症上扮演重要的角色，但當我跟法蘭克一起健身時，體驗到運動能帶來非常真實的促進作用。在經過幾週戰鬥營式的飆汗課程後，我開始感受到一種信心，不只更深入穩固，還更勇敢無畏。我開始以前所未有的方式和程度，跟生命中會帶來傷害的人和力量劃清界線，把夢想放在第一位。我也更有活力、更清明、更專注，也更似乎有勇氣了。

我在高中時是運動員，然而大學時期因被癌症纏上，失去了活力、對身體的信任和運動能力。感謝有法蘭克和他嚴格的健身訓練，我重新與這部分的自己建立連結。每天運動持續幾週後，我感到煥然一新，彷彿體內點燃了帶來深度滋養的火焰，感到安全、充滿活力和力量。

我喜愛身體強壯又完整的感覺，但是每天早起的動力並非來自身體的

改變，而是情感、心智和靈性層面的感覺，而這就是每天跟法蘭克一起健身的成果。最後我清楚地明白到，身體的耗損並非不可逆，我們還是能透過行動找到能量和力量，只要身體動起來就能啟動這個連鎖反應。一開始只是在身體層面點燃火花，然後就迅速蔓延到心理層面，讓我對身體、自我和人生充滿深刻的信念。運動幫助我找到所需的熱情和想望，啟動創造奇蹟的魔力。

我比過去許多年來感覺更完整，自尊也明顯提升，清楚知道活動身體帶來了深層的支配感，連結到我的情感和能力。我的狀況漸入佳境，能夠利用興奮和創造力來實現心中所欲，而這一切都是從運動開始。

為了心理健康而運動

走路是最佳良藥。

——「醫學之父」希波克拉底（Hippocrates）

從希波克拉底的（古希臘）時代開始，運動多少被視為達成所謂的「比基尼身材」的方式。不過希波克拉底終其一生不斷強調，運動是通往身體、心智和情感幸福最可靠的道路。我的老師塔爾‧班夏哈（Tal Ben-Shahar）常在正向心理學課堂上說：「不運動就像在吃鎮定劑」。

金是住在紐約的白人女性，是一名職業音樂家，在對抗焦慮和憂鬱症多年之後終於懷孕了，現在又面臨懷孕導致的焦慮和憂鬱症，她擔心這會影響她的創作。她開始每天上健身課，而這很快就成為生命中不可或缺的希望與療癒源頭。在九個月的孕期中，她感受到前所未有的強壯，很開心

地看到運動幫助自己重新調整心緒，而這也是她能持續每天運動的原因。

　　會出現這種情緒調節，是因為活動身體觸發了正面的神經化學反應，讓你覺得更有掌控力、更快樂，身心更強壯。運動能刺激腦內啡的分泌，抑制焦慮反應，達到安定甚至欣喜的感受。這些自然出現的化學物質也能讓認知功能和記憶更敏銳，預防與年齡相關的心智退化。

　　持續的研究發現，運動可以增加單胺神經遞質（像是腎上腺素和血清素）的突觸傳遞，有助於對抗憂鬱。其他研究也發現，持續的運動可以對抗憂鬱的進展和復發。哈佛大學一份二〇一九年的研究發現，每天跑步十五分鐘或走路一小時，可以降低百分之二十六的憂鬱症風險。

身心治療動起來

運動是讓身心充滿正面魔力的最快方法。這裡還有其他研究顯示，體能活動與 v 心理健康及韌性有關：

- 二〇一四年有一份針對規律運動和心理彈性的研究，結果顯示定期運動的人，比起沒有運動的人，在面對壓力時比較不會減少正面的情緒[4]。
- 眾所皆知，教師的工作承受極高的心理壓力、挑戰和身心消耗。一份針對逾三百位教師的研究顯示，有運動習慣的老師的心理較有彈性，這包括從壓力中復原、克服失望和適應新環境[5]。
- 賈斯柏‧史密茲（Jasper Smits）博士和麥克‧奧圖（Michael

Otto）博士研究發現，規律運動是一種暴露療法，特別是針對容易有焦慮和明顯壓力反應的人。由於運動會產生的身體反應，類似在面對「戰或逃」狀況時的經驗（像是流汗和心跳加快），規律運動可以幫助參與者把這些生理反應與安全連結在一起，而不是聯想到危險[6]。

運動除了影響生理，也像是正面的轉移注意力，可以在長期壓力和負面思考的狀態時有健康的休息，還會帶來某種成就感。

如果你不相信運動的好處，我最後再指出一些利多。運動是最自然的方式，有助於調節適應生活的匆忙與變化，讓你逐漸增加能量，在晚上睡覺時可以獲得更多修復。從這個觀點來看，運動比較不像是消耗能量，而是整體提升實行、蓬勃生長和健全的能力。

愛、喜悅和運動

如果活動身體改善的不只是身體和心智的健康呢？凱莉・麥高尼格（Kelly McGonigal）博士在研究嚴謹、啟迪人心的《動的喜悅：運動如何幫助我們找到快樂、希望、連結和勇氣》（*The Joy of Movement: How Exercise Helps Us Find Happiness, Hope, Connection and Courage*），帶我們觀察不同文化如何利用運動獲益，以下節錄一些最喜愛的內容：

· **運動的「快感」讓我們更有愛**：固定運動的人如果時間夠長，足以

體驗到令人陶醉的賀爾蒙雞尾酒效應，像是跑者和運動的人的「快感」，常常會形容就像感受到對心愛的人、對自己、以及這個世界的愛非常強烈，彷彿鋪天蓋地。這是很美麗的魔法！

· **同步的團體運動可以培養集體喜悅。**無論是加拿大的划船俱樂部，還是南美的集體舞蹈，又或是加州的健身課，當我們一起運動時，就能體會共有的喜悅。

· **讓運動成為生活的一種規律，可以培養彈性、信心和勇氣。**優先考慮運動且能規律進行的人獲得的好處，不只是肌肉更強壯。每週持續運動與能力增強有關，有助於從失望和挫敗中恢復，感受到更多的自我價值。

努力去感受運動不可思議的力量

記得海瑟嗎？她自己經營事業，透過紀律和組織讓自己充滿活力。她的日常規律需要具備優秀的特質與專注力才能維持，而為了保持敏銳的最佳狀態，她每天早上五點半都會去健身房報到。她像上了發條一樣，每週固定與教練健身兩次，剩下三天則是一邊踩滑步機一邊閱讀。她每天都很期待運動，因為這是屬於自己的時間，對生產力也非常有幫助，因為大腦一早就開機了。用運動展開每一天，也能刺激能量，為應付接踵而來的龐大壓力做好準備。

身為雙子座，我比較需要行程安排充滿變化，但也願意像海瑟或金那樣投入運動。我通常在早上運動，但有時因為時間不允許，所以會晚點進

行。無論如何，我會優先考慮運動，這是治療骨質疏鬆很重要的一環。

投入運動，是因為當身體舒適了，身心都會更加強壯，在生活中也感受到越來越多的輕鬆和流動，工作表現也會更好，還會更快樂、更有自信。我強烈感受到運動的重要性，有一位個案甚至曾經建議我寫部落格，取名為「你想要賺更多錢嗎？運動就對了！」（她說的沒錯！）

做力量訓練時，我喜歡跑步，不是因為我跑得有多快或多遠，我無論在速度上還是耐力上都不出色，純粹是因為追求跑步帶給我的感覺。很多人不喜歡跑步，而好消息是，有很多不同的方法可以讓心跳和血液循環加快。無論選擇哪種活動，好的健身都必須注意以下三點：

1. **你是否感覺到大腦在呼吸？** 當我在跑步，呼吸順暢時，就會有神奇的感受出現。我可以感受到空氣通過鼻孔進入大腦的前半部，彷彿大腦在呼吸，而且在這個部位，想法自然就會變得柔軟。

2. **你的表情是否放鬆？** 當我在運動的最佳狀態時，開始覺得太陽穴旁邊的皮膚和下巴放鬆，接著會注意臉如何放鬆。表情會隨著步伐改變嗎？如果是，這是好現象。我希望臉部肌肉能深層地放鬆，特別是下巴部位，這裡常常保留了緊繃的情緒。

3. **流汗的品質如何？** 沒有什麼比努力揮汗更滿足的事了！我喜歡感受毛細孔都在流汗，淨化皮膚。當這種情形發生時，我都會覺得自己狀態很好。

我要澄清一點，運動跟身材、外表或減重無關，而是和自己許下承諾，要讓每一天都神采奕奕。

面對身體的現況

有些人因為健康因素必須調整運動，就像我在被診斷有骨質疏鬆之後，有些人則是完全不能運動。

物理治療和椅子瑜伽會利用彈力帶或輕量的舉重，因為坐著對移動困難的影響力較小。你最重要的就是面對身體的現況，而這有時代表得躺在床上！請不要因為這樣覺得羞恥，反而是要專注在自己能做的部分，相信即使不能運動，療癒的魔法仍會出現。

火星：行動和戰爭的行星

當我們討論到採取行動、運動，以及在生活中創造任何形式的舉動，在宇宙的層面看來都與火星有關。火星是戰爭和行動的行星，以羅馬天神戰神命名。

火星與充滿活力的行動有關[7]，能為我們的衝動添加燃料，創造動力和改變，而且有必要時也會表現憤怒。如果不約束火星的能量，我們可能會變得過度好戰，太容易採取行動、憤怒和侵略，火星在我們產生結果和實現目標的能力中扮演重要角色，其中包括達成並維持宇宙健康。

火星能讓我們採取行動，儘管必然面對許多困難，仍能開創打造新的道路。若是沒有火星，欲望（金星）和心態轉變（水星）無法開花結果。不過當火星這個代表行動和戰爭的偉大行星與我們同在時，我們就會起身

而行，帶著勇猛和堅持的決心，大膽無畏地面對困境。

在羅馬神話裡，火星是第二強大的天神，僅次於木星。火星身為知名的羅馬保護者[8]，身穿閃耀的盔甲，具有恐怖的、無敵且巨大的力量。火星只會召喚領受最多賜福、最有能力的戰士來到「知名的戰場」，並認為戰死沙場是最高的榮耀之一[9]。

當有金星時，我們會開始駕馭愛人或戰士的能量，而火星則能帶我們走得更遠，透過活動和行動，或是取用憤怒這個最強大但被禁止的情感，來啟動能量和動力。

憤怒如何啟動療癒過程

就較深的情感層面來看，憤怒與採取行動的能力有關，這對取用療癒魔法和火星的力量十分重要。特別是對女性而言，憤怒是禁忌的情感，我們常被教導不要表現出來，甚至不要去感覺它。

不過當我們討論到大膽採取行動、療癒和實現所有潛能的能力時，就絕對不能忽略憤怒的角色。憤怒，甚至暴怒，與生存的本能密切相關。憤怒就像愛與欲望。是很原始且必要的情感。當我們身處險境時，憤怒是要戰或逃的訊號，而如果少了憤怒，就無法捍衛自己。憤怒還有助於了解自己的界線在哪裡被越界了。

美國女歌手碧昂絲在二〇一六年專輯《檸檬特調》（Lemonade）錄製一個音樂影片，在片中化身恐怖情人，先拿球棒敲碎路旁汽車的玻璃車窗，然後揮棒敲掉消防栓的栓頭。該段影片馬上引起爭議，部分是因為它

帶我們經歷女性力量的復活，同時也因為她的憤怒。我們如果不要用羞恥或斥責的角度去看這個音樂錄影帶，而是把它視為表達憤怒的健康方式呢？而憤怒其實是勇氣和大膽的催化劑。

我們常被教導，憤怒會對他人造成傷害，但適當地表達所有的情緒，對健康和幸福都很重要。表達憤怒其實是一種淨化，攸關心智和身體的健全。我們可以透過淨化來釋放和提升自我，這就是碧昂絲在影片中做的事。她這麼做時並沒有傷害任何人，雖然為了戲劇效果，造成財產損失，但這只是好萊塢式的效果而已。

我們被教導要害怕並壓抑憤怒，部分是因為這是很強烈又具壓倒性的情感。不過純粹的憤怒帶有一種力量，所以必須找到健康的表現方式。當我們無法表達憤怒時，壓抑情感就會在內心掀起龍捲風，蓋過思考和其他情感，甚至綁架了天生的治療能力，而我們會因此被扼殺，感到窒息。

表達憤怒可以減輕認知的負荷，賦予強大的通道來釐清自己，也更能領悟痛苦。以下有些研究證明我們可以透過表達並釋放憤怒，找到療癒的力量：

- 一份針對逾七百名大學生的研究發現，透過討論表達憤怒的人，跟壓抑憤怒或用被責怪的方式表達憤怒的人相比，通常會表現更多的樂觀，對自己的能力更有信心 [10]。

- 承認並反省憤怒可以帶來更多的自我洞悉和改變。一份針對俄羅斯人和美國人的研究發現，有三分之一的人認為表達憤怒，更能了解自己的過錯 [11]。

- 美國田納西大學一份研究發現，壓抑憤怒的人比較容易罹癌，而持續壓抑也會造成癌症惡化[12]。更多研究顯示，壓抑憤怒會帶來心臟病、感冒、流感、皮膚病和其他疾病發作的風險[13]。

憤怒可以是破壞性的力量，但在有效的引導下，也能激勵我們承受更多的風險，達成重要的目標。在這種方式下，憤怒的體驗可以驅策我們採取行動，有機會用最好的方式來改變自我、健康和人生。

有鑑於此，注意自己的憤怒，而且要保留必要的時間，用健康的方式來表達是很重要的。你可以用有創意的方式來抒發憤怒，像是寫日記、跳舞或藝術創作，但也可以透過政治、抗議、關起門尖叫或捶枕頭來發洩。或許也可以跟朋友聊一聊，讓傷害你的人知道他們帶來的傷害，或是找有執照的治療師協助自己處理憤怒。無論選擇何種方式，都要重新找回自己的憤怒，這是意義重大的一步。

出生星盤的火星：化為你的助力

火星是牡羊座的守護行星，同時也守護天蠍座。三月登場的牡羊座季節是黃道一年的開始，也是由火星命名。

火星在出生星盤的位置，可以看出你會用哪一種最自在的方式來維護自己。火星的位置也顯示出你如何抒發熱情與積極。

✴ 火星在牡羊座 ♈

火星守護牡羊座（基本火象星座），所以火星在牡羊座的人生來就很有抱負、動力和決心。有時這種強烈的天性會滋長憤怒，所以找到方式來

表達並釋放情緒是最重要的事。你要整合帶有挑戰和回報的行動，因為這有助於處理情緒。若是健身，最好選擇效果最大的運動，拳擊最適合淨化情感，跳舞、騎自行車、划船或慢跑也不錯。無論選擇哪一種運動，都要有趣，這樣才能振奮心情。

✹ 火星在金牛座 ♉

火星在金牛座（固定土象星座）的人不能被催趕。你需要慢慢來，只有在準備好才會出手，因為一旦投入就沒有回頭路。你非常忠誠，可以從事規律的運動，有助於增加充實感，像是散步、跳舞、健行或越野跑。你在戶外運動時表現得很好，所以天氣許可時，要盡量把握。你有時會抗拒運動，要注意這一點，要走出門，找一個可靠的朋友，無論用任何方法，確保要規律運動，就算只是放音樂在鏡子前面跳舞也行。

✹ 金星在雙子座 ♊

火星在雙子座（變動水象星座）代表你很有彈性，充滿好奇心，需要廣泛的刺激來保持魅力，因此要確保像身體運動一樣活動心智。閱讀、網路和社交活動都很適合你。若是講到運動，最重要的是可以活化呼吸，因為它能幫你穩定下來。你搞不好會嚮往活躍的夜生活——沒錯，去跳舞也算是運動，不過培養只是單純運動的紀律和活力也很重要。雙子座可能這裡沾一點，那裡碰一點，什麼都做一點，因此你必須有意識地把生命力的能量攏聚在一起，讓火星展現責任感。對你而言，紀律比什麼都重要。

✹ 火星在巨蟹座 ♋

火星在巨蟹座（基本水象星座）時，你會有保護重要事物的強烈需求。你情感的深度和廣度是別人無法比擬的，但也可能造成挑戰，無法健康地

劃清界線。你天生就想要照顧別人，但照顧自己也很重要。處理情緒化也是功課之一，你有時可能會因此被打敗。當這種情況出現時，別忘了運動對情緒和身體上的益處。規律的晨間運動能帶來莫大的幫助，你可以改變運動的方式，同時搭配月象，這都有助於用健康的方式來處理情感。

✳ 火星在獅子座 ♌

火星在獅子座（固定火象星座）會讓你充滿熱情，散發強大的、激勵的玩樂能量，可以用吸引注意力和提升能見度的方式來鼓舞別人。你是天生的行動派，永遠樂觀正向，會想玩樂，為世界帶來更多喜悅。要確保專注在真的讓你享受的運動上，也許可以做一點有趣的裝扮。表達自我能有催化作用，可以考慮嘻哈舞蹈、高強度的間歇訓練，或是任何能讓自己動起來的活動。在情感層面上，火星在獅子座可能有些戲劇化，所以要小心別太激動。

✳ 火星在處女座 ♍

火星在處女座（變動土象星座）時，你在任何深信的理想目標中都會成為努力工作的英雄。你具有十分敏銳的精準度，貫徹始終，會用天生的工作準則作為指引。你在處理細節時最有活力，但是也可能有完美主義傾向。與其掉入無底洞，糾結於最終無關緊要的細節，不如退一步，思考全局。至於運動，你可以考慮皮拉提斯，或是其他有精準傾向、可以結合動作、呼吸和調準的練習。享受大自然能帶來療癒和鼓勵，有機會就去戶外活動一下。

✳ 火星在天秤座 ♎

火星在象徵平衡與公正的天秤座（基本風象星座）時，對正義的熱情會刺激你為了任何自認為對的事情而戰。精緻通達的美感是你的天賦，可以創造出無可比擬的美。你對伴侶的深度渴望也很重要，但也可能因此變得脆弱，被別人絆住。在所有的人際關係裡，一定要確保提出自己的需求，即使可能會惹怒別人，造成問題。學習拒絕會有助於情感的平衡，也可以考慮任何有音樂的活動或有伴的運動，有助於找回和諧。如果失去重心，可以透過呼吸找回平衡。

✳ 火星在天蠍座 ♏

當象徵行動的火星在天蠍座（固定水象星座）時，這也是它守護的星座之一，你有全力以赴的熱情。這不是火星溫和的位置，而是會要求使盡全力投入深度、親密性和感官享受之中。要追求天生會讓你感到心動的事物，而你也會被神祕、赤裸裸的現實吸引，但強烈的表現會讓別人無法負荷。你對黑暗禁忌的天賦有時會讓自己像走在鋼索上一樣。關於運動，所有正常競爭的運動都可以，但有一個條件就是不能超出自己的本能。要專注在能啟動神聖性欲的練習，充分運用投入的精力，可以嘗試嘻哈舞，甚至是鋼管舞也可以。

✳ 火星在射手座 ♐

火星在射手座（變動火象星座）時，你對自由、真理和自我表達的熱情投入是無庸置疑的。你是天生的行動者和撼動者，旅行能讓你精力充沛。在處理和表達情感時，要注意自己的方式是否太過大膽、粗魯，因為不是每個人都能接受你的真理。有氧運動對健康非常重要，你可以挑選

為身體和心智創造空間感的練習，如果能與自己的哲學觀產生共鳴就更理想了。一有機會就要多從事戶外活動，像是健行、騎自行車、越野跑或冬季山區運動。充滿活力的室內活動，像是踩腳踏車、游泳或阻力訓練也是不錯的選擇。

✳ 火星在魔羯座 ♑

火星在魔羯座（基本土象星座）表現得特別出色，賜予你旺盛的精力、決心和魄力。你的勇氣和深層的責任感，有助於發揮潛力，登上巔峰。不過可能也太過努力，超出所需的程度。你的天賦在於充分利用這個位置帶來的永不倦怠的工作準則。踩飛輪、划船、重量訓練，或是任何有助於衡量進步、推向極限的運動，都能讓你保持動力。恢復性的活動，像是陰瑜伽也是很重要的平衡方式。當你在處理困難的情感時，也有勇氣面對事實，加以改善。你得保持活力才行。

✳ 火星在寶瓶座 ♒

火星在寶瓶座（固定風象星座）的人天生就有種使命感，深切渴望為集體的美好而努力。你很擅長理解大方向，並且會用行動去實現符合你個人理想的願景。對你而言，心態是最重要的，因為你下意識會希望自己的行為要反映出你的內在價值。任何固定的、持續的活動能讓你與自己更高層的心智保持連結。要知道，在應付憤怒或其他困難的情感時，你很難找到自己真實的情緒，特別是憤怒。你要定期地檢視自己是否與真實感受保持連結。

✳ 火星在雙魚座 ♓

火星在象徵夢想的雙魚座（變動水象星座）時，你的力量最常花在睡覺和做夢上面。你要承認自己內心世界時而帶點夢幻色彩的力量，這就是你深層靈性本質的核心。你的同理心無與倫比，更重要的是，你可以帶來並創造別人做不到的平靜。就情感層面而言，學習如何梳理情感，將有助於你處理情感。如果要激勵自己動起來，音樂會讓你如有神助，無論任何時候、做任何練習，如果能搭配音樂是再好不過了。任何與冥想專注有關的活動，都能為你帶來大量的支持。

火星逆行

火星與陽性能量有關，也與結構、邏輯、控制、力量、魄力和創造的行為有關。火星會表現在你的活力、生存的意志力、性欲、承受關係風暴的能力，以及對事業和人生目標的投入上。你可以想像，當火星逆行大概每二十六個月發生一次，會持續六十天至八十天，你會進入全面重新評估的時期。

火星掌管熱情與行動，所以逆行會讓其能量和力道減弱。在火星逆行期間，你可能找不到熱情。就更深層來看，火星逆行會要求你重新評估任務和目標。即使你覺得這很平淡乏味，還是要回頭檢視工作和承諾，確保能正確反映自我和你的欲望。

火星逆行可能會降低揮汗苦練的欲望。如果不想再加強訓練也沒關係，但不要放棄運動練習。

火星儀式：重新認同否決的事物 ─────────

這個儀式可以幫助你重新找到憤怒的療癒力量，用此連結人生的夢想和目標。你可以在任何時候進行這個儀式，在覺得受困或心煩意亂時特別有效。

在儀式開始之前，你需要準備一些簡單的物品：

• 一個象徵戰士精神的蠟燭（可以用跟金星儀式同一個蠟燭）。

• 能讓你與憤怒連結的音樂─只要一首歌就夠了。

準備好後，坐在聖壇前，輕輕地閉上眼，與自己的內心世界連結，也就是內在的宇宙。當你感受到這個連結後，開始感受力量的擴張。花點時間與自己內在火星連結。它就在這裡，它是強烈的、嚴酷的，也是激烈的。你要激起這一面的自己，點燃蠟燭，與內在的戰士連結。

接下來，你要連結到自己的暴怒，可以想一些人、地點、時刻和經驗，淨化自己的憤怒。是什麼讓你心煩意亂、激動，點燃你凶猛、同情、激情、熱情和強烈的那一面？花點時間感受到這些時常沒有被認清的情感和引爆點。任由自己去感受吧！

當你準備好時，放一首讓自己感受到憤怒的歌，像是龐克搖滾、重金屬或陰鬱的古典音樂。無論是哪種音樂，只要確定是黑暗的、猛烈的，然後站起來跳舞。當你這麼做時，可以跺腳、低吼、尖叫或任何方式幫助自己表達情感。去完整感受浮現在眼前的所有事物。

當這首歌結束時，回到聖壇前，試著聆聽身體。身體的感覺如何？現

在有什麼感覺？保持好奇心去探索。

　　現在問問自己：我可以利用這些感覺做什麼正面的事？如何在創作時運用這些感覺？它們激勵我採取什麼行動？想一想這些問題。

　　現在打開日記，隨興寫下你要如何引導這些情感，用於創作。不用修飾，就讓自己的意念在紙張上川流不息。

　　當你想好答案時，大聲地讀給自己聽。現在有什麼感覺？心中出現什麼念頭？好好地檢視自己。

　　接下來用同樣的方式在日記上回答這個問題：我必須做什麼才能實現夢想？

　　當你想好答案時，大聲地讀給自己聽。你有什麼感覺？心中出現什麼念頭？好好地檢視自己。

　　最後，問問自己：我必須承諾做出哪一個行動，才能更接近自己的目標？

　　在日記裡寫下答案。

　　當你覺得更清楚時，就要投入，採取行動。大聲地唸出來，寫在一張紙上，然後把紙張留在聖壇上。

　　現在可以吹熄蠟燭了。

1 出處：John T. Ratey, Spark: The Revolutionary New Science of Exercise and the Brain.

2 出處：TEDx Talks, "Run, Jump, Learn! How Exercise Can Transform Our Schools: John J. Ratey, MD, at TEDxManhattanBeach,"

3 出處：Duke Today Staff, "Study: Exercise Has Long-Lasting Effect on Depression," Duke University.

4 出處：Emma Childs and Harriet de Wit, "Regular Exercise Is Associated with Emotional Resilience to Acute Stress in Healthy Adults," Frontiers in Physiology 5 (2014): 161.

5 出處：Abdullah Bora Ozkara et al., "The Role of Physical Activity in Psychological Resilience," Baltic Journal of Sport and Health Sciences 3, no. 102

6 出處：Jasper A. J. Smits and Michael W. Otto, Exercise for Mood and Anxiety Disorders: Therapist Guide.

7 出處：American Federation of Astrologers, "Astrology Correspondence Course

8 出處：Editors, "Mars: Roman God," Encyclopaedia Britannica online,

9 出處：Edith Hamilton, Mythology: Timeless Tales of Gods and Heroes

10 出處：Erskine P. Ausbrooks, Sandra P. Thomas, and Robert L. Williams, "Relationships Among Self-Efficacy, Optimism, Trait Anger, and Anger Expression."

11 出處：Howard Kassinove et al., "Self-Reported Anger Episodes in Russia and America," Journal of Social Behavior and Personality.

12 出處：Sandra P. Thomas et al., "Anger and Cancer: An Analysis of the Linkages."

13 出處：LaVelle Hendricks et al., "The Effects of Anger on the Brain and Body." National Forum Journal of Counseling and Addiction 2, no. 1.

第十一章
木星：喜悅和豐盛的預兆

什麼是幸運？我們如何能得到更多幸運？大部分人都會在人生不同時期問這個問題。我們如果不覺得自己是「幸運兒」，那麼我們在健康、愛情、金錢或其他生命領域，就注定不受上天眷顧嗎？

我們現在已經轉變心態（水星），在欲望和價值中找到安定（金星），奮起採取行動（火星），接下來就要檢視宇宙健康的另一個元素，那就是在生命中支持並接受恩寵的能力，即所謂的「幸運」或「賜福」。我們除了會從正向心理學的觀點來分析命運，當然也會從宇宙的角度，即透過木星來檢視。

卜得吉兆而開始

多年以前，我的朋友溫蒂・葉朗介紹我認識「auspicate」這個字，我馬上就愛上了。根據韋氏辭典，這個字的意思是：

1. 古代意義：事先知道，像是透過預兆，同義詞：預兆、占卜者。
2. 在某種情況或程序（像是敬酒）之下，已經確保繁榮和好運，開始或進入狀態。

　　卜得吉兆而開始的意思是，滋養和呼喚恩寵，喚起與宇宙善意的結合，一種極度純淨，卻也踏實、正面的影響力，可以應用在生活之中。雖然要看我們如何定義和認同這種看不到但又如此真實的善良源頭。

你以為的幸運，真是如此嗎？ ─────

幸運就是準備面對機會來臨的那一刻。你會努力，做盡一切必要之事，爲了獲得或成就某事做準備，然後放手，任其自由發展。你會放開所有與結果有關的事，因爲自知已經盡力了。當你已經盡過全力，接下來就是臣服的時刻，放手吧。屬於你的，終將會找上你。

──歐普拉·溫芙蕾（Oprah Winfrey）[1]

　　幸運的定義捕捉到「卜得吉兆而開始」這個字的精華和意義。爲了機會而準備，盡可能做好能做的，召喚心想事成的結果。這件事相當重要，因為這是在告訴宇宙，我們已經準備好了。透過努力，我們可以在生活中創造行動，而這也會刺激宇宙給予反應。我們付出的時間、努力和能量就像一張可以躺下的迎賓地毯，當恩寵真的降臨時，內在和生活的氛圍就能提供支持。

　　雖然投入時間、能量和努力是免不了的，但這世間仍有純粹、不受拘束的共時性存在。你是否曾經想到一個好久不見的人，然後就在最不可能的情況下意外遇到他？你是否曾經幻想過結果，然後驚奇地發現它在你眼前實現？這類不可思議的事情時不時會發生，而這就是某種恩寵或共時性發生的方式。不過透過這種方式展開的恩寵一開始並不需要顯著的努力。

我們常會覺得願望一定會實現，的確時常如此，不過如果能付出努力，盡可能地做好準備，就能加速願望實現。

這種想法可以回溯到第一章，我們討論過有彈性的人的「玫瑰色理想主義」。為了實現玫瑰色的理想主義，我們必須是務實主義者，同時也必須熟練地看出福氣所在，也就是要能從壓力中找到生命的利益和意義。這就是我們要投入時間、能量和努力的地方，這不是基於什麼工作準則，而是基於純淨的目的。就如歐普拉所言，我們會努力，竭盡所能地表現，然後臣服於結果。一旦做到此點，我們會得到注定屬於我們的東西，這就是恩寵。

保持對恩寵的投入 ─────────────

恩寵、幸運和賜福聽起來都很迷人，但是當我們為生活奔走，疲於駕馭生活中無法避免的轉折時，有時會忘記注意它們「何時」出現，「在哪裡」出現，以及「如何」出現。在特別艱困的時刻，我們也不再相信這種神性的恩惠是真的，甚至認為根本不存在，覺得自己被宇宙遺棄。這種心態常常在創傷經驗發生的當下或之後出現，包括失去和疾病。

我當然也曾覺得自己被宇宙遺忘了。我不是含著金湯匙出生的人，父母不愉快的離婚帶來極大的經濟和情緒壓力。我被診斷出有憂鬱症，覺得人生就是一場無情的戰鬥，然後癌症更帶來嚴厲的打擊。還是少女時，我就接受了子宮切除手術，並不知道什麼是更年期，更不知道如何在餘生與它共處。我的心理健康因為恐慌發作和焦慮而每況愈下，這種狀況下，是人都想要放棄，誰不想呢？

不過因為我願意努力，所以總是在半途迎來恩寵。過去多年來，我用每一種可以想到的層次努力治療，創造「創傷後成長」（PTG），這指的是危機或創傷帶來的正面改變。這個概念是由李察·G·特德斯奇（Richard G. Tedeschi）和羅倫斯·卡爾霍恩（Lawrence Calhoun）提出的，認為創傷後成長是創傷後壓力症候群的結果。

在面對創傷和困境後還能相信恩寵，並能夠接受豐盛的可能性，這就是極有韌性的行為。這是一種恢復的能力，特別是在形勢艱困時卻永不放棄或是停止信任自己和人生。這最後是來自於勇氣的加持，這是源自於靈魂不斷向前的熱情，也正是因為這股熱情，讓你對生命不屈不撓的渴望扭轉了外在情勢。

正向和不斷擴張的能力

就宇宙的層面來看，恩寵、正向、幸運和賜福都與木星有關。木星代表信念、希望和樂觀主義。木星為我們的最高利益服務，因此會凸顯對生命的信念，包括個人的哲學觀。

木星的本質和精華如實地反映在正向心理學上。其實正向在過去幾十年來已經成為研究的重點，包括滿足、喜悅、好奇和興趣這些被視為象徵幸福的感受。

美國北卡羅來納大學教堂山分校知名心理學教授芭芭拉·弗雷德里克森（Barbara Fredrickson）花很多時間在研究正向，最後提出「擴展和建構理論」，指出正向情緒會啟動大腦理解脈絡，提升覺察力，有助於看到宏觀的方向[2]。這就像友善的木星一樣，正向的情感可以擴展認知的彈性

和創造力。

這種「擴展的」狀態可以促進行動，幫助我們建立體能、智能和社交上的資源。好奇心也有利於學習和整合新知。玩樂可以帶來嶄新且強健的社會連結，這種滿足感會引起自我反省，讓人更了解自己。在建立這些資源時，我們會提升未來應付壓力的能力及韌性。

現在用上述的影響，比較當我們被恐慌和焦慮侵襲時的感受，此時面前的唯一選擇通常都只有戰或逃。當心態受限時，我們會被局限於一心只想求生存，而非積極發展，在這過程中也無法看到週遭的益處。

當我們沒有察覺這兩種不同的心態，做法就會有明顯的差異。當我們感覺良好時，不只象徵當下的幸福狀態，還會讓我們更健康、更具備向外發展的能力，而這些的確能為未來帶來更好的「資源」，發揮更佳的療癒效果。

提升正向的頻率

我很喜歡一句話：「開心是操之在我，我的責任就是讓自己開心」，但這在日常生活中是什麼意思？在混亂之際，甚至只是一個馬馬虎虎無聊的日子，當人們叫我們要持續「振作」、「保持正向」，就算聽著不覺得刺耳，也會覺得很不誠懇。

不過做一些靈性逃避的正向活動，像是玩樂或「假裝」開心，跟把正向當作培養心理韌性的架構，這兩者有明顯的不同。當我們沒有處理痛苦而直接跳到正向的感受時，就會出現靈性逃避，通常會有否認的行為。

　　現實是我們必須對**培養快樂**這件事保持紀律，就像致力於擴張其他性格的強項一樣。我們要培養正向心態，靠近喜悅，留意順利的現況（而不是去強調哪裡不好），知道即使是最糟的狀況，只要能適當處理，也能擴大生活中的幸福比重，而這些都能創造彈性。

　　所以在這樣的狀態下，我們能擁有從逆境中恢復的強大力量，同時找到通往恩寵、成長和好運的道路。當我們能盡力培養玫瑰色的現實主義時，就能擁抱木星的慷慨及其賜予的無限禮物，而這是它願意與我們分享的。

　　如果你讀過第五章針對月亮的介紹，就知道我很鼓勵大家去感受所有的感覺。承認表達的好處，並能憐憫自己所有的感覺，那麼即使是在靈魂的黑夜，也能在情感的健康上找到創新的突破。不要忘了感受所有的情感，這也包括體驗歡樂、希望、愛和喜悅。保持正向，除了去感受，還要現身並努力召喚恩寵，而這種行為本身就是宇宙健康的基本選擇。用肯定、接受、勇氣和開放的心態來面對最困難的時刻，這就是一種不可思議的勇氣和力量展現。

　　所以我們要如何做到呢？

正向練習

　　人類原始大腦最初、同時也最重要的設計，就是幫助我們在古代生存，在老虎、熊、毒蛇和更多威脅圍繞的環境下生活，我們的基本設定就是要偵測危險。所以大腦有一部分是要啟動戰或逃的壓力反應。這種強調負面的傾向，也就是原始大腦認定的對生存的威脅，與人類基本的生存本

能糾結在一起，所以我們必須用更多倍的正向心態，努力平衡這種負面傾向的偏見。換句話說，我們必須決定想要感覺很好，然後採取行動去努力，允許正向的感覺和經驗在內心和生活中成形。

這裡有兩個基本的現實狀態，可以召喚恩寵，以及其支持的宇宙健康：

1. **我們不能期望擺脫負面影響**。焦慮、難過和恐懼有助於適應和生存，預期負面的結果，做好避開或處理危機的準備，然後根據結果做出調整。憤怒、甚至是暴怒是很恐怖的，也很專橫，讓我們能保護、愛護並重視自己與別人。我們需要所有的情感，而不只是比較正向的，像是「恐懼」這種情緒本身並不一定是壞事。沒有這些生存導向的情緒，我們永遠不知道正向情緒完整的程度及影響。如果從來沒有認識過恐懼、遺憾和憤怒，又如何理解或珍惜喜悅、放鬆，甚至笑容呢？

2. **培養越多的正向，就越快樂**。我們在面臨困境時，不要否認或淡化事實，就能培養並品嚐快樂的時刻，讓健康和生活更豐富美好。其實要培養彈性，是要透過面對並處理困難，並且往正向思考。當我們持續朝正向發展時，就會肯定生活的美好，然後就能接近感激、喜悅、愛和希望，即使只有短暫的片刻。就像學習一種新技術，培養正向是全面的練習，可以延伸至人生的每一個層面，包括身體、內在、精神、家人、家庭和工作等。

我們的目標當然不是要逼自己永遠保持正向，或是不假思索地樂觀，而是持續練習轉移焦點到正向的事情上，這是必須持續培養的技巧。

有很多研究指出一些策略性的方法，可以幫助我們準備好接受正向的影響，其中有些方法對我特別有用：

- **練習感激**：認清你現在珍惜的事物。如果感激就像伸懶腰那樣自然，你會問問自己：「目前有什麼事還不錯？」看看心中是否能湧現由衷的感激，即使只是針對微不足道的小細節。感謝的片刻常能激發我們有創意地、豐富地思考，為自己和別人的利益採取行動 [3]。

- **換個方式描述**：如果你把困境當成挑戰掌控能力，把自己當成英雄呢？重新把自己的角色定義成故事的贏家，而非受害者。即使一開始不太有說服力，不過最重要的是重新訓練大腦考慮改變自己的故事和其中角色的能力。你可以用寫的，找一個信任的人對談。這種應對方法叫做「正面重估」，就是在負面中找到美好的片段，這在龐大的壓力或失去的處境下特別有幫助 [4]。

- **保持好奇心**：提出問題，看看週遭，想想是否另有他法。好奇心會帶領我們在當下找到新鮮點。我們不只能因此學得更多，也能啟動正念，而且有助於產生正向的感覺 [5]。

- **選擇同理和共情**：當你能接受同理和共情，而不是憐憫時，就能感覺並展現真正的仁慈。從另一個角度來看，憐憫有時不真誠，甚至是自艾自憐。同理和共情會帶來被聽見、了解、確認和關愛的感受，憐憫則像是面對還沒有做好適當準備的情境時的應付機制 [6]。

- **處理（現實的）待辦事項**：無論你面對的是看起來無法克服的挑戰，或者只是頹廢的一天，只要認清並去處理現實的目標，就會是完美的補救方法。當我們刪除雜務，做出決定和計畫時，特別是關乎當下痛苦的狀況，就能重新找回掌握和效率的感受，應付看似不可能控制的情況 [7]。

- **持續為未來的自己努力**：擬定一個願景，想像在一年、五年或二十年內

要變成什麼模樣，這可以讓你做出支持自己最高利益的決定。透過這麼做，你在與未來的自己共同創造一種新的現實[8]。

現在把重點放在行動，而非感受上面。當我們投入行動時，會創造一種心態和環境，有利於正向情感的流動。如果能用一致和承諾的心態，那麼無論現在的感受如何，我們都能規律地練習上面的方法。對我來說，這可能是來一場漫步，戴上耳機，聽著震耳欲聾的音樂，或是做一些瑣事，像是整理明天早上健身課的背包，或是快速處理一項行政工作。

在事情不順時保持好心情

不可否認，在人生黑暗之際，要進行這些練習並不容易。我曾經歷過艱困的時刻，雖然我有珍惜和感恩的心，卻仍無法帶來足以對抗負面思考的正能量。此時，對於小事的感激已不足以提高情緒受挫的底線。

當感激已經無法讓情感與正向再次結合，我們還是走不出黑暗的角落時，又該怎麼做？

我發現下列的四步驟，對我和個案都非常有效：

1. **列出現在的感受，深入細節。** 注意你的身體，找到現在的感受。是心跳加速、胸口緊繃還是緊捏大腿？這像是什麼感覺，緊張忐忑？脈搏很快？還是陣陣抽痛？大聲唸出身體哪個部位有這些感受，加以描述。把注意力放在身體的感官上面，留意這會隨著不斷地注意

產生什麼變化。這裡有個例子：「我覺得胸口悶悶的，心臟部位有輕微不明顯的疼痛，好像有人用兩隻手推擠胸口正中心」。

2. **釐清現在的情緒**：當你很清楚身體的感受後，問問自己背後有什麼情緒。是悲傷、憤怒還是嫉妒？不用自我審查。無論是什麼情緒都沒關係。只要重新承認自己否認的感覺，就能將之釋放。關鍵在於你必須承認這些情緒。

3. **做一件能釋放身體能量的事**：對我而言，這通常是精力充沛地活動身體，像是快走，上下跳躍，或是慢跑。不過當我罹患癌症，不適合激烈的體能活動時，就會選擇其他放鬆自我的事情，像是用球滾動身體，輕輕地前後滾動。即使只是少量運動，都能幫助身體處理並釋放能量。你可以考慮適合自己身體的方式，選擇感覺自在、甚至有治療效果的體能活動或動作，可以透過大吼、椅子瑜伽或簡單的伸展來釋放能量。

4. **呼吸**：與呼吸連結，花點時間睜開眼睛深呼吸。進入呼吸，同時感受當下，包括週遭環境。留意四周每一個感官細節：顏色、氣味和聲音。你坐的椅子感覺如何？腳下的地板感覺如何？注意明顯感受到的週遭環境的細節，至少找到三項。然後繼續與呼吸連結，讓空氣深入腹部，擴張側邊肋骨，然後繼續深吸氣，更深入上肋骨和胸腔的鎖骨部位。當你吐氣時，先放鬆鎖骨部位，然後是上肋骨、側肋骨，最後是下腹部。重複這個循環至少四次。

當你經歷這四個步驟後，現在可以讓注意力回到之前提過的練習，就是感激、意義、善良和好奇，喚醒一些正向能量。

練習更加自在優雅

隨著持續練習，你就能更容易、更快地轉入比較正向的狀態。這也會出現相反的過程。當我們帶著寬廣思考的心態時，也就是保持好奇心，開放接受新的可能性，就會為心理和生活帶來更多正向思考。這種影響是互惠的，而且會累積並融合在一起。這就是芭芭拉‧弗雷德里克森所謂的「上行迴旋」。

還記得在第二章提過的瑪莉嗎？她是名調酒師，困在充斥派對、交際活動的生活裡，只能從中獲得短暫的刺激。她的目標就是徹底改變生活，從很多方面來看，這個目標都像是從乞丐變成富豪、寂寞芳心找到真愛的童話故事，對很多人而言有如幻想。她當時的生活，和理想中她想過的富足生活，這兩者之間存在相當遙遠的距離。儘管看起來機會渺茫，她還是非常努力堅持希望，保持正向，採取持續堅定的行動，朝著夢想前進。

瑪莉的夢想很遠大，她總說夢想的生活就要有香檳。儘管服務業的生活和夢想的生活之間有明顯的差距，不過她不斷把自己、健康和靈性轉變放在優先位置，一再身體力行，向宇宙發出訊號，表現自己的投入，也準備踏入全新的、更令人渴望的生活模式。如今她有了快樂的婚姻生活，住在閣樓裡，可以暢快表達自己，而一切正如她曾經想像的，在合適的時刻時，生活裡的確有香檳。

這就是設定目標、起身力行、竭盡所能得到渴望的豐盛力量。無論是健康、財富、愛情、成就，抑或其他領域，只要我們願意現身並準備接受，就會出現最驚人的轉變。我們如果持續灌注希望、樂觀、活力和保持樂觀地投入，就能做到深入靈魂層次的改變，屆時就能獲得宇宙健康，召喚之

前只敢用想像的結果出現。這是很強的狀態，就像當宇宙站出來迎接我們，日復一日，月復一月地給予祝福，我們響亮地回應：「我願意！」

與發自肺腑的希望和樂觀連結

　　木星無疑是我最喜愛的行星。木星不只是會放送豐富「正能量」的行星，同時也是射手座的守護行星，與宗教、宏觀思考和長途旅行有關。射手座能表現直率的誠實，幫助我們更清楚心靈與心智的事物。木星守護射手座，也有助於清楚理解心智和目標，為自己和人生規畫全新的、向上提升的道路。我對木星的喜愛有很多原因，包括能讓我們與自己的冒險、靈性和哲學面向連結，以及真實表達自己之後獲得源源不絕的真實豐盛。

　　木星是巨大的行星，直徑是地球的十二倍（不過以正確的角度來看，這只是太陽的十分之一）。這個龐大全能、賜福的行星鼓勵我們思考如何把生活過好，有助於理解自己的信仰系統，以及需要什麼才能獲得快樂與成就感。

　　無論任何時候，當與木星有關的相位發揮作用時，無論是來自木星還是射手座，我鼓勵你花更多時間仔細思考自己的哲學，以及自己行為背後的原因和核心概念。這個時候召喚並培養某種事物，就能宣告你自己是誰、如何生活，以及在此生渴望創造什麼。這個時候應該走出去，去追求它，然後在木星的協助下把它帶回你的生命。

出生星盤的木星：化為你的助力 ───────

當木星出現在你的星盤時，你出生時木星所在的星座和宮位，可以看出天生會在哪個領域擴張，擁有好運，並且大放異彩。木星提醒我們必須感覺良好，必須有趣，貼近希望，如魔法般發揮創造力。木星是很受歡迎的行星，以「大鳴大放」的影響力聞名，就像在宇宙派對上你忍不住想要對他微笑的賓客。

身為太陽系內最大的行星，木星代表了成長。木星與太陽的距離是地球與太陽的距離的五倍遠，要十二年才能繞太陽一圈。我們可以從地球上用肉眼看到木星，而命名是羅馬人以希臘神話中至高的天神宙斯。

木星行運會對你的個人星盤帶來正面影響，也象徵機會的時機。木星鼓勵你追求比自己更大、更多的事物，尤其是如果這些事物能擴張你以及人生的潛能。用一種奉獻的感受，把注意力放在自身之外，就會出現顯著的成就和突破。

✳ 木星在牡羊座 ♈

當木星在這個基本火象星座，你擁有健康的自尊、勇氣和熱情。保持正向心態有助於借助天生的福氣和大愛來向外擴張。要認識並善用自己的強項。你要管理的是能量而非時間，而運動會對你有幫助。你可以透過激勵和振奮他人來擴張自己，所以不要保留。

✳ 木星在金牛座 ♉

木星在固定土象星座時，你很踏實、務實，天生堅忍不拔，偏好具體的樂趣。你來到這裡是要重新找到與感官享受的連結，向別人示範如何培

養、滋養、表達這種能量。你要花時間親近大自然，用美食來滋養自己，透過瑜伽、按摩、伸展和意念練習，讓身體成為開啟幸運的自在之地。

✳ 木星在雙子座 ♊

木星在這個變動風象星座的人是心智敏捷、有創意的思考者，非常詼諧風趣。學習利用你的聲音，就能開啟幸運。當木星在雙子座時，你能帶著輕鬆和力量去寫作、溝通和連結。你有健康的靈活度，善於適應新的或不同的處境，可以透過說出自己的真理來讓自己更加自在。

✳ 木星在巨蟹座 ♋

當木星在這個基本水象星座，你很善於透過照顧自己的根基，在生活中創造安全和保障，這指的是主要的關係、家庭和家人。在情感上，你會用同情心和同理心與他人連結，很擅長扮演養育者的角色，賺錢的能力也特別出色。住在喜愛的家裡，有助於感受到與根基保持連結。

✳ 木星在獅子座 ♌

當木星在這個固定火象星座，你會亮眼地燃燒創造力。你來到這裡是要表達自我。你要聽從自己的熱情，做喜歡的事，這會開啟更多喜悅、更高層的共振，還有輕鬆顯化欲望的能力。你要與自己的價值、信念，還有支持成功的最重要的人生部分保持連結。當你與這些部分失去連結時，人生就會變得更困難。保持自信和樂觀的態度，即可創造擴張的機會。

✳ 火星在處女座 ♍

當木星在這個變動土象星座，木星的正向影響力會結合處女座的健全

與務實。你很擅長堅持與健康、環保意識或其他服務導向的強效練習。對你而言，豐盛就是創造不同，持續追求具體的目標，提升全體人類的健康。培養以服務為導向的本質，就是開啟幸運的關鍵。

✻ 木星在天秤座 ♎

當木星的舒適和正向的影響力與這個基本風象星座的美感和正直結合時，可想而知，你很擅長為自己相信的事物站出來發聲，與互動緊密的社群有深度的連結，打扮也很有風格，醉心於自己的創作才華，也能對別人產生同理心。當你建立社群、追求以服務為導向的任務時，就能獲得不同凡響的收穫，特別是與創造並支持美、愛和公正有關的事物。

✻ 木星在天蠍座 ♏

木星在固定水象的天蠍座時，你會被親密性吸引。你不害怕禁忌話題，沒有什麼是不能搬上檯面的。一旦許下承諾，你就會帶著優雅和決心往前走。探索自己的性欲，重視高潮這件事，對你而言特別具有療癒效果。感官享受和享樂可以讓你感受到存在的邊界，接納自身的潛能，與之共創最廣闊、最閃亮的人生。

✻ 木星在射手座 ♐

木星在變動火象的射手座，這是尊貴的位置。你很擅長與自己的真理、熱情和最貼近的欲望連結，追求能代表自己核心價值的哲學是最重要的。當你在人生中失去方向時，可能會一再追尋自己的真理，即使你的真理會隨著成長不斷地轉換並改變，但是不斷感受它的脈動，對你而言是不容妥協的事。

✳ 木星在魔羯座 ♑

當好運的木星在魔羯座這個基本土象星座，你很善於實踐土星的功課和目的，這個位置也凸顯了穩定的重要性。當你把重心放在日常生活的實際面，還能同時放眼大局，就是散發光芒的時候。你很負責，也具有領導和商業的天賦，可以透過具有一定水準的商業操作以及強烈的政治觀點，來展現社會意識。要留意別太過渴望成功。

✳ 木星在寶瓶座 ♒

當木星在固定風向星座時，你渴望自由，以及表現獨特的機會。你喜歡所有不拘一格的、創新的、心智上的事物，也很擅長將來自五湖四海、有志一同的人，為了一個特定的目的聚集在一起，像是儀式、政治、戲劇藝術和策畫小組。你會追求心靈融合的機會，有時會參與一些很怪異的場合，或是用一些方法去探索邊界，甚至破格演出。

✳ 木星在雙魚座 ♓

當木星在雙魚座這個變動水象星座，當你把注意力轉到情感、想像力和靈性時，就能擴張自己。音樂、冥想和藝術可以擴展界線，有助於深層地聆聽，這就是宇宙神祕真理出現的方式。你很可能對情感不陌生，但是學習用哭泣來淨化自己，有助於清除不再需要的東西。持續和規律的冥想練習是很重要的。

木星逆行 ————————————

在占星學中，木星的影響力是擴張、賜予禮物和喚醒我們的樂觀，當

木星逆行時——每年約有四個月，此時很適合向內觀察，看看自己在哪個領域忽略了直覺。木星逆行時很適合自我調整，檢視哪個領域與指引人生的哲學和真理失去連結。不過，當木星逆行時觸動了你星盤中的某個行星，這就是有助於個人靈性成長的特殊時刻，也可能會有財務上的成長。木星通常被視為具有好的影響力，不過也可能導致「過多」的經驗。所以當木星逆行時，也很適合往內縮，回歸基本。這個逆行的關鍵字是「真實」。

木星儀式：召喚幸運

這是很棒的儀式，當你想要與更高的振動頻率連結時、木星與太陽合相時、任何射手座的新月或滿月時、接近生日時，或是想要讓自己樂觀一些，燃起希望時……任何時候都可以進行這個儀式。

開始與木星合作之前，先檢視一下生活、住家、車子、電郵信箱、書桌前的那堆紙，或是生活中任何象徵累積灰塵的地方。然後自問：我是要逃避這些生命領域中的什麼東西？這些混亂中有什麼是需要處理的嗎？

幸運需要培養意志和欲望來共同創造。正如歐普拉建議，我們必須做好份內事，然後再準備迎接恩寵降臨。這意味著要以愛為出發點，為夢想採取行動，其中包括把任何一件小事給做好，無論它有多麼微不足道。

在儀式開始前，你需要一個白蠟燭、一支鉛筆和一張紙。把這些東西放在身旁，坐在桌子前，寫下這個問題：如果生活中所有事情都盡可能地順利發展，會發生什麼事？

花二十至三十分鐘隨筆寫下答案，記錄自己的夢想、願景和想法。當你寫完時，點亮白蠟燭。看到火焰燃燒時，你就知道已經點燃了熱情和欲望，可以活出最棒的人生，召喚你能想到的所有的幸運和神奇。

現在檢查你寫的答案，看看有什麼特別的。根據這些寫下的訊息，開始列出自己發自內心的渴望，按照你的偏好，盡量列出來。

當你很清楚想要召喚什麼時，花點時間請求宇宙的支持。有些人可能覺得這看起來像是祈禱，但也有人會把這當成寧靜的片刻。

接下來你要問自己：我現在可以開始什麼行動？明智地挑選。看看你可以如何有目標地引導目的和欲望。

注意你在生活中在逃避什麼。無論大或小，擬定計畫去處理它，像是馬上處理、今天或這個星期內處理。你必須真的去做（宇宙會獎賞立即的行動）。

擬定計畫，每天完成一項以前置之不理的事。可能是付一張帳單、打電話給媽媽，或是歸還跟朋友借的東西，你之前一直拖延沒還。無論你之前在拖延什麼，現在都要停止。

把這些事情記在行事曆上，無論如何，連續一個星期每天都要做到。

當你採取困難的行動時，練習把結果交給宇宙決定。

透過一整個星期完成這些事情，你就是在召喚木星，同時在生活中創造空間，讓機會降臨。

1 出處：OWN, "Oprah on Making Things Happen in Your Life," Oprah.com

2 出處：Barbara L. Frederickson, "The Role of Positive Emotions in Positive Psychology: The Broaden-and-Build Theory of Positive Emotions,"

3 出處：Barbara L. Fredrickson, "Gratitude, Like Other Positive Emotions, Broadens and Builds," from The Psychology of Gratitude, eds. Robert A. Emmons and Michael E. McCullough (New York: Oxford Univ. Press, 2004).

4 出處：Susan Folkman and Judith Tedlie Moskowitz, "Positive Affect and the Other Side of Coping," American Psychologist 55, no. 6 (2000): 647–54; 以及 Guido Veronese, Cindy Sousa, and Federica Cavazzoni, "Survival and Resilience Among Palestinian Women: A Qualitative Analysis Using Individual and Collective Life Events Calendars," Violence Against Women, May 4, 2020, published online ahead of print.

5 出處：Karina A. de Allicon, "A Mindfulness Toolkit to Optimise Incident Management and Business Continuity Exercises," Journal of Business Continuity and Emergency Planning 13, no. 3 (2020): 220–29.

6 出處：Shane Sinclair et al., "Sympathy, Empathy, and Compassion: A Grounded Theory Study of Palliative Care Patients' Understandings, Experiences, and Preferences," Palliative Medicine 31, no. 5 (2017): 437–47.

7 出處：Folkman and Moskowitz, "Positive Affect and the Other Side of Coping,"

8 出處：Abraham M. Rutchick et al., "Future Self-Continuity Is Associated with Improved Health and Increases Exercise Behavior," Journal of Experimental Psychology: Applied24, no. 1 (2018): 72–80.

第十二章
土星：人生目的和紀律

日本沖繩縣位於東京以南約八百哩的地方，是由一百六十一個小島組成的群島。這個地方是全世界最多女性人瑞的地方。根據知名長壽學者、《藍區》（*Blue Zone*）作者丹．布特納（Dan Buettner），這裡就像是「世界長壽的發源地」[1]。

在這裡，人們享受這個星球上長壽、免於失能的生活。除了身體積極活動的生活方式、以植物為主的飲食、適當的食物份量和持久的社會關係，沖繩人活出深層的目標，也就是「生之意義」（ikigai）。

「生之意義」也常被解讀成「早上起來的原因」。沖繩人相信有持續的目標感是很重要的事，他們不想經歷多年疾病和失能的痛苦，盼望活出長壽、有意義的人生，然後在睡夢中快速離世。我們可以在一百零二歲仍能活躍教學的武術老師身上，還有一百歲的漁夫仍能一週捕魚三天來養家，看到健康習慣和「生之意義」的漣漪效應[2]。

在世界上其他人瑞人數較多、而且能過著完整積極生活的社群，也會看到同樣的目標感。這些社群，還有其中的人瑞都會遵守健康的生活方式，那就是每天規律生活，同時培養持久的群體感。

當我們朝著宇宙健康邁進時，接下來會探索習慣的角色，以及活出最活躍、最充實人生的目的。這聽起來很吸引人，但也是由土星掌管的宇宙領域，而土星的嚴厲也不可小覷。

一個突如其來但必要的轉折

我們從令人愉快、擴張的木星，現在轉移到土星這個以務實嚴肅的結構和紀律而聞名的行星。土星是魔羯座的守護行星，召喚我們來到一股專注、果決的能量前面。雖然人們常用負面的文字來形容土星，叫他工頭、限制之王或業力之王，但它在我們生活中扮演極其複雜且重要的角色。

土星與權威有關，強調規則和困難的課題。但是當我們遵守它的智慧和指引時，健康、幸福和目標感，就會變得更踏實。當我們認清並適應它在生命中堅定不懈的影響力後，靈魂深處就會成長茁壯。如果想要到達這個境界，並且停留在那裡，我們就必須不斷努力工作來達成它的要求。我們必須練習紀律和清楚的決心，避免過量，以利於更有用的、更有生產力的規律和習慣，也必須聽從其智慧，不能只是蜻蜓點水，或是當危機來臨時才這麼做，而是要像時鐘發條一樣，日復一日，年復一年。

麗茲‧格林（Liz Greene）在《土星：從新觀點看老惡魔》（*Saturn:A New Look at an Old Devil*）把土星比喻成《美女與野獸》裡面的野獸王子。她沒有用全然負面的字眼來介紹土星，反而對土星真正的本質，以及它在我們生活和心理層面的象徵性意義，有更透徹、更開明的理解

土星象徵一種心理的發展歷程，也代表某種類型的生命經驗或特質。土星不只代表痛苦、制約和紀律，也象徵對所有人都很自然的心理歷程，

而一個人必須利用痛苦、制約和紀律的經驗，發展出更高的意識和圓滿[3]。

格林還以更個人的角度來看待土星：

土星與痛苦帶來的教育價值有關，也與內外在的價值差異有關，我們從別人身上得到的價值和內在發展出的價值截然不同。土星獸性的一面，對個人的發展而言不可或缺，因為惟有當我們有能力愛這個面向時，才可能從其中解脫出來，搖身成為瀟灑的王子[4]。

積極行動的土星

土星可能用許多不同面貌出現在生活中，然而有關它的本質和影響力，有一個貼切的例子可以說明，那就是我在第十章曾經提到的健身教練法蘭克。他要求我要加入他日常的養生規律，而且很嚴厲，沒得商量。不過他很清楚我們每位參加者的需求，以及每個人身體能應付的程度。我感覺得出來，所以放心把自己交給他。然而，他不斷要求更多的能量和彈性，超出我覺得應該做的程度，而每次在他的堅持和鼓勵下，我發現自己總是能做到更多，遠超乎我之前的想像。

透過跟法蘭克健身這種慘痛的親身經歷，我終於理解，對於在年輕時就背叛我的身體、靈魂和生命再次付出汗水、眼淚、時間、經力、努力和希望，這代表什麼意義，又會有什麼感受。這樣日復一日，週復一週，他越逼我，我就越有活力、自信和感激。這整體而言就是土星的精神，一個帶著嚴厲的愛的發起人，要求我們全力以赴，並且在順從的過程中，賜予美好的禮物（有時比我們想得更美好）。

　　土星能夠重新創造我們及人生，首先會強調必須成長的領域，然後在必須改變時，又讓我們無法擺脫困境，感覺就像被一記破壞球擊中最痛的地方，必須逼迫自己超越看似的天生極限。

　　我很清楚這可能引發強烈的情緒反應，這就是土星要求的功課。它要求我們堅持做到我們該精進的功課，如此才能發揮最高潛力。

　　十一年前，當我第一次放棄攝取麩質時，不只覺得進食受限，連人生也被局限。因為突然間，我必須詢問食物裡有什麼成份，在決定外出用餐前，也必須檢查菜單。不過如今，無麩質飲食帶來了許多健康的益處，而且十分明顯，這已經成為我生活中無法妥協的一部分。

　　即使是吉星木星，會帶給我們擴張、正向和幸運，擴張的程度也只能到我們已經「完成」的土星，也就是留意它召喚的程度。從這個面向來看，木星和土星似乎有些相似，都與「獎賞」有關，這會出現在我們負責任或胸懷大志時，或是當我們得付出的超乎我們一開始的想像，但仍下定決心繼續時。

　　就許多方面來看，如果我們留意土星的要求，活出最具成效、最有目標的人生時，土星所有的力量和預感就會是最強大的盟友、最優秀的捍衛者。

土星回歸

　　你可能聽過土星回歸，這指的是當土星回到出生時的黃道星座時，通常是發生在二十八歲至三十歲之間。就像水星逆行一樣，社會大眾喜歡把

這定位成占星的鬼怪之一，一段充滿騷動、劇變和恐懼的時間。

我們可以根據每個行星的週期，知道行星在個人星盤上的行運進度。土星的週期約是二十八年半，我們約莫每隔七年（二十九除以四）就會經歷跨象限的里程碑。

現在來看看這在你的人生中是如何分佈：

七歲：土星的開頭與你的本命土星形成四分相。你開始接受比較正式的學校教育，進入比較獨立的童年時期。你會學習閱讀、寫功課、做生活雜務，感受到父母和老師較高的期望。

十四歲：土星與你的本命土星形成對分相。這是青少年時期，成長的艱困時期，你開始脫離父母發展出個人特質，常覺得跟權威人士格格不入。

二十一歲：土星的尾端與你的本命土星形成四分相，進入責任的進階期。有些人可能是從大學畢業，開始工作，搬家，也許是第一次財務獨立。

二十九歲：土星回到你本命星盤的土星位置，回到你出生時的星座，要求你重新檢視土星的功課。這通常是人生重大的轉捩點。

瑞秋是住在華盛頓特區的猶太女子，她的土星回歸是很經典的例子。她當時經營收入高達六位數的事業，與一個永遠無法讓她看清自己的人談戀愛，當時週遭很多朋友都是雙雙對對過得很開心，她卻越來越動搖。

我們一開始合作的重點是先檢視如何讓事業成長，而在我的指導下，她的收入增加了不只一倍。不過很快地，我們很清楚地發現金錢和成功不

能帶來快樂。瑞秋的月亮在天蠍座，非常渴望更多的意義和親密性，而她的關係不能滿足自己的需求。雖然這段特別的關係在很多方面都很正向，但是當討論到打造一個有共識的生活時，兩人卻沒有交集。

瑞秋也渴望旅行，強烈地需要成長、演化和探索。不過伴侶卻很嚴格，對於冒險非常謹慎。她很害怕做土星回歸的功課，也就是刪除一些事物，挪出空間，更深入地體驗事實，所以還是維持這段關係，即使心裡很清楚對方不是「對的」。

藉助占星學，加上正念和正向心理學的練習，她開始脫離核心阻礙。她是雙重處女座，太陽處女座加上上升處女座，很擅長把事情精簡到最純粹的本質，創造更多的秩序。她很害怕如果結束這段關係，會面臨情緒的挑戰，也很擔心一切會很糟糕，無法應付隨之而生的混亂。情緒性進食更鞏固了這種恐懼，這種應付機制更讓她覺得自己無法處理重大的情緒。

土星回歸的壓力還是幫助瑞秋結束了這段關係。分手非常揪心，她一開始也無法承受，不過也因此有了一個新理由，可以更靠近自己對於親密和意義的深層渴望，包括有一天能擁有一個屬於自己的家。幾個月後，瑞秋背著大背包，獨自到紐西蘭冒險旅行長達三個月。回來後一年，她遇到了合適的人，兩人結婚成家，找到共同的價值，攜手建立人生。

土星回歸會用各種方式表現，不過通常在這個時候，我們必須接受宇宙的測試，重新檢視已經學會（以及還沒學會）的功課。我們必須選擇正確的道路，致力追求至善的一面，即使這並不是最簡單的路。這是最有力量的時期，我們可以與靈魂連結，透過必要的犧牲和替換，揮灑血汗和眼淚，創造合乎「生之意義」的日常生活。

為了應付這些挑戰，我們必須時常重新檢視自己如何照顧健康（內在和外在是否養成必要的習慣維持健康？），也必須檢視每天的行事曆（生活有規律嗎？如果沒有，哪裡需要改變？），以及是否拒絕不符合自己目標的人、活動和義務？（是否投注足夠的精力發揮潛力？）

土星不會猶豫把艱難的決定和看似不能克服的挑戰帶到我們面前，特別是土星回歸時。其實，在當下事情該怎麼做，土星非常清楚。就像法蘭克，他會逼我們再多跑幾哩，我們根本沒把握跑完，而且不知為何，儘管存在這所有的認知差距，我們還是做到了。

定義「目標」

目標的概念不只是深植於土星的領域當中，同時也是很主觀、很迷人的，但有時會令人難以負荷，甚至令人感到挫折。目標這個字聽起來如此遠大又充滿抱負，讓很多人覺得難以定義。每當被問到「你人生有什麼目標？」我們很容易愣住，答不出來。

我的作法是把「目標」定義為對激勵自己的夢想許下承諾。我會根據對自己最重要的價值，分成長期和短期兩個層面來檢視它。

你的目標感應該是獨一無二，專屬於你的，應該能反映你這個人、珍視的事物，以及打算如何對這個世界做出貢獻。如果要有足夠的動機，你的目標應該包含深具啟發性的個人意義。在擬定如何陳述目標前，先自問以下的問題：

- 我想要替什麼樣的團體或理想服務？
- 我願意從事什麼活動，即使需要努力付出和奉獻？

- 我為什麼喜歡這些活動或事物？
- 當我還小時，喜歡做些什麼事？

你要開始留意這些傾向，在做這些事時記錄下來。即使你已經有了人生目標，更清楚地覺察它，也有助於你走得更遠，全面提升健康！

無論你的目標是什麼，研究顯示重點不是你有什麼目標，而是要在一開始就先立定目標。研究人員發現，有很強烈目標感的人，比起沒有強烈人生目標感的人，感受到的壓力較小，死亡率也比較低[5]，而且這跟社會經濟地位、種族、性別和教育程度無關。其實這些研究還發現，相較於戒酒和戒菸，甚至規律運動，有強烈的目標感更能減少死亡風險。

哇！這聽起來很驚人，不過這個發現很合理。如果當一個人採取行動維持健康和幸福，對這世界做出貢獻，卻不相信會帶來任何改變，那為什麼要做呢？目標感是基本的心理需求，就像是清晰、欲望和自我價值的源頭[6]。

當我們與目標連結時，比較不會因為小事感到壓力大或生氣，到頭來被負面地控制人生，同時也比較容易採取有效的應對策略。試想一下：你如果真的相信自己的人生很重要，就比較可能好好照顧自己。其實強烈的目標感可以增加活動，更善加利用預防性的健康服務，比較不用跑醫院[7]。

目標感也與希臘文的「幸福」（eudaemonia）有關，這個概念可以回溯至亞里斯多德的時期，甚至是更早的蘇格拉底和柏拉圖時期。現代的學者把它定義為：

幸福其實與結果或終結的狀態沒有太大的關聯，而是實現的過程，或

是認識自己的邪惡或真實的本性，也就是說實現一個人的良善的潛力，活出天生應該活出的模樣[8]。

幸福來自於各方面的健全，指的是生活充滿意義和自我實現，與享樂的健全形成對比。當你的人生能與目標結合時，當然能帶來自我滿足和知足，不過這通常必須付出必要的努力，有時候還伴隨著痛苦或犧牲。按照純粹的土星形式，目標導向或幸福的生活教導我們，有些最好的回報來自於致力於苛求但有價值的理想。

活出或重新定義有意義的人生 ——————

認識自己的目標是一輩子的追求，也是很美妙的過程。就我個人而言，當看到自己的目標一再地展開，這過程本身就是一種喜悅。

與其給自己壓力，宣告最終極的人生目標，不如把這當成發現之旅，你可以用每次人生轉變或每一次行星週期的改變來加以探索。

活出有目標的人生是非常重要的，因為這能給人生注入恆久的意義，然而坦白說，這有時涉及一些苦差事。

學者法蘭克‧馬特拉（Frank Martela）和邁克‧F‧史蒂格（Michael F. Steger）列出三個獨特的面向，當三者結合時，就能為人生賦予意義：

1. **連貫性（或是讓世界合理化）**：指的是我們的認知需求，必須了解生命的一切，建立生命的可預測性。有趣的是，占星師可以透過幫助我們更加了解自己和人生，提供非常準確的連貫性。要記得，宇宙課程告訴我們每張出生星盤如何照亮我們的道路，以及在實踐自我實現的過程中要

學習的功課。當我們更深入了解本命星盤後，就能在自我理解時培養出連貫性。當我們開始理解季節更迭如何帶領我們的生活時，就可以在過程中增加連貫性，同時擴展發展人生意義的能力。

2. **目標（透過目的和未來方向感的形式）**：正如我們討論過的，若能覺得與自己獨有的目標感連結，可以改善健康，擴展人生境界。目標可以激發行為，提升自尊，提供觀點，讓我們能駕馭人生的起伏。

3. **重要性（從過去、現在和未來的觀點來評估生命的價值和重要性）**：當我們活得有目標時，比較容易有影響力，感覺自己的人生有份量。知道自己能有影響力，可以彰顯目標的價值所在，也讓我們有動機努力熬過艱困的時期，因為我們很清楚自己做的事可以帶來不同。而這最終意味著強化自己的信念，知道「我存在，所以我很重要」。請記得，我們共享一些恆星燃燒殆盡後的基本元素，每個人都與宇宙緊密連結。

我同意在這個架構裡，目標只是有意義的人生的三個面向之一，但是馬特拉（Martela）和史蒂格（Steger）也強調這三個元素之間的關聯性，任何一個都很難獨立存在[9]。如果沒有連貫性，我們無法辨識哪些短期目標有助於人生價值的實現。如果沒有顯著的意義，我們所做的事就失去意義。這種探索意義與麗茲·格林有重疊之處，她很巧妙地定義為一種「對韻律及儀式的基本心理需求，謹慎安排內在生活」[10]。

與目標連結

1. **認識本命土星。**你的土星是什麼元素？是水、土、風還是火元素？這個元素有什麼功課？檢查土星在本命星盤的位置，參考更多細節。

2. **開始對話**。跟你非常熟識和信任的人談一談。問問他們如何看待你？你為他們或其他人做了什麼？而當你提到普羅大眾的人生清單時，他們又有什麼感覺？

3. **寫下自己的祭文**。你希望人們如何記得你和你的一生？花一點時間寫下你希望如何被悼念？

4. **不要等待，而是建立**。為你的人生建立意義。做覺得有價值的事。培養熱情，磨練你覺得重要的技能。明智地運用時間，要以為讓人生獲得更多意義和目標為目的。

　　你要記得，在人生的不同階段，你可以透過很多方法活出人生使命。你如果在養育小孩當中找到深刻的意義，那麼從事幼稚園老師的工作就能帶來成就感，而到晚年，在圖書館當義工或照顧孫子，也能讓人生目標充滿活力。要刻意把人生的意義與特定的工作、角色、事務，或是任何單一人生目標的重複捆綁在一起。一份有關長壽的綜合研究發現，一個人退休的第一年死亡率較高，推測是因為失去了目標感，健康會以最危險的方式脫序 [11]。你的價值不在於你做了什麼事，而在於你這個人。

用土星的風格致力於追求目標 ————————

　　土星牽涉到決心和努力工作，會要求你為了創造人生意義的習慣和規律持續起身而行。我一定要強調，你不能只在土星回歸或危機出現時注意土星，它可不是這麼一回事。他會需要你每天的注意，它總是在這裡支持你，但是永遠不會賦予你能力或權力。它給予的報酬很可觀，但是要在你起身而行、完整做好自己該做的事之後才會出現。

出生星盤的土星：化為你的助力 ─────────

土星對人生帶來的嚴格影響力是無可否認的，但是我們已經知道，它的存在是要幫助我們實現潛力。活出有意義的人生。按照麗茲·格林的說法：「單靠土星，我們就能透過自我認識，實現最終的自由」[12]。

土星是宇宙中嚴峻的愛的化身，會強迫我們保持一定的健康和工作習慣，好支持我們的目標，活出完整的人生。

土星這個角色會用盡各種方法，阻止我們過著不真實的人生。它希望我們能實現最高層次的自我，也願意逼我們再往前走，超過自以為的極限，這就是它教導我們什麼該做、什麼該避免的方式，進而讓人生重新導向更有目標的方向。它會用最深刻的方式當我們的靠山，但有需要時，也不畏於讓我們打從心裡驚慌害怕。即使如此，它的功課通常都展現在痛苦的處境之中，也因此獲得如此強悍的名聲。

依照在本命星盤的位置，土星會以下述方式在你的人生中發揮影響力：

✳ 土星在牡羊座 ♈

當土星在牡羊座這個基本火象星座，你來到這裡是要學習體驗做自己的自由。這個功課會有重大的挑戰，但只要持續的努力、決心和對自己負責，你一定可以發展出個人的權威。我知道，你對堅持自己的權力一事感到害怕，但是要求自己需要的，把自己的欲望放在第一位，維持界線，這樣可以避免心生憤怒。依照同樣的脈絡，你要學習如何用健康的方式去感受、尊重和表達憤怒，這也是很重要的人生功課之一。

✾ 土星在金牛座 ♉

土星在金牛座（固定土象星座）時，要多去享樂，學習如何信任身體成為解放的管道。你要發展自我滋養的練習，而深層的、源自靈魂的自我照顧可以擴張滋養別人的能力。你覺得有義務忠於社會、文化和家庭的模式，但你來到這世上也是要顛覆父權。這當然是說易行難，但是如果你能利用持續不斷的投入、堅定的決心和毅力，其實任何事情都能辦到。

✾ 土星在雙子座 ♊

土星在雙子座（變動風象星座）會要求你精通掌握自己的心態和溝通技巧。你的求知欲無窮無盡，總是想要知道更多，可能還會想「證明」自己的知識和智慧。就算身處於需要融入的社會環境中，你還是可能會害怕與人連結，也會有所保留。無論如何，你這一生的功課就是連結不同的社群，擴展網絡、促進知識傳播，特別是你具備的最神聖的知識。

✾ 土星在巨蟹座 ♋

土星在巨蟹座（基本水象星座）時，把情感的自我照顧放在第一位是特別重要的功課。你必須在付出和接受別人的情感支持之間找到互助互惠，這是幸福的關鍵，同時要思考與母親和母系血緣的關係。你來到這世上是要打破、轉化或克服什麼模式？最想保留並發展母親和其血緣的哪些特質？

✾ 土星在獅子座 ♌

土星在獅子座（固定火象星座）時，你有時對於自我表達的害怕勝過於一切。不過你來到這世上是要學習自我表達、自我紀律和勇氣。你要思

考與父親的關係。明確地知道自己如何受到或欠缺父母的滋養，這能提供你必須原諒的事物的線索，同時整合出一條道路，通往創造性表達、個人權威和真實表現的人生。在此先洩漏天機，你注定要做到這所有的一切，雖然要表達自己全部的獨特性是如此痛苦又充滿困難。

✤ 土星在處女座 ♍

莎士比亞的名言「忠於自己」就是土星在處女座（變動土象星座）心中的吶喊。不過土星在這個位置，學習信任自己，可能比對自己嚴苛更具挑戰，不過你只要努力就能做到。你來到這世上是要當支持別人的領導者。為了維持健康，土星要求你要整合並深化身心靈的連結，這就是幸福的神聖大三角。對人生培養真誠的專注或目標，也能帶來莫大的幫助。

✤ 土星在天秤座 ♎

當天上這位紀律的執行者來到天秤座（基本風象星座）這個秤代表的星座時，你的人生功課的焦點就會繞著正義和培養平穩的心智打轉。這代表用同樣的熱切，同時接受甚至歡迎「好」與「壞」的經驗，並且清楚知道可以對兩者發揮影響力。你的客觀有時會被誤解為膽怯，但心智公平的天性毫不缺乏說服力。你只是無論如何都想要努力追求平衡。接受人生的起伏可以帶來平靜的內心世界。然而，你必須注意互相依賴的互動，學習如何與別人建立關係。

✤ 土星在天蠍座 ♏

當土星在天蠍座（固定水象星座）這個象徵轉化的星座，你會深入探索。你注定要超越表面，看穿未說出口的一切。這可能很有挑戰，因為否

認現實的赤裸真相會花上不少時間。你天生就能看透陰影、祕密和恥辱，直視真理的核心。性欲對健康和幸福非常重要，一定要認識什麼能勾起性欲，這是無法妥協的。你要是能重視勇氣、毅力和個人強項，就能善加利用堅持不退讓的特質。自愛和自我接受是宇宙功課的核心。

�֍ 土星在射手座 ♐

土星在射手座（變動火象星座），你的人生功課都圍繞著信念打轉。你要學習信任宇宙最基本的良善，發展自己的信念，這對你的靈性發展以及掌握人生目標都非常重要。這個位置可能有些壓抑，不過你要與希望保持連結，致力發展最高的潛能，努力會有代價的。當你努力做好功課時，成為思想領袖的內在傾向就會閃亮發光。你是天生的老師，不要害怕表現這一點，並且要把智慧奉獻給這個世界。

✖ 土星在魔羯座 ♑

土星在魔羯座（基本土象星座）會有務實、埋頭苦幹的傾向。土星守護魔羯座，所以在星盤中，當土星位於這個尊貴的位置時，代表很自然就會肩負責任。成就、榮耀和野心都是你非常關注的焦點。但是最重要的是，你做的事要能實現真實的自我，帶來內心的平靜，這樣才能反映土星在這個位置的真實本質。你要學習彎腰，而非分裂，這就是無為（說易行難）的藝術，所以很重要。不過要留意別太過沉迷於工作，同時知道自己來到這世上的任務是做領頭羊。

✖ 土星在寶瓶座 ♒

當土星在寶瓶座（固定風象星座），學習接受共同的人性是治療最重

要的事。寶瓶座是土星共同守護的星座之一，所以這個位置的土星具有天賦。由於寶瓶座的重點是演化和進步，當土星在這個位置時，你會覺得不斷需要做得更好、更多，更有影響力。土星在這個星座也要求致力於促進社會進步。學習如何接受自己，不是因為你「做了什麼」，而是因為你這個人，是這個位置的土星最重要的事。

土星在雙魚座 ♓

當土星在雙魚座（變動水象星座），你有一個特殊的人生目標，就是具體展現靈性，但這條道路可能伴隨著受難，而你會忍不住想，為什麼是我？如果是這種情形，關於學習自我憐憫以及重新界定良好界線的力量，你還有很長的路要走。就本質而言，我們所有人都是相連的。你的靈魂很了解這一點，而且人生與服務、藝術、靈性、憐憫及成長有關。你要培養界線，學習拒絕，而且無論如何都要相信直覺。有需要時，要盡可能地接觸音樂和藝術，這有助於解開療癒的魔法。

土星逆行

土星逆行常會帶來觀點的改變，一開始可能會很迷惑。當土星逆行時，每年約四個半月，我們會感受到責任的重量。我們可能也會短暫感覺與自己的目標失去連結，因此比較沒有動力去面對這些責任。土星的領域包括傳統、結構、規則和基礎，也可能在土星逆行時受到影響，或是必須被重新檢視。

土星跟其他行星不一樣，在逆行時會變得更強大，而非變弱。所以土星每年逆行時，為我們設定界線的力量會變得更強大。雖然這有時感覺很

嚴厲，但要記得土星是要把我們推向極限，而非超越極限。他會在必要的時候施展力量，因為我們之前沒有留意它的召喚或警告。不過從另一面來看，土星逆行也是深入學習的時候，可以重新檢視並調整日常規律、結構、習慣和目標。

沒錯，土星是最嚴格的老師，但他也是最忠實的引路者。在逆行時，土星扮演這個角色的方式，就是要求我們回頭檢視已經走過的路，而且在有必要時，還會回溯我們的腳步重做，或是修正我們的計畫，如此一來，我們才能在它轉向恢復順行時，用更堅定和踏實的方式往前走。

土星儀式：找到你的目標 ——————————

當你準備對自己的轉化許下承諾時，無論任何星象，我都會鼓勵你進行這個儀式。

首先要花點時間思考，你在人生何時覺得投入、全神貫注，並對自己做的事情感到很興奮？當時發生了什麼讓你覺得與一個目標接軌的事？

現在思考一下，你最渴望活出的未來。這個夢想中什麼最令你興奮？你要開始針對自己最高的承諾和最深的價值找出答案。

- 我在這裡做什麼？
- 什麼在推動我的人生？
- 我有哪些獨特的天賦、才華和強項？

你可以利用上述問題，用紙筆陳述自己的目標。這可能需要幾分鐘、幾小時或是好幾天，但是不要超過一週。要對目前確切的目標許下承諾，

但容許之後再做修改。

　　當你寫下關於目標的陳述後，站在鏡子前面大聲地唸三次。然後花一點時間凝視鏡中的自己，聆聽腦海裡出現的聲音。是否有反駁的聲音？懷疑？聆聽自己的想法。

　　然後再次凝視鏡中的自己，肯定自己的目標，再大聲地重複念三次。接著坐下來，把寫有目標的紙對摺三次，每摺一次，你就看到自己更進入目標之中。摺好後，在上面畫土星符號。當你在畫這個符號時，會看到自己接受土星的支持，能在創造未來時保持紀律和架構。

1 出處：TED-Ed, "How to Live to Be 100+— Dan Buettner," YouTube 影片

2 出處：TED-Ed, "How to Live to Be 100+,"

3 出處：Liz Greene, Saturn: A New Look at an Old Devil.

4 出處：Ibid.

5 出處：Aliya Alimujiang et al., "Association Between Life Purpose and Mortality Among US Adults Older Than 50 Years," JAMA Network Open 2, no. 5 (2019):

6 出處：Mara Gordon, "What's Your Purpose? Finding a Sense of Meaning in Life Is Linked to Health," Shots, NPR, May 25, 2019.

7 出處：Stephanie A. Hooker and Kevin S. Masters, "Purpose in Life Is Associated with Physical Activity Measured by Accelerometer," Journal of Health Psychology 21, no.

8 出處：Edward L. Deci and Richard M. Ryan, "Hedonia, Eudaimonia, and Well-Being: An Introduction," Journal of Happiness Studies 9 (2008): 1–11.

9 出處：Frank Martela and Michael F. Steger, "The Three Meanings of Meaning in Life: Distinguishing Coherence, Purpose, and Significance," Journal of Positive Psychology11, no. 5 (2016): 531–45.

10 出處：Greene, Saturn.

11 出處：Chenkai Wu et al., "Association of Retirement Age with Mortality: A PopulationBased Longitudinal Study Among Older Adults in the USA," Journal of Epidemiology & Community Health 70, no. 99 (2016): 917–23.

12 出處：Greene, Saturn.

第十三章

凱龍：為何你的傷口就是智慧

　　凱龍是「受傷的療癒者」，是要來提醒我們最深層、最劇烈的情感和肉體傷痛的價值。它不能完全消除傷口，但可以讓我們認識從傷口得到的智慧，以及如何把這份智慧運用在療癒上。

　　接下來，我們會思考內觀以及與最深沉的傷痛和解的重要性，而從這裡開始，就會出現我們來到這世上要成為的療癒者，雖然受傷，但具有強大力量，就像凱龍一樣。

把傷口視為指引明燈

　　傷口會以不同形式出現。可能是我們可以明確點出的過去創傷，造成持續的困境，或是一個核心傷口，根深蒂固，但不清楚源自何處。無論是哪種形式的傷口，儘管我們努力想甩開這種蔓延的痛苦，但是苦絕對不會白受。

　　有些核心傷口即使發生在幾十年前，卻仍會陰魂不散地糾纏著我們。

　　・創傷。

- 身體形象課題。
- 深層的不安全感或匱乏感。
- 不安定的感覺。
- 拒絕的恐懼。
- 自信心或自我價值低落。
- 上癮。
- 責怪或憤怒感。
- 羞恥。
- 針對特定生命領域的未解決的感覺。
- 不斷困擾我們的被認定的不完美。
- 父母一方不存在，或是與其關係緊繃。
- 實際上或象徵性的孤兒。
- 文化的傷口，感覺被社會排擠。

上述是否有哪一點似曾相識？至少我是如此。我們的核心傷口感覺像是社會裡不斷出現的敵人。當我們認為一切都很美好時，惡人又會出現，提醒我們還要繼續纏鬥。這種情感的信天翁有如我們生存的剋星，就像無法填滿的洞，無論做了多少治療，都無法跨越、抹滅或從頭來過。

不過凱龍要求我們採取完全不同的觀點。這種令人無法負荷的脆弱，不一定會阻撓我們。我們可以學習利用傷口，而非抹滅它們或必須一定要解決，而是與它共存。我們可以因為傷口培養出同情心，因為我們理所當然會對傷口給予同情。

我們用耐心、仁慈和理解，終究能把傷口當成最有影響力的老師，有些傷口還能成為最寶貴的資產。當我們面對痛苦時，可以從中學習，進一

步提升演化自我。將凱龍的功課整合，就是與傷痛共處，接受它們永遠不會完全消失。透過這麼做，就能在情感層面提醒自己，我們能夠存活，甚至活得精神奕奕，儘管內心仍有情感的傷痕。

凱龍最終是象徵同理心和同情心的天體影響力，它在星盤裡的位置揭露終究會讓位給曙光的黑暗。

✷ 治療記錄在群星裡的傷口

凱龍觸碰到一種具有強大潛能或成長的敏感點。它的療癒是一輩子的，只要跟過往悲痛有一絲相似之處的事都能引起憤怒。在這些時刻，心智和身體的面對方式可能就是試圖逃避或避開這些引爆點。不過，這種經驗層面的逃避只會對我們的健康帶來反效果[1]。

我們反而應該在傷口上灑鹽，因為生理結構設計就會沉迷於痛苦記憶。這是一種演化方式，幫助我們記得已經學會的困難功課，如此才不會重蹈覆轍。不過很不幸，這種擾人的反覆思考會加強大腦導向痛苦的路線。若稍加不留意，我們談論或看待自己的脆弱的方式，也可能會導致創傷不斷重現。知名人生教練、暢銷書作家瑪莎・貝克（Martha Beck）曾經用這種方式解釋情感治療過程的益處及危險：

人類的確有一種獨特方式，可以從創傷中復原，就是需要分享自己的傷痛。幸運的是，很多人知道跟一個有同情心、不批判的人聊一聊，可以治療情感的傷口。不過當文化把焦點放在「談話的治療」，再與我們天生的負面傾向結合，最後我們就會動彈不得[2]。

因此治療的過程有如進退維谷。我們既是歷史的產物，也是宇宙和自

己的過去的合成品。大部分的療癒都需要我們回頭看，才能對未來做出明智的選擇。不過這如果只是重新啟動傷痛，那該怎麼辦？

關鍵就在於用一種能促進成長和治療的方式來面對痛苦並對它採取行動，學習去感受，但不要成為那種感覺。這最終意味著觀察並目睹感覺，但不要讓它們成為身分意識的一部分。我們越願意去點出並處理傷口，就越可能在生活中創造和諧。

靈性、痛苦和治療

站在舊金山金門公園的笛洋美術館前，我可以感覺到痛苦和悲傷如漣漪般在心中擴散，撕裂我的心，忍不住淚如湧泉。我這輩子不可能有小孩，而且認養這件事看起來也越來越希望渺茫，想要為人母的深層渴望，永遠也不可能實現。

當時我是搭飛機去拜訪一位朋友，當我跟她解釋發生了什麼事時，她很關心，但也很困惑。她轉身看著我，非常直率地說：「我不懂，你是很有靈性的人，也很相信凡事發生必有因。那你為什麼還這麼痛苦？」

我聽到這個問題時覺得很刺耳，不過也開啟了一段針對靈性和痛苦的重要討論，而這正是凱龍的領域。

首先我要澄清，我們可以在靈性上保持「正向」，同時也覺得悲傷。就像宇宙健康一樣，我們也會具體展現「兼具／同時」的雙元性，甚至多元性，可以讓我們同時感受到數種不同的特質、存在方式和情感狀態。

我同時要鄭重聲明，我不相信這是業障，也不相信我們是在「顯現」

疾病。事實是，我們是脆弱且容易生病的人類，會因為無數合理的原因生病或遭遇深層的疼痛，可能是有生病的體質，也可能經歷無法逃避的不幸或創傷。我們會經歷大大小小的事情，這就是人生！

身為一位有靈性的人，我的確相信可以為發生的一切找到一個原因，也能選擇在痛苦、艱辛和心碎之後，發現新層次的智慧、寬恕和同情。我們可以選擇把痛苦視為最強大、最有意義的老師。

具有靈性不代表隔絕痛苦，或是不允許自己去感覺痛苦。無論如何，**信念可以轉變我們看待痛苦的方式**。當我們能接受自己多面的天性後，也就能接受一邊受苦一邊療癒是很正常，甚至很健康的。正如我的導師瑪莉亞·西洛伊斯（Maria Sirois）總說：「我可以是破碎的，同時又是完整的」。

當我在金門大橋公園跟朋友解釋這個道理時，她懂了。事實就是，我很小就知道不可能有自己的孩子，這有點像超自然預感。當我在十九歲時，知道自己必須切除子宮，我感覺已經「準備好」面對自己不會有任何孩子的事實。不過這麼年輕就進入更年期，是一種情感、心理和身體的折磨。當我三十歲時，無法生小孩這件事的痛苦就像海嘯一樣襲來，令我無法招架。

當然我的身體或人生永遠不可能倒帶重來，最後我終於理解了這種痛苦，而且可以利用這個經驗來理解別人的困境。我在罹患癌症後最痛苦的一段時間，感覺世界都要毀滅了，在最絕望的深淵裡，我不斷重複祈禱「凡走過必留下痕跡」。我知道會用利用自己的經驗，儘管如此地艱辛，來幫助有類似痛苦的人。這是凱龍在教導我。而你也跟凱龍一樣，注定要做同樣的事。

透過自我關愛來得到療癒

自尊一直被視為是心理健康的聖杯、維持內在幸福的關鍵。我應該是在二〇一三年首次聽到研究自我關愛的奧斯丁德州大學助理教授克里絲汀‧納夫（Kristin Neff）博士，針對自尊提出革命性和反社會體制的爭議性觀點。

根據納夫博士的研究，自尊對我們有害，不過這有部分是因為我們所謂的自尊是以和他人比較為基礎。這種傾向致使我們過度重視外表和成就。因此，我們追求自尊，到頭來我們的自我價值卻被減損，而非得到提升或強化。我們應該把重點放在自我關愛。納夫的研究已經證明這跟自尊一樣能賦予力量，具有激勵性，卻沒有隱藏的危險。當我們能同理自己，就能放鬆並減輕壓力，更能活在當下，有更高層次的表現[3]。

當我們在整合凱龍的功課時，強調自我關愛特別有幫助。我們不應該堅持達到不可能的完美標準，反而該用對待朋友和愛人的方式，帶著支持、仁慈和鼓勵來對待自己。這真的是很激進的想法，因為我們覺得對自己說些刻薄話是很合理的，而根據納夫博士的說法，我們不會對在乎的人、甚至是不喜歡的人這樣說話。

你是否注意過這一點？我們常用悲觀、有時甚至是憤怒的想法面對自己的痛苦和挑戰。但是當朋友上門尋求支持時，即使遇到跟自己類似的挑戰，我們通常挺身而出，給予忠實的關愛。

慢性疾病倡議者暨 Chronicon 創辦人妮提卡‧查普拉（Nitika Chopra）說過，自愛代表在每一刻都要更投入幸福，而非痛苦[4]。這種說法為刻意的自我同情漂亮地設定了底線。

自我覺察和刻意的自我關愛 ───────────────

　　這裡有些方法可以培養自我關愛。當我把它們用在個案身上時看到了顯著的差異。他們不再耽溺在過度的自艾自憐和負面的自言自語，反而開始能用自我理解和愛來看待自己。他們開始脫離會啟動「戰或逃」壓力反應的思考過程，開始體驗在十一章學會「更寬廣」的正向。這有助加強安全和保障的感受，也能幫助他們共同創造新層次的宇宙健康和幸福。

　　自我同情的基礎包括：

1. **與自己的情緒共處**。要留意情緒和經驗，練習去確認它們，承認自己正在經歷的種種也許很困難，但是也很人性化。還記得介紹土星那一章裡面提到的瑞秋嗎？她在土星回歸時開始學習如何與困難的、強烈的情緒共處。她的成長就在於當情緒反映在身體時，她能與它們同在。她因此做出了重大的改變，最終改變了健康和人生。

2. **安逸與保護**。在苦惱時要放鬆自己。有時只要開始注意身體的狀況就會有幫助。你可能會注意到緊縮的胸口，翻攪的胃或緊咬的下顎。無論在回應壓力時會出現什麼狀況，花點時間注意它。這有助於重新把心思放在體驗更多的自我關愛，帶來鎮靜和安全的感覺。

3. **滿足需求**。我們常知道自己需要什麼，卻覺得無法或不願意得到。此時，想像一位有智慧的、能信任的熟人是很有幫助的。對方可能是朋友、父母或長期互動的醫生或專家。如果在此刻遇到你，他們會開什麼「處方」？所謂持續投入幸福、而非痛苦，實際上會是什麼狀況？

　　自我同情會引導我們邁向有彈性的、健康和幸福的人生。當我們能用

對待朋友和愛人的方式來對待自己時，就會做出符合長期目標和夢想的選擇，不會只滿足於短期的喜悅，而這通常也會破壞整體的健康與快樂。你如果想進一步學習，請上 centerformsc.org 網站。

創傷後成長的另一個機會

我們的自癒能力遠超乎自己的想像。你若經歷慢性病或不可抑止的痛苦，可能會懷疑這種說法。根據自我分析，有陣子我自暴自棄，覺得自己不可能為健康奮戰之際，還能同時追求目標。治療有很多種方式，我不可能逐一移除體內的每個癌細胞，或是神奇地把卵巢再次植入體內。最後，我終於開始檢視在這個嶄新現實的開放空間內，到底能怎麼做，即使在還是少女時就被彈射進入更年期，甚至未來都不能生育。

創傷後成長的本質就是活出一個比之前還好的人生。根據這個觀點，創傷和不幸變成通往正面改變的途徑。進入創傷後成長（第十一章介紹的概念）的人會因為重新珍惜生命，以及與別人建立更強的關係而有所收穫。痛苦的經驗可以讓他們更了解自己的強項和能力，引導他們用再次振作的人生哲學，邁向有意義的嶄新目標。

我們可以刻意練習自我同情，用接受和有建設性的希望來度過困境，進而引導自己用轉化的方式復原，而不是「修理」破碎的事物。

凱龍的故事：儘管自己痛苦，仍能療癒他人

凱龍的神話展現了我們的治療能力，而這通常來自於受苦。凱龍星是半人半馬的怪物，理應像同類一樣狂野粗俗。半人馬以無視法紀聞名，常

會在田野狂亂奔馳，踐踏穀物。年輕的半人馬常被摑打、踢踹，所以必須捍衛自己。這也不意外，他們長大後就像父母一樣無法無天。

凱龍是同類中的例外。他以仁慈和智慧出名，很溫暖、慈愛又睿智，特別是對小孩。他的外表是半人馬，但其實是希臘泰坦天神克洛諾斯（Cronus）永生不死的兒子（羅馬神話的克洛諾斯是土星），性格也顯著不同。

凱龍由於具備療癒者的天賦，成為希臘最偉大的老師。他在皮立翁山寧靜的洞穴裡，教導學生運動、使用治療的草藥，以及解釋天象，最知名的學生就是阿基里斯。

不過凱龍在很年輕時就受傷了。他的母親菲呂拉（Philyra）是仙女，完全不知道自己懷的是半人馬，一生下他就因為過度驚嚇而拋棄了他。他父母親的幽會也是場騙局，所以也不願意承認他。凱龍是個孤兒，一輩子帶著父母的排斥活著。不過太陽神阿波羅收留並照顧他，讓他展現天賦。

遺憾的是凱龍注定還要遭受另一種痛苦。某天，他意外被朋友海克力斯（Hercules）用致命的毒箭射中腳。不過凱龍是克洛諾斯的兒子，死不了。他沒有屈服於箭傷，反而帶著肉體的痛苦活著，而這更加重了他童年最初的預示。

凱龍的故事教導我們可以忍受極大的痛苦，並藉此激勵對別人的同理心，甚至治療別人。他也證明雖然傷口本身永遠無法被抹滅，留下創傷或情感的傷痕，不過我們可以利用傷口帶來的痛苦，變得更有智慧，更慈悲。我們的傷口就能變成通往自我駕馭的道路，甚至可能成為幫助別人治療的智慧源頭[5]。

凱龍回歸 ────────────────────

　　凱龍不只是半人半馬的混合體，也是類似彗星和小行星混合的星體，在土星和天王星之間飛行，軌道飄忽不定，週期長達五十年（因為凱龍的位置介於土星和最後一個古老的行星天王星之間，許多人認為凱龍是解開外行星意識的靈性關鍵）[6]。

　　凱龍在我們的情感治療和演化中位居要角，所以當凱龍回歸時，我們會再次明顯感受到它所帶來的功課，這會在接近五十歲生日時出現。這通常是一段理解的時期，一個轉捩點，我們可以重新檢視凱龍的傷口，學習用更深入、更有力量的方式來整合它的功課。

　　當我們投入凱龍的功課時，會願意全心參與它提供的治療過程。凱龍給予的回報就是解放我們的潛力，跟核心傷口無關，而是因為凱龍本身。

　　我們可以在凱龍的故事裡面看到這一點。凱龍在忍受肉體的痛苦後，願意與普羅米修斯（Prometheus）交換處境，後者因為從天神那裡盜走火種送給人類，解放人類，因此被囚禁。凱龍與普羅米修斯交換處境後，成為最偉大的治療者，願意犧牲自己的肉體存在，來紓解別人的痛苦。

　　對於很多人而言，凱龍回歸代表一個機會，藉此改變優先考慮的順序，開啟治療的潛力。它會問我們，自己是誰？想要做些什麼？並且能在下一個人生階段徹底達成目標。正如占星師布萊恩‧克拉克（Brian Clark）解釋：

　　渴望選擇死亡的事物是自我中扭曲和不真實的部分。這個開始可以幫助你重新排列優先順序，放棄不再適合或不再真實的部分，解放沒有活出的精神。在現實中，這股精神常被栓在地窖裡，埋藏在祖先的殘垣斷壁裡，

直到活著的傷口已經強烈到了極致，這股精神就爆發了[7]。

　　我的個案伊索貝在凱龍回歸時，心情曾落入谷底，像是身處地獄。她是住在溫哥華的白人酷兒藝術家。就在凱龍快回歸時，她的母親生病了，到了後期甚至需要全天候照顧。伊索貝跟母親的關係很疏遠，不過她想要幫忙照顧母親，所以就匆匆打包飛回家。

　　這對她來說是個痛苦的過程，她永遠不會忘記當母親看到她時排斥的表情。一開始，她又氣又怒，每天照顧母親時，心中的仇恨都在沸騰。但是幾個星期後，當她看見母親的身體衰弱消瘦，情況開始不一樣了。她開始看到母親脆弱又謙卑的一面，而非以前霸道凶惡的模樣。母親的奮戰精神轉變成充滿謙虛與感恩的性格。這兩者開始結合。這對伊索貝而言是一段很甜美的時光，感覺好像在用一種成年後再也不曾有過的方式親近母親。

　　然而過沒幾個星期，她的母親就過世了。伊索貝喪母的悲傷無所不在。她哀悼母親，也哀悼失去的時光，母女倆曾有這麼多年都在憤怒和逃避中度過。她在悲與怒的感受之間搖擺，但對於母親的排斥仍很生氣。對於正在經歷更年期的伊索貝而言，這並不是件容易的事。

　　伊索貝花了好幾個月才開始在這個經驗中找到邏輯脈絡。為此，她必須孤獨，不與其他人互動。就像蛻變的蛇在脫皮，她覺得脆弱又赤裸，失去方向。她通常都很有自信，能主導一切，十分能幹，不過現在面臨了道德的、存在上的危機。她發現自己的外在人格掩飾了內心更深層的痛苦，再也無法表現出這一面。母親留下了一棟房子和一些錢，她拿這些錢去參加訓練課程，首先是接受之前一直抱持偏見的靈氣訓練，這是一種通往形

而上世界的通道。她最後也重返校園，研讀深度心理學，現在幫助別人超越表面的身分意識，取用內在更深層的真理，並為別人的治療的過程提供一臂之力。她還是很遺憾這麼多年來失去跟母親相處的時光，但也覺得跟一個之前不曾有的目標建立了連結。

出生星盤的凱龍：化為你的助力

凱龍是我最愛的故事之一，這個故事揭露了本命凱龍所在星座的另一個面向，就是我們必須在哪個領域經歷憤怒，才能幫助別人療癒。

我們治療自己時可能會遇到困難，但也可藉此培養智慧，引導有類似經歷的人。凱龍就跟我們一樣，與生俱來帶有美麗的不完美，但仍奉獻自我來療癒別人，所以你也可以做到，我們所有人都能做到。

這是另一種方式把創傷和敏感轉化成最棒的天賦。當凱龍在土星和天王星的軌道之間擺動時，整合了鄰近行星的能量，同時教導我們要面對一輩子的掙扎變革，也就是我們的傷痛經驗，要突破重生，活出更健康的自己。

凱龍在每個星座停留的時間不同（在某些星座只花兩年，但在其他星座可以待上八年）。當星盤中的凱龍被啟動時，你可能會被迫面對自己為何會在這個充滿啟發，有時卻也艱困的星球上。在這個過程中，你可以培養對自己和對芸芸眾生之苦的慈悲。

找到凱龍在星盤的位置

若是跟占星學數千年的歷史相比，凱龍在四十多年前才被發現，算是近期的發現。由於凱龍不是行星，加上非常新，電腦軟體不一定會有凱龍的位置。不過依照本書的教導，免費的電子書 Cosmic Health 會告訴你在哪裡找到可靠的星盤，教導你如何讓凱龍出現在星盤上。如果想進一步了解，請參閱 jenniferracioppi.com/resources/ 網站。

接下來是凱龍在每一個星座的簡介，可以看出每一個位置的影響力的本質，以及培養更深層同理心的機會。

✳ 凱龍在牡羊座 ♈

你的凱龍訊息：當凱龍在牡羊座（基本火象星座），你可能覺得很難做自己，或是當你試圖扮演領導者時，權威會受到破壞。你來到這裡的功課是學習自主權，學習如何不需要別人的認就能自我授權。

你的同理心超能力：你有能力了解別人的不安全感，特別是要冒險時，也能對別人的憤怒和挫折展現深度的同情。

✳ 凱龍在金牛座 ♉

你的凱龍訊息：當凱龍在金牛座（固定土象星座），你很害怕用自己的聲音說出心中的真理。你在人生早期可能經歷到「不足」，不過你的挑戰就是無論如何都要突破自己對於愉悅的抗拒，滋養自己。最重要的是學

習愛、信任和滋養身體。

你的同理心超能力：你有不可思議的洞見，知道如何滋養別人。你可以事先預期他們的需求，但來到這裡的目的其實是教導別人如何具體化，如何從內心找到踏實和安全感。

✳ 凱龍在雙子座 ♊

你的凱龍訊息：當凱龍在雙子座（變動風象星座），你可能會懷疑自己的智力，或是與別人溝通欲望的能力，但其實你相當擅於此道。寫日記有助於聽到自己的想法，利用肯定句來訓練大腦也很有幫助。

你的同理心超能力：你有無懈可擊的心智，也具備聆聽及表達的智慧。最重要的是，你知道每個人都有不安全感，所以你會創造一個安全包容的空間，讓人們能誠實地分享。

✳ 凱龍在巨蟹座 ♋

你的凱龍訊息：當凱龍在巨蟹座（基本水象星座），檢視母系血緣關係可以幫助你更加了解哪裡需要寬恕。你在童年時可能不被允許自由感覺。關鍵就在於如何在內心找到安全及保障的感覺，對身體感到自在。

你的同理心超能力：你的觸碰散發滋養的能量，為別人帶來紓解。人們會接近你，覺得有連結，覺得被愛。你有超凡的能力幫助人們覺得被看見、被聽見、被認可和被了解。你的同情心可以跟所有人感同身受，包括無家可歸的人、覺得被拋棄的人，以及任何因為身體形象課題感到痛苦的人。

凱龍在獅子座♌

你的凱龍訊息：當凱龍在獅子座（固定火象星座），你在如實表達自己時會很壓抑。你的童年可能很不安，不曾沉浸於發揮創造力，也可能因為某種膚淺的觀念感到痛苦。你的治療優勢在於學習如何沉浸於創造之中，如何表達自己。你可以檢視家族中的父系血緣，知道在哪裡可以獲得寬恕。

你的同理心超能力：你深知看見和陪伴他人的重要性，能為週遭的人灌注信心，鼓勵他們超越自我內在批評的限制，信任自己具有成長、發光和領導的能力。

凱龍在處女座♍

你的凱龍訊息：當凱龍在處女座（變動土象星座），你可能因為阻礙自己的健康議題受苦。你可能非常會批評自己，但培養有力量的靈性練習，有助於臣服於神性，而透過這麼做，也可以減輕（部分）壓力。

你的同理心超能力：你是具有天賦的治療者，會幫助別人找到內在的自主權，建立照顧自己所需的界線，特別是在學習放慢腳步、把正念和自我關愛融入人生的時候。

凱龍在天秤座♎

你的凱龍訊息：當凱龍在天秤座（基本風象星座），你很容易陷入互相依賴的關係或互動，覺得不得不與他人連結才有安全感。學習如何建立健康的界線，甚至更重要的是學習如何拒絕，可以為你帶來解放，不過真正的功課是要找到肯定自己的能力。

你的同理心超能力：你有敏銳的能力，可以做到公平公正，會為居於

劣勢的人而戰，同時也對他人有深刻的同理心。你會受到驅使去追求正義，而且會為所有人的解放奮鬥。你來到這裡是要支持新的存在方式，本質帶有反壓迫的色彩。

✳ 凱龍在天蠍座 ♏

你的凱龍訊息：當凱龍在天蠍座（固定水象星座），你可能會在人生早期經歷過背叛，因此不相信他人。你可能在性方面覺得害羞或有障礙。要學習統整性欲，把這當成自己神聖的一部分，同時也是可以帶來治療、不可缺的生命面向，不過這麼想對你來說是很難的功課。

你的同理心超能力：你很瞭解對於要與人分享祕密的遲疑，也能透過建立信任與他人建立親密性。你有強烈的守密能力，很擅長擔任治療師、調查者或朋友。

✳ 凱龍在射手座 ♐

你的凱龍訊息：當凱龍在射手座（變動火象星座），你會避免實話實說。你一定要學習如何聆聽，同時重視自己最赤裸的真相。在這過程中，你可以超越教條，活出潛能，甚至在自己的身體、心智和心靈中找到自由。

你的同理心超能力：你是老師原型的化身，天生就能幫助別人找到自己的智慧、追求自由，並且說出自己的真理。你來到這世上是代表了解放。

✳ 凱龍在魔羯座 ♑

你的凱龍訊息：當凱龍在魔羯座（基本土象星座），你來到這裡是要消除父權壓迫的影響力和遺毒。你有時可能不覺得能自己做主，因此追求個人權威是很重要的功課。

你的同理心超能力：你知道如何幫助別人找到自己內心的指引，透過這種方式支持他們。你來到這裡是為了幫助別人建立界線，消除過度的表現，尊重自己的身體。你會教導他們找回個人權力，以及打破壓迫性權力互動的力量。

✸ 凱龍在寶瓶座 ♒

你的凱龍訊息：當凱龍在寶瓶座（固定風向星座），你來到這裡不是為了融入，而是要開創自己的道路。你來到這了是要推開文化、社會和家庭的信念制度，支持新的體制出生。此處的挑戰是你有時會感到被拋棄，孤立無援。

你的同理心超能力：因為你領先時代，知道被眾人拋棄的感受，所以很敏銳地知道如何幫助別人感覺被看見、被聽見、被見證。

✸ 凱龍在雙魚座 ♓

你的凱龍訊息：當凱龍在雙魚座（變動水象星座），你有不可思議的同理心，但有時可能會像是個殉難者或受害者，被別人的需求、想望和欲望綁架。對你而言，學習界線是非常重要的功課。你的人生早期可能會因為太敏感、甚至因具備靈異天賦而感到羞恥。

你的同理心超能力：同理心就像你的第二天性，所以你以能預期別人的需求出名。透過藝術來表達自己能帶來療癒。不過其實你的同理心超能力在於直覺天賦，可以用神奇準確地看到、知道和感受。

凱龍逆行 ───────────────────

　　凱龍的占星能量讓我們儘管有核心傷口（無法抹滅也無法痊癒的傷口），還是能進步演化，而凱龍逆行，會要求我們提升傷口的影響力，甚至促進個人和靈性的成長。當凱龍逆行時，我們有機會看到可以用什麼方式、在哪個領域利用凱龍的功課來培養並深化憐憫心。

　　我們可以從凱龍行運通過的星座，看出可以在哪些生命領域表現出更多同理心和關懷。整體而言，由於凱龍是太陽系外的半人馬小行星，所以逆行並不一定有明顯的影響力。不過凱龍每年的造訪都會加深我們的同理心，連對於我們不認同或想閃避的人也是如此，這可以帶來深刻的成長，到頭來還能為自己的人生和世界帶來更多的療癒。

凱龍儀式：接納創意的療癒 ───────────

　　處理自己的核心傷口是一輩子的旅程，其中可能包括跨種類的治療。不過在療癒的路上，我們常低估了創作的力量。當我們從土星跨越到超個人行星時，沒有比帶有藝術元素更好的儀式。有兩種做法可供參考：

✹ 具有淨化效果的美術拼貼

　　拼貼是一種處理更深層情感很有力量的方式。這裡可以適用一般「夢想板」的拼貼方法，只需要膠水、一疊雜誌和一張看板。我曾經針對每一個元素（風、火、水、土）做過四個小型的夢想板，用心體會每一個板帶來的感覺，它會啟動每個元素的治療精華。你可以試試看，試著在一個特定的時刻，專注感受夢想板帶給你的感覺。

✳ 熬過痛苦的音樂清單

現在有很多串流軟體，我們比古代的國王與王后多了更多音樂的選擇。你可以從串流音樂開始挑選，幫助自己與情感或符合心情的音樂連結。建立一張音樂清單，加入有助於訴說自己的故事的歌曲。利用這些歌帶領自己度過痛苦的過程。你可能需要好幾天才能建立完整清單。在這個過程中，你會發現新的音樂，第一次聽到歌詞，然後建立一張美麗的清單，可以訴說自己的人生、傷口和痛苦。你可以依此為清單命名，之後只要想要就可以回頭聆聽。建議用耳機聽，因為這可以療癒所需的私密感。

1 出處：Todd B. Kashdan and Jennifer Q. Kane, "Post-Traumatic Distress and the Presenceof Post-Traumatic Growth and Meaning in Life: Experiential Avoidance as a Mod-erator," Personality and Individual Differences 50, no. 1 (2011): 84–89.

2 出處：Martha Beck, "The Key to Healing Emotional Wounds," O, The Oprah Magazine,November 2013.

3 出處：TEDx Talks, "The Space Between Self-Esteem and Self-Compassion: Kristin Neff at TEDxCentennialParkWomen," YouTube 影片。

4 出處：Nitika Chopra, "Episode 6: From Post-Traumatic Stress to Post-Traumatic Growth with Jennifer Racioppi," February 3, 2019, The Point of Pain, podcast.

5 出處：Demetra George, Astrology and the Authentic Self: Integrating Traditional and Modern Astrology to Uncover the Essence of the Birth Chart.

6 出處：Barbara Hand Clow, Chiron: Rainbow Bridge Between the Inner and Outer Planets.

7 出處：Brian Clark, "Brave New World— Forward into the Fifties."

第十四章
天王星：真實與突破

我們現在從凱龍仁慈無私的風格，進入天王星的怪異、分裂、革命和突破的領域。

天王星是超個人行星，移動緩慢，在每個星座約停留七年，八十四年才會走完十二個星座。所以天王星通常會影響整個世代，傾向於影響更廣泛的文化潮流和運動，以及個人經驗。

天王星是西元一七八一年工業革命剛開始時被發現的，其軌道與赤道形成幾近完美的直角。正如其怪異的本質，天王星會自轉，但跟其他所有太陽系的行星都不一樣。因此，天王星會體驗到最極端的氣候。它在軌道中有四分之一的時間，太陽會直接照射它的兩極，其他部分就會進入黑暗的寒冬，長達二十一年[1]。

這就是說，天王星以理直氣壯的強烈本質引人注目。

天王星就像本身的傾斜一樣，會用不同的方式做事，常會讓事情轉向，方式既不溫和也不緩慢。它需要深刻入骨的真相以及徹底的真實，不容妥協，甚至令人猝不及防。它要求我們向前一步，大膽面對我們想要否認的一切。

天王星不讓我們安於現狀，它知道我們的能耐遠超於此，因此它會攪亂一池春水，用強烈的方式促進改變。當它用這種方式出現時，我們的功課就是找到穿越混亂的路，並且在過程中發現並堅持達到全新層次的、更純粹的天啟。

天王星就像它所守護的寶瓶座，怪異又難纏，會基於良善的理由發動革命。它不相信所謂為了變而變，而且結果總是帶來解放，幫助我們跳脫局限的信仰和模式，擺脫社會認為的應該和必需，因為就是這些造成了所謂的傳統、臆測和偏見，同時突破擺脫心智、情感、身體和靈性上的限制。

天王星感覺像是一記落錘，會為人生帶來混亂，脫離所有虛幻的安全感。這個行星不願意為任何人或事保留，足以撼動我們的身分意識、價值觀和現實感，動搖根本。

當這個情形發生時，我們可能覺得被拋棄、甚至被背叛，而天王星的功課和精神就在於此。就像其他的超個人行星海王星和冥王星，天王星會帶來無法處理的考驗，逼我們的能力進入全新的可能性。他會挑戰我們努力熬過生命中不可避免的起伏混亂，不只擺脫現狀，同時也能不再依戀阻礙自己的信念。天王星最終是要我們充分體現創造力和自由。

天王星在金牛座（二○一八年至二○二六年）：重新找回神聖的陰性特質 ——————

天王星會在世代留下印記，特別擅長改變社會結構和文化信念制度。

在二○一八年五月，天王星是近七十七年來第一次進入金牛座。天王星之前在二○一一年至二○一八年行運通過以獨立的開創者聞名的牡羊座

時，我們看到它會瓦解力量，讓創新出現。在那段時間，我們看到個人身分意識在社群媒體興起的促成之下，出現革命性的改變。

由於新科技出現，個人品牌也應運而生。過去數十年來，傳統的全職工作是世俗接受的唯一常態，但是此時突然出現了新的就業選項，特別是強調自主的自雇者趁勢而起。在二十年前，我不可能在沒有電視名氣的狀況下，吸引這麼多忠實的跨國粉絲。不過在那段時期，我可以透過在WorldPress 網站的部落格建立事業。這就是天王星在牡羊座！

金牛座跟火星守護的牡羊座不同，是由金星守護。金星與女性能量、價值觀、金錢和關係有關。當天王星通過金牛座時，神聖的陰性特質可能會被賦予新的定義，用全新的、革命性的方式再度復活。天王星在金牛座的七年主要會打破疆界和界線，這會與受壓迫的族群的可能性、具體的治療，以及與地球建立新的關係有關。

這要傳達什麼訊息？父權主義注意，女力要興起了！

新的觀念如閃電出現！她不是中產階級白人女性，她甚至不需要是傳統定義的「女性」。這種興起是跨界的，橫跨性別意識的光譜，還有種族和社會經濟的多元性。

天王星是打破規則的力量，也是革命家，所以我們的性別規範會被改變。這可能會對某些人來說不太舒服，不過天王星行運也很少讓人舒服，而這種感覺甚至會更強化，因為金牛座是穩定的、持續的、金星統治的固定土象星座。天王星的分裂可以把根深蒂固的東西連根拔起。這代表傳統會受到挑戰、被瓦解，或是被重新想像。在金牛座知名的規律和可預測性當中，天王星會破壞限制我們數千年的權力互動。當天王星行運通過金牛

座時，可能會提升女性、男性、非二分性別者、以及在歷史上身分意識被邊緣化的人的展現空間，揭露之前沒有實現的潛能。

這個過程在二○一九年三月獲得更多一致的動力。當時天王星結束了在兩個星座之間的搖擺，這是他在進入一個新的星座時常見的行徑。這種特別的「搖擺」如下：

- 二○一八年五月至二○一八年十一月：天王星在金牛座。
- 二○一八年十一月至二○一九年三月：天王星在牡羊座。
- 二○一九年三月至二○二五年七月：天王星在金牛座。
- 二○二五年七月至二○二五年十一月：天王星在雙子座。
- 二○二五年十一月至二○二六年四月：天王星完成在金牛座的旅程。

在二○一八年五月，天王星是近七十七年來第一次進入金牛座。天王星之前在二○一一年至二○一八年行運通過以獨立的開創者聞名的牡羊座時，我們看到它會瓦解力量，讓創新出現。在那段時間，我們看到個人身分意識在社群媒體興起的促成之下，出現革命性的改變。

天王星在金牛座（二○一八年至二○二六年）： 修復大地之母 ─────────

當這本書發行時，天王星會通過金牛座前面的度數。除了打破異性戀父權白人至上主義的規範，我們同時會被召喚要修復大地之母。

地球支持我們存在所需的一切，當她持續遭遇蔓延的污染，失去極其

重要的生態系統，導致氣候變遷，開始要求我們的關注。在這段時間，我們必需徹底面對與地球、身體、食物、農業制度、金錢和其他物質資源的關係。我們會被召喚站出來，團結一致支持地球。

天王星會助我們一臂之力，儘管它的方式並不一定溫和或容易。無論它用什麼方式，都會推動能進一步修復地球的協議。這包括在個人和集體層面上，重新協議與資源及維護地球的關係。

我個人對於修復地球有深刻的熱忱，而這無疑是天王星行運通過金牛座時更重要、更深遠的潛在影響力之一。透過這麼做，我們有機會打破遮蔽地球數百年的魔咒。當新冠肺炎疫情在二○二○年初爆發，像風暴一樣席捲全球，我們活在充滿分裂和混亂的時代。這個全球性傳染病是在木星、土星及冥王星合相在魔羯座時開始的，顯示我們的日常規範能多快被打亂，人類的生命以及我們賴以生存的資源和結構有多麼脆弱。不過即使在這場全球性巨大的混亂當中，還是有些機會出現，地球開始修復，而我們也必須適應，創造一個更永續、更能提供全面支持的社會和生活方式。

這就是天王星治療魔力的精髓。它的破壞常常不容易，儘管如此，卻能提供一個機會，讓我們能用更有覺知、更進化的照護者姿態重新出現，守護這個地球，守護彼此。

個人層面：從混亂中創造

烏拉諾斯（Uranus）是象徵天空和天國的希臘天神。他每個晚上都會去找蓋亞（大地之母）同眠共枕，兩人夜夜結合後，生下了十二個泰坦兒子。不過，烏拉諾斯卻被自己十二個強壯的、巨大的、多頭多手的孩子厭

惡和威脅，他就把他們扔進塔爾塔羅斯（Tartarus），也就是最深層、最黑暗的地底。

蓋亞是慈愛的母親，無法原諒丈夫威脅自己的孩子。她製作了一把鐮刀，捍衛泰坦兒子們去報復父親，解放兄弟。烏拉諾斯所有的兒子都不敢，只有克洛諾斯（Cronus，也就是土星）勇敢上前，閹割了父親。烏拉諾斯的陰莖被扔進海裡，愛神阿芙蘿黛蒂（Aphrodite）就由此出生。

正如每個創造的故事都由混亂開始，巨大的空虛、愛和美都是由混亂和破壞中出生，而出生也意味著某些形式的死亡。

當我們討論神話、集體文化或理論時，當然會提到每個創造行為中，破壞扮演了必要的角色，不當這種混亂突然在我們的生活中爆發時，完全又是另一回事了。當我們在情感上、肉體上、精神上或其他層面上被徹底摧毀時，要如何創造新的事物？當混亂褻瀆了最根本的基礎時，我們又能如何創造意義？

當天王星透過行運觸碰到星盤的配置時，或是天王星在本命盤中扮演重要角色，你會去衝撞常規，讓生活與絕對的真理有更完整的連結。這是全有或全無的領域，並沒有「一半的真理」這種事。撤除老舊、改造自己的本能可以幫助我們脫離目前的狀態，專注於創造新事物。

我個人必須對自己的天王星位置（還有土星在本命盤的位置）寄予無限的感謝。兩個行星都用無法否認的方式塑造了我的宇宙功課，但天王星更具份量。

對我而言，研究占星學可以治療並理解自己全面切除子宮或女性閹割

的際遇。當然,我的閹割跟烏拉諾斯不同,結果卻詭異地相似。兩者的確都很不舒服,也不容易,但是我現在可以把疾病視為靈魂的開啟,用前所未有的方式推動自己前進,這是以前的我所無法達到的。當我的身體、靈魂和人生承受天王星嚴厲的劇變時,內在的解放就是強大的禮物。

在一個把妥協視為理所當然的世界裡,當天王星降臨在我們生活時,它的標準不容妥協,會對任何不符合靈魂本質的事物說:「喂!我不要」。

此處要表達的真理就是,天王星會要求我們從混亂中創造。把混亂視為女神,象徵受孕之前的虛空,而從另一個角度來看,我們出生的宇宙就是全新而有生命力的,同時也充滿可能性(這是解放的前提)。

展現自己解放的權利

當天王星在星盤中位居主要的位置時,你就會面臨從隱藏的夢想中甦醒的時刻,用不同的方式做事,帶著滿載的真理、冒險,甚至是反叛和探險。這是為了要你放棄現在扮演的角色,帶著為真理奉獻的態度重新參與這個世界。你在此時可以重新找回解放的渴望,實現以前認為不可能的夢想。

天王星行運會用以下方式安排你的人生:

二十一歲:天王星與本命的天王星形成四分相。對很多人而言,這是正式教育的結束,進入社會認可的成年期。土星會帶來責任,天王星則會賦予自由和探索的精神。我們會拓展可能性。

四十二歲:天王星與本命的天王星形成對分相。你通常會在此時感受

到典型的中年危機。不過這個行運其實能讓你超越危機，帶來終極的解放。這是人生很特別的時期，靈魂可以開始清理過去的痛苦和束縛，這包括靈魂和身體層面的。這是引導接二連三的真實能量，去對抗融入的限制，然後最後找到自己。

六十三歲：天王星再次與本命的天王星形成四分相。你現在已經遠遠超越停經期的變化，完全展現老嫗的原型力量，你有能力引導自己的真實和光明。此時已經很少有事情能夠攔住你主張自己的權利。這是很神聖的人生階段，此時的功課就是檢討自己的宇宙課程，與感覺仍被扼殺的事物重新調和，進而改變自己。

八十四歲：天王星回到本命天王星的位置，即你出生時天王星位於的星座。你在此時可以活出自己，不用對任何人感到抱歉。

有鑒於天王星更廣泛的世代和文化影響，我們也需要從社會政治觀點來看待它。綜觀歷史，有時恐怖的事件會啟動對知識、資源建立和整合的渴望。在巨大的艱辛中，我們常常被迫用不同的方式做事，無論是要保護自己，或是阻止再次發生重大的破壞。

廣泛的危機可以帶來全球團結，個人危機則可能刺激內在的團結。在混亂騷動之際，我們總有機會致力追求自己的真理，在全新的、不熟悉的現實中握緊雙手駕馭未知的事物。我們可以反抗已知的，重視自己的解放權利，同時用毫無虧欠的強烈來追求最具體實現的人生。

促進自己的演化革命 ————————————

天王星除了帶來巨大的改變，也能鼓勵你參與看似微不足道的事情，一開始看起來既不叛逆也不激進，結局卻正是如此。有些方法可以參與自己的天王星演化（革命）：

✳ 勇於說出自己的真相

幾年前，我在紐約市一間教堂參加瑪莉亞‧西洛伊斯（Maria Sirois）博士和馬克‧馬圖塞克（Mark Matousek）的授課，主題是療癒。我非常熟悉瑪莉亞的授課，但對從來沒聽過馬克授課。他在講課的過程中，要求大家打開筆記本，寫下所有我們曾對自己撒過的小謊，像是對某些情緒視而不見，說自己很快樂但明明不是，諸如此類。他提到列出清單，是更深層療癒的第一步。

他的訊息清楚簡潔：復原需要真實性。馬克的授課讓那一晚有如天王星的入門課：不計任何代價，說出自己的真相。

正如十二步驟復原有一句箴言說：「我們只會跟自己的祕密一樣生病」。天王星堅持我們要變得徹底誠實。這種赤裸的誠實就是它催促我們掀起革命的核心。

✳ 尋找機會

我們在第一章提過玫瑰色的現實主義，這點要從說出真相開始，我們現在已經做到了，但這不是最終目標。天王星最終是要用嶄新的方式解放自己。

這個解放可能是在離婚後、在為人母之後，徹底重新建立自己的身分意識。或者只是尋找愛，渴望有個小孩，開始不同的事業。也許透過脫離之前依戀的事物而出現一些機會，像是孩子因為念大學離家、父母去世或是失業。

其中每一個都是透過破壞現狀來提供解放的機會。你當然可以也應該為生命中的失去而哀悼，但是最後還是要考慮，早上不用送小孩去上學了，自己該做些什麼？當你擺脫了這些共同的忙碌後，你是否會開始自己的生活，探索完全不同的事業領域？你不用被不快樂的婚姻綁住時，又會如何去看待、感受、歡笑、愛和生活？

✳ 建立自己的支持系統

天王星是寶瓶座的守護行星，這個星座天生與十一宮相互呼應，傳統上與友誼有關，所以天王星的本質就會強調團體、組織、認識的人，以及實現欲望的能力。

與心愛的人連結，考慮你是否可以用其他方式建立或啟動自己的支持系統。同時也要考慮你如何為自己添加裝備，你需要什麼樣的知識才能駕馭新的現實？你想要培養什麼技巧？

✳ 努力發現自我

你要用內省來補充自己的行動。你要注意自己的再次創造能同時展現自己的內在與外在。保持好奇心，能對新的方式抱持開放心態，依此向前邁進，或是整合自己內在或週遭已經揭露的事物。

整合自己的重新創造 ——————————

雖然天王星總是傾斜的，要求我們**翻轉劇本**，不過它並不希望我們找新方法來偽裝自己，只為了與過去不同。要記得，這是有意義的革命與顛覆，是要喚醒另一個新層次的真實性，而且必須在這個過程中獲得更多釋放，你才能準備好去滿足更大的利益。

在重建的時刻，我們必須更加貼近自己真實的本質，而非漠視過去或排斥現在的自己。在天王星激活重新創造的過程中，切記，這不是要我們改變自己的本質，而是重新評估自己的生活是否符合本質。

所謂的真實性，就是生活的方式要能反映出你真實的性格、信念和價值，這是很基本的練習。試想一下當我們壓抑真實自我時對自己造成的傷害。這其實就在告訴自己沒有動力和權利，或是無法接受真實的自己。這也可能影響健康，已有研究證明自欺會造成不道德和不純淨的感覺[2]。相反地，真實可以增加自尊、主觀的幸福和心理健全[3]。雖然我們有歸屬的欲望，但是活出自己的獨特性，與自己的真相一致，這也是身為人類再明白不過的需求。

活出自己可能感覺很恐怖，甚至有如與世隔離。不過真實做自己，真實地活著，特別是在需要做出重大改變時，可能有時會讓人了無生趣。當絕對的真實變得不可能、不實際或沒有益處時，取悅別人就會成為看起來比較安全的習慣，因為這樣做常會帶來某程度的社會包容、接納和滿足。

不過這種外在的穩固最後還是要用你的真相和健康付出代價。當你訴諸較前衛的方法，或是認同別人時，這些最後都會強烈影響你的各種面向。不要壓抑這些部分的自己，最終你會發現，人們會欣賞、接受並支持

你最真實的模樣。

利用集體的聲音

當我們演化，活出更真實的自己，更真實地與自己的族群連結時，天王星也會要求我們考慮集體的聲音。我們在世界舞臺上會怎麼表現自己？可以思考土星啟發的目標，是否有更盛大的社會或文化運動能與你產生共鳴？

當我們能與志同道合的人合作，可以引導自己的聲音融入集體，讓大事發生。不妨想一下因為社會運動體驗到的重大改變，這有時會更好，有時會更糟。世界領袖的選舉、專制政權的接管、氣候正義、公民權利、政策改革和文化革命，這些都是天王星有關的領域（有時是很變動的，但最終都是有建設性的）。

社會行動主義能改善健康習慣嗎？

在二〇一二年，梅根・E・葛利斯特（Megan E. Glister）對義工和行動主義的好處進行研究，結果發現活動主義，也能獲得當義工帶來的心理健康益處和社會連結。不過活動主義還能帶來賦予權力的額外益處[4]。

伊莉莎白・埃姆利（Elizabeth Emley）在二〇一八年博士論文研究時發現，參與社會運動可以被視為「隱形介入」增加健康傾向的行為，吃得更健康和活動身體[5]。

健康成果和活動主義的交集，逐漸成為研究的焦點，目前已有證據顯

示，在與別人的連結和合作的刺激下，致力追求更廣大的目標，能提供一種深層內在的動機，讓行為符合自己的核心價值，並與支持這個目標的人們結合。此外，由於改變社會的運動通常都會消滅對健康不利的制度性壓迫，因此促進社會運動的目標的行為，通常也能順便強化健康。

此外，當人們開始呼籲行動主義者能以改變社會的名義練習照顧自己，這強調的是復原和內省，時下的行動主義不再是犧牲和耗損的同義詞了。

天王星：一切攸關自由

在結束這天王星這一章之前，我如果不丟給你一顆變化球，那就是我的疏失了，畢竟我們談的是天王星。當我們在理解天王星，還有其在占星學中扮演的角色時，這裡還有另一個觀點。根據一位占星學和文化歷史的權威人士的說法，天王星的命名是錯誤的。理查德·塔納斯（Richard Tarnas）用另一個觀點來詮釋誰才是天王星。他認為天王星的原型更接近普羅米修斯，而非同名的天神烏拉諾斯。

他在《喚醒者普羅米修斯：針對天王星原型意義的論述》（*Prometheus the Awakener: An Essay on the Archetypal Meaning of the Planet Uranus*）中提到：

我已經意識到這個差異一段時間了，發現同樣的占星特質符合希臘神話學的另一號人物，而且更精準，那就是泰坦天神普羅米修斯。他對抗眾天神，幫助推翻暴虐的克洛諾斯，從奧林帕斯山偷火種來解放人類，脫離眾神的力量控制。普羅米修斯被視為種族中最有智慧的代表，

教導人類所有的藝術和科學。我越深入檢視這件事，越覺得與天王星有關的所有占星特質，都反映在普羅米修斯的神話裡，包括發起徹底的改變、對自由的熱情、挑戰權威、全面反抗共有的結構釋放人類脫離束縛，超越極限的渴望、心智的才華與天賦，以及興奮與冒險的元素[6]。

還記得凱龍的故事嗎？他出生時是半人馬，從小就被拋棄，長大後做出偉大的貢獻，成為治療者和老師，以醫學方面的才華和貢獻，還有撫養英雄的能力聞名。他中了毒箭，這是無法被治療的傷口，也因為永生的本質而不能從死亡中解脫。凱龍活在巨大的肉體和心理痛苦裡，仍不忘療癒自己去治療別人。普羅米修斯是用自己的永生不死換取對他人的救贖。凱龍解放了普羅米修斯，也同樣從自己的永生不死中獲得解放。然而，普羅米修斯也解放了凱龍，進而解放了全世界。

要體會到，半人半馬的凱龍注定要一輩子活在痛苦裡，但是致力活出卓越的自己，透過知識、才華、技巧和同理心，奉獻自己的生命，讓普羅米修斯可以讓人類與眾神公平競爭。

這裡最重要的是要觀察天王星對我們的人生、全世界，以及解放之路的影響。

出生星盤的天王星：化為你的助力

天王星在星盤的位置象徵會召喚你會在哪一個生命領域煽動不安，追求個人的演化（革命）。

✳ 天王星在牡羊座 ♈

你來這裡是透過做自己來打破現狀。真實是關鍵字，你可以透過表現個人特質來創新。

✳ 天王星在雙子座 ♊

你在此的目的是要以溝通者和聯絡者的角色來創新。最重要是的擁有一個廣泛的、多元性的社會群體。

✳ 天王星在巨蟹座 ♋

你來到這裡是要破壞父權的傳統，以及母性和家庭的模式。

✳ 天王星在獅子座 ♌

你來到這裡是要透過展現玩樂、創造和商業的獨創性，率領用互動和有效的方式來打破現狀。

✳ 天王星在處女座 ♍

你來到這裡是要透過考慮工作與健康的平衡、健康、飲食，以及與環境的關係來創新。

✳ 天王星在天秤座 ♎

你來到這裡是要創造新的關係互動。你能用獨特的方式在居家環境和個人風格中融入美感，或許你本身就是個藝術家。畢竟，你來到這裡是為了展現平等的。

✳ 天王星在天蠍座 ♏

你會為靈性、財務管理和性對生活的意義帶來新的次元。你不害怕探索靈魂的陰暗面。

✳ 天王星在射手座 ♐

你來到這裡是要打破限制自由的權力互動。你會用新的方式看待宗教、哲學和思想。

✳ 天王星在魔羯座 ♑

你來這裡是要打破既有的現狀，在追求瓦解階級制度的過程中為工作帶來創新。

✳ 天王星在寶瓶座 ♒

你來到這裡是要當個造反者和領導者，根據人道主義的價值建立新的規範。

✳ 天王星在雙魚座 ♓

你會在靈性和藝術的領域裡展現創新能力。你來到這裡是要打破教條和受難，解放自己的直觀力。

天王星逆行 ──────────────

身為最貼近真實性、甦醒和解放的行星，天王星的逆行會要求我們把突發、預料外的功課，融入已經學會的一切。天王星移動緩慢，每年會在

五個月期間逆行約四度，此時有機會檢視我們在天王星行運通過的領域的演化進度，採取必要的行動來吸收這些功課。

在天王星逆行時，我們必須向內檢視，看看自己、社會組織結構以及經濟等領域的內在狀態。這是內省的時刻，但也可以前瞻未來，重點要看天王星在這一年逆行的星座和度數。

天王星逆行最重要的是要求我們檢視，自己在哪個領域渴望突破，渴望更加真實，想要採取行動擺脫感到窒息或停滯不前的規範。在這些領域做出相關的改變後，當天王星恢復順行時，我們就已準備好朝演化的方向更進一步了。

記錄根本的真相

我們都會在生活中逃避真相。我不是指那些明顯的謊言，而是可能永遠不會跟任何人（包括自己）承認的隱藏真相。你可以在日記中回答這個問題：「我向自己說了什麼謊？」不要強迫自己去解析，就是隨意詳細地寫下真相，讓自己釋放任何隨之出現的阻塞的情感。你要繼續寫，至少寫三到四頁，並記錄過程中的想法和感覺，這個微小但重要的動作能帶來反向的淨化。

天王星儀式：把你的火種偷回來！

這個儀式就像橋樑，帶你從曾經去過的地方去到想要的未來。這可以幫助你整合已經從土星、凱龍、天王星和普羅米修斯學到的功課。在這個儀式裡，你會與我們討論的這些天體代表的原型建立連結。你只要準備好

了，隨時都可以進行這個儀式，不用考慮月相，不過最理想的時間是月亮在火象星座、新月漸圓變成滿月的時期。

在儀式開始之前，你可以先做一次滿月的儀式（參閱第五章）。這可以幫助你集中注意力，做好準備，不過這不是必要步驟。無論如何，這個儀式是很有力量的。

在儀式開始時，你需要一些簡單的物品：

- 日記
- 兩個白蠟燭
- 一個紅蠟燭
- 一隻不需要的舊鑰匙
- 一個小袋子

當你準備好時，坐在自己的聖壇前。輕輕地閉上雙眼，與內心世界、內在的宇宙連結。花點時間點亮白蠟燭。燭火點燃時，就準備要開始了。

先思考下列的神話和原型，一個一個來，讓它們與彼此建立連結。

- 普羅米修斯：解放者和戰士
- 凱龍：傷者和治療者
- 土星：老師和紀律執行者
- 天王星：革命者和分裂者

接下來在日記中回答下列問題：

- 我如何與這些原型連結，如果能全部連結的話？
- 哪一個最吸引我？

逐一思考每一個原型，然後問自己：「我可以從他們身上學到什麼？」

現在把注意力特別回到凱龍，然後問自己以下問題：

- 什麼經驗帶給我最多痛苦？
- 這些同樣的經驗教會我什麼？
- 我如何整合這些治療的功課？

當你寫下答案時，盡量明確仔細。你如果已經建立了一張前一章提到的音樂清單，現在正是播放的好時機。

現在花點時間把手放在胸口，凝聚心神。想像最好的朋友就在眼前，送給自己充滿愛的仁慈。送給自己一句充滿滋養的反省，大聲地讀出來。列出自己的長項。然後回到第七章末尾寫下的祈禱文，對自己複誦。

列出你感覺這些經驗帶來的所有成長，是否讓你變得更有同理心、更有智慧，更能幫助別人？

現在把注意力集中在凱龍的符號，稍微停留片刻，這看起來像一把鑰匙。許多占星家和我都相信凱龍握有解開你的療癒魔法的鑰匙。

把這把鑰匙拿到聖壇前，把它視為象徵凱龍已經為你開啟的事物。對於凱龍幫你解開療癒的魔法，有什麼樣的感受？

你如果有清楚的答案，就把鑰匙放到一個神聖的地方，甚至可以拿一條項鍊穿過鑰匙，戴在身上提醒自己。

如果沒有清楚的答案，就把鑰匙放在小袋子裡。晚上上床前，把它放

在枕頭下，想著要把對自我認識的連結，在睡夢中與凱龍建立連結。起床後，要馬上寫日記，紀錄此時腦海中出現什麼樣的洞見。你要一直重複，直到開始意識到凱龍如何幫助你解開療癒的魔法。

現在要偷回你的火種了，開始與普羅米修斯和他的故事連結。他從天神那裡偷走火種解放人類，然後獲得嚴厲的懲罰，直到凱龍放棄自己的永生不死，他才能重獲自由。

誰象徵了留住你的火種的「天神」？你要如何偷回火種？盡可能花時間在日記中寫下答案。

現在認真想一下，誰偷了你的火種？什麼偷走了你的火種？繼續寫答案。

你現在要承諾把火種偷回來，清楚寫下要採取什麼行動，才能重新點燃自己的火焰，取回自己的火種。

當你準備好時，點燃剩下的紅蠟燭。當你這麼做時，想像自己獲得釋放。透過重新找回熱情，你擺脫了什麼不易跨越的難題？當你覺得完成時，可以開始為儀式畫下句點。

當你結束時，要肯定自己，認可已經探索過的原型，然後說聲「謝謝你」。接著輕輕地熄滅白蠟燭，如果你沒有要馬上離開，而且安全無虞的話，就讓紅蠟燭繼續燃燒。

364

1 出處：NASA Science: Solar System Exploration, "Uranus: In Depth,"2019 年 12 月 19 日最終修改

2 出處：Francesca Gino, Maryam Kouchaki, and Adam D. Galinsky, "The Moral Virtue of Authenticity: How Inauthenticity Produces Feelings of Immorality and Impurity,"Psychological Science 26, no. 7 (2015).

3 出處：Abigail A. Mengers, "The Benefits of Being Yourself: An Examination of Authenticity, Uniqueness,and Well-Being," Master of Applied Positive Psychology (MAPP) Capstone Projects 63 (August 2014),

4 出處：Megan E. Gilster, "Comparing Neighborhood-Focused Activism and Volunteerism: Psychological Well-Being and Social Connectedness," Journal of Community Psychology 40, no. 7 (2012).

5 出處：Elizabeth A. Emley, "Social Movements and Health: The Benefits of Being Involved" (master's thesis, Bowling Green State University, May 2017),

6 出處：Richard Tarnas, Prometheus the Awakener: An Essay on the Archetypal Meaning of the Planet Uranus (Woodstock, CT: Spring Publications, 1994).

第十五章
海王星：直覺和靈性發展

　　我們現在要從天王星的驚天一擊，探險進入水象的海王星，以及其飄渺虛幻的異世界。海王星是雙魚座的守護行星，也是人們所知的海神波塞頓（Poseidon），主要負責神祕的融合、直覺、奉獻和細微差異。就跟天王星一樣，海王星也是超個人行星，會對文化和世代帶來更廣泛的影響，但也能用深層、強烈的方式影響我們的生活和健康。

神祕領域

　　在二〇一七年，當我在追求寫作的夢想時，曾有過非常海王星式的時刻，其所帶來的漣漪效應至今不散。那是一個夏天的工作日，我正要去跟一個大出版社開會，討論這本書出版的可能性。當我開車進入曼哈頓時，就如平常一樣放音樂。在那個特別的日子，我挑選了《行星儀》（Planetarium）這張專輯，每顆行星都有一首曲子。專輯第一首就是海王星，這很合理，因為海王星掌管音樂。音樂很美，籠罩著很適合當下氣氛的催眠特質。聽著聽著，我心中靈感湧現，突然知道這本書的架構了，我要逐章介紹每一個行星，就像這張專輯的每首曲子一樣。

會議進行得很順利。我開始有一些想法，雖然有人建議我不要按照一開始的想法為這本書定調，而是考慮較可行的商業方向。按照完美的宇宙秩序，我的想法最後還是失敗了。不過大概一年多以後，我與另一家出版社簽訂了合約，他們非常支持我寫自己想寫的書，也就是現在你手上拿的或耳機聽到的這一本。

當時的靈感湧現，還有一閃而過的直覺性的知道，就是海王星用少數重要的方式展現的精髓。我當時接收到的訊息首先就是直覺，這很符合海王星的靈性、如夢般的本質。我沒有事實或數據支持內心的知曉，只是感覺對書的概念是正確的。我也知道無法用言語來解釋自己的理解。對海王星而言，這就是療癒和靈感的源頭。而最後我的直覺也專注在一些非常海王星式的主題，像是占星學、靈性、神祕學和心理。

海王星會呈現我們內心的地下世界，也就是靈魂深處，以及偶爾從源頭所能捕捉到的一些模糊洞見。海王星的力量會召喚我們向內，走向最靈性的自我，踏上理解合一、和諧及美的道路，與五感之外的事物建立連結。

在海王星的影響下，當我們轉向，不再持續關注外在現實時，就能獲得療癒。他會帶來靈感，影響我們的夢、通靈能力、幻覺、直覺和靈性。

來自內心深處的治療

從宇宙健康的角度來看，海王星會要我們注意免疫系統，提醒我們，對於健康而言，滋養靈性的自我就跟照顧身體一樣重要。在很多方面，我們直覺接受靈性和潛意識會影響健康這種概念，例如在壓力超過健康極限時比較容易生病。不過與此同時，當我們在治療身體或照顧別人時，也習

慣貶低靈性的重要性，彷彿這與生活的其他部分無關。

　　不過在持續的研究裡，不斷強調了靈性在治療中扮演的核心角色。有研究顯示，持續練習瑜伽可以減少體內導致發炎的訊號（更精準的說法是，有一份研究顯示介白素含量減少了[1]。）冥想也被證實能強化較年長者、企業員工、甚至愛滋病患者的免疫系統，增加對抗疾病的抗生素，減少發炎現象[2]。

　　我們也能在一些遵守傳統信仰的人身上看到同樣正面的漣漪效應，包括固定參加宗教活動和祈禱。靈性程度較高的人通常抱持更多希望，會期待愉快的事情，比較少感受到憂慮和焦慮，死亡率也比較低。他們在遇到壓力時，也比較容易把注意力轉到冥想，而非上癮的物質或不健康的行為。你要記得神（無論你如何定義祂），或是我們相信的其他靈性力量，能緩衝壓力的影響力，允許自己臣服於正在發生的一切，仰賴更偉大的力量引導自己解決事情。因此，在充滿挑戰的時候，靈性可以幫助我們應付，然後培養復原能力[3]。

　　靈性也會賦予我們信仰系統和連貫的架構，可以為生命最偉大的現象和神祕，以及強烈影響人生的日常事件提供意義及基本理由。由此看來，靈性在人類追求連貫、甚至秩序的欲望中扮演了關鍵角色，而秩序就是一種能在道德和利社會層面上活得很好的架構。

　　同樣的準則也能適用於占星學，這是一種靈性練習，透過行星的邏輯，幫助我們與自己建立連結。還記得我在討論宇宙的相互連結，以及我們每個人在此如何學習宇宙課程時說的話嗎？占星學賦予我們架構和理解，即使是最嚴峻的挑戰都能為人生帶來深度和意義。這層認知可以紓解

壓力和焦慮，否則就會對免疫系統、還有健康造成破壞。

　　然而，無論透過什麼方式，在此都要提醒：我們如果是採向內看的方式，比較容易感受到靈性練習的正面健康結果。研究顯示，相信宗教，同時把宗教的修持本身視為目標（內在傾向）的人，會感受到更好的心理狀態，憂鬱和焦慮都比較少，勝過於把宗教視為獲得支持、安全感、自我合理化、社會地位以及其他（外在傾向）的工具的人[4]。

　　強調靈性可以作為治療的工具，這正是海王星的領域。海王星是要提醒我們靈性信仰和練習的至高重要性。無論我們的傾向如何，海王星都會要求我們放下一直背負著的教條包袱，具體活出睿智的一面，同時接受與靈性建立更柔軟、更開放的關係。

睡眠與做夢的意義

海王星守護潛意識和夢，凸顯了我們接觸到無形但又極其重要的自我面向，就是透過睡眠。

我們的人生有約三分之一的時間都在靜止狀態，所以睡眠對於心智和生理的修復和發展非常重要。晚上睡得好，可以改善記憶力和重要的思考能力、延長壽命、降低心血管疾病、糖尿病和中風的風險，還能減少壓力和憂鬱，新陳代謝和體重都能更平衡。我個人是偏好每天睡八到九小時，不過有些研究顯示，六至七小時的睡眠是最好的[5]。

凱特雅是三十六歲的亞裔專業人士，當我第一次遇見她時，她非
常需要改善睡眠的治療。她因為經痛和經前症候群痛苦不已，再加上焦
慮、水腫和消化問題，完全超出負荷。她的情緒起伏很大，前一天可能
非常亢奮，然後隔天就十分低落，三不五時會哭泣。

星盤反映了這種狀況。她的太陽是雙魚座，月亮和上升星座都是天蠍
座。她有很多深刻的情感，基本的渴望就是親密關係，卻沒有獲得滿
足，所以在面對黑暗的情感時特別脆弱，甚至成為受害者。她感到越
來越憂鬱，開始懷疑自己天生的價值。這些狀況導致她長期失眠，然
後又加重了其他症狀。

我建議她從一些健康的補救方法開始，首要注重睡眠保健。這代表每
天至少要到外面活動三十分鐘，強化身體的睡眠規律，還要在早上補
充高劑量的維他命 D（2000 IU），減少製造褪黑激素，善加利用白天
的時間。她每天早上也要做一些低強度的運動。每天晚上，必須禁止
使用筆電或電子產品，因為藍光會干擾睡眠，還要在睡前洗熱水澡。
她最後開始記錄睡眠周期、情感狀態和月亮階段，標示在哪個月亮階
段必須更注意自己的情感需求。

在幾個星期內，她的睡眠、精力、情感和消化在幾個星期內開始穩定。
最重要的是，當她把注意力放在睡眠保健時，可以讓身體獲得治療，
恢復自然的週期，這也有助於管理情感。

我最愛的睡眠小技巧

這也是我改善睡眠長度和品質最喜歡的方式

- 白天外出曬太陽。
- 讓活動融入生活，久坐的生活方式會導致晚上睡不好。
- 減少或戒除喝酒。
- 中午和晚上限制咖啡因。
- 在睡前一個小時左右，喝放鬆的草本茶，包括特別為睡眠設計的調和風味
- 上床前吃保健食品，目前已知有些可以有助睡眠：甘氨酸鎂、大麻二酚、5—羥色氨酸、褪黑激素、纈草、玉蘭、卡瓦醉椒、黃岑屬、γ-氨基丁酸和聖羅勒。
- 洗熱水澡，擦上舒緩精油或乳液，然後輕輕按摩身體。
- 用蓖麻油加幾滴薰衣草精油按摩雙腳。
- 上床前享受高潮，有助放鬆。
- 臥室裡安裝深色窗簾。
- 利用眼罩遮蔽週遭光線。
- 晚餐輕食，睡前特別少吃。
- 溫和地伸展身體或冥想。
- 上床前寫日記，用感恩來反省和品味這段屬於自己的時間。

夢境帶來的療癒結果 ─────────────────

睡眠的功效除了眾所皆知的有益身體和心理健康，還能激發創造性思考和解決問題的能力。二○一七年，在《時代》雜誌特刊的一篇文章裡，哈佛大學心理學家迪爾德麗・巴瑞特（Deirdre Barrett）解釋，當我們睡覺時，「大腦的思考會更影像化，更直覺性」[6]。在顯意識狀態，大腦會封鎖認定為不適當的想法，這包括不符合社會的，以及不合乎脈絡的。不過在睡眠時，你大腦的枕葉（視覺中心）的活動強度會擴大。信息會更自由地在左半腦和右半腦之間穿梭，而這一切都會釋放想像力。這又再次提醒，我們看似無意義的深層領域──夢境，其實可能是通往天賦的道路。

既然夢境常在溝通重要的概念和想法，我建議你睡覺時放一支筆和便條紙在床頭。你通常會在睡眠的最後四個小時──快速動眼期記得更多夢境，所以最好能整夜入睡，而非間斷的打盹[7]。如果你醒來時對夢境有清楚的意識，試圖寫下任何記得的部分。你可能會很著迷自己的大腦在晚上處理了什麼信息。夢境就是另一種形式的淨化，讓大腦可以消化在清醒時不容易處理的訊息和經驗。

在這個越來越強調生產力勝過於復原力的世界裡，我們常會詐取睡眠的時間。晚上不早點熄燈，反而會熬夜，或把電子設備帶上床回電子郵件，追看社群媒體。諷刺的是，這種「把更多事情搞定」的心態會降低睡眠的長度和品質，而這對白天的生產力和清醒的時刻都很重要。

海王星會說「夠了」，而我們的健康和幸福都要看睡眠而定。除了會增加死亡的風險，長期睡眠不足也會增加老年罹患阿茲海默症的風險[8]。波士頓大學最近一份研究顯示，充足深度的睡眠可以幫助大腦避免失智。深層睡眠時出現的腦波就像清潔劑，可以移除會導致阿茲海默症和其他神

經退化疾病的大腦毒素[9]。

利用月相達到最佳的睡眠 ——————————————

這麼多年來，我透過占星學到最酷的一件事，就是睡眠週期會受到月相影響。滿月容易干擾睡眠，或是比較難入睡。我已經學會接受這一點，有時也會利用滿月工作到晚一點，沉浸在創意裡，或是晚上多安排一些社交活動。此外，在滿月時，我也會想吃不同的食物，或是有不同的消化反應。新月時我反倒會睡得比較好，身體的渴望比較和諧，而我會從比較遁世的活動中找樂趣。試著記錄不同月亮階段時的睡眠狀況，看看能有什麼發現。

音樂和創造力的藥效 ——————————————

在海王星的引導下，非口語的治療是很有力量的救贖，例如聽音樂和表達創造力的活動。古希臘哲學家畢達哥拉斯提出過一個點子「音樂宇宙」或「天體音樂」，連結了數學與聲音。畢竟萬物都是震動的，我們可以聆聽這些震動，把這當成治療的力量。治療有很多方法，其中有很多比我們想像得更隨手可得。

沉浸在音樂裡有巨大的治療潛能，特別是當音樂能誘導我們進入冥想狀態時。音樂能在身體和心智內發揮洗滌作用。聆聽音樂對健康的益處，類似適當的睡眠：這能讓學習和記憶變得敏銳，強化精力和快樂，而且透過音樂的穩定效果調整食欲，促進分泌可以抵銷壓力的多巴胺[10]。

　　我對音樂的喜愛，以及在音樂世界裡的社團，提升了對生命的享受。我藉由欣賞音樂敞開心胸，與內心的音樂連結。這是一種靈性練習，鼓勵我考慮生命中無限的可能性。

　　有些科學甚至認為，音樂能做到的不僅於此。《心靈的傷，身體會記住》（The Body Keeps the Score）作者貝塞爾・范德寇（Bessel van der Kolk）提到，「社群的治療力量展現在音樂和節奏裡」[11]。當我們與旋律同步時，可以提振心情，改變呼吸，刺激自己多活動身體。當把這些謹記在心時，我就把「搖滾」時間看得像健康飲食和規律運動一樣重要。

　　我雖然把重心放在音樂，但其實你也可以利用其他藝術讓夢想成真，同時處理更健康的情感。藝術的追求是很有力量的方式，能給自己非常需要的、暫時脫離物理現實的時間，你可以透過跳舞、繪畫、寫作或素描，回頭找到情感的平衡。

海王星的陰影：脆弱或受害

　　海王星的出神可能很迷人，把我們拉近非言語的治療節奏，以及想像和直覺性的漫遊當中，然而他有時也會帶來困惑。

　　海王星的幻覺特別重要，因為當我們論及健康時，這可能是最棘手的。這種影響力很容易變得極端，而其帶來的陰影會揭露我們會在哪個領域中逃避現實，而非追求治療。在海王星的陰影下，創造性的幻覺可能會變成破壞性的迷惑，而這個行星還與欺騙、上癮、否認和天真有關。

　　我把所有形式的上癮都視為不恰當的奉獻。我們會對模式、行為、食

物，以及阻止自己活出更高自我的人奉獻。如果讓劇情翻轉，對自己的健康、更高的目標、音樂、藝術、愛和魔法奉獻，就會對生活中的一切有截然不同的看法。

當我們越來越與各種上癮同聲一氣時，就會有越來越多的健康狀態失常。有些上癮很容易辨識，像是對藥物或酒精上癮。其他的比較不明顯，包括我們的文化常態性地對甜食、鹽和脂肪性食物上癮，還有對社交媒體、購物、工作、咖啡因、生活安排過滿和互相依賴等事物上癮。

如果不留意，海王星也可能召喚內心的受害者原型，說服我們放棄影響健康、幸福和生活其他面向的能力。我們在某些時間點都曾體驗過受害者原型，這可能起因於互相依賴或是認定自己無可改變的宿命論。這就是海王星最壞的表現，讓我們進入出神狀態，放棄自己天生的力量。當幻覺出現時，要退後一步注意它，而且最重要的是，要維持自主權。最重要的是認清並尊重自己的能力，能夠創造渴望的改變。

潘妮是多種族混血女性，她在跟我合作時開始珍惜重新找回自己力量的重要性。我們剛認識時，她才剛離婚，還在為婚姻哀悼，但也承認了之前否認的自我面向，只因為她以為前夫希望她是奉獻的伴侶和專業人士。這段鬱悶的婚姻雖然帶來財務無虞，但她從來不覺得自由、快樂或有成就感。她的父親是酒鬼，她一直無法平撫父親酗酒帶來的痛苦，而當婚姻結束時，也終於能夠替自己不曾有過的童年、失去的婚姻，以及想要有的孩子好好傷心一場。

身為太陽射手座、月亮巨蟹座，上升星座是天秤座，潘妮很需要健康的、互相獨立的伴侶關係。她參加戒酒無名會家屬團體，幫助自己解決童

年和婚姻的重要面向。接受治療也很重要，能得到最需要的專屬支持。透過這個過程，她重新找回自己和力量，也重新找到了對藝術的喜愛。在大學時，當她一開始把目標放在企業工作，就放棄了素描、繪畫和拼貼。她開始把表達性的藝術帶回生活裡，也開始能夠處理情感，找到自己忘記非常需要的精神面向。

接下來列出一般與海王星合作的方法，但也很重要：

· **將聽音樂當成一種冥想**。瀏覽一下你最喜歡的音樂串流平臺，找一些新的音樂，或是聽音效更好的黑膠唱片。你也可以嘗試吟唱「嗡」，第一個「嗡」代表創造的開始（類似於現代科學的大爆炸）。這個練習據信能培養對外在「敲擊」聲音和內在「未敲擊」震動的敏感度。

· **更親近信仰系統**。無論信奉哪一個宗教或靈性意識形態，都要有自己的一套真理，最重要的是與你的信仰重新建立常態連結。禱告、做儀式、研究經文、寫日記、冥想和與別人談話。哪一種最能來靈性的啟發？能如何具體展現自己的信念？

· **激起你的直覺**。找到直覺的方法之一就是利用塔羅牌或解讀塔羅牌。你也可以找一天按照直覺行事，接受能帶來啟發的想法和跡象。

· **認清並破解自己的上癮**。這可能是很強烈的過程，常常需要治療、十二步驟課程以及（或）其他的生活改變。這可能具有挑戰性，不過對健康和幸福的回饋是無法衡量的。

出生星盤的海王星：化為你的助力 ——————

　　檢視出生星盤海王星的位置，可以幫助你了解如何取用海王星的治療力量。這也可以闡明在哪個生命領域，如何最充分利用天生的創造力。

　　海王星大約每十四年會改變星座，下面只列出八個海王星的行運，可以回溯至一九二八年，直至二〇三八年。

✳ 海王星在處女座 ♍

　　當這個代表夢想和神祕學的行星落在純淨、為靈性奉獻的星座，為一個目標服務會是人生的重點。這個位置的關鍵字是「服務」。

✳ 海王星在天秤座 ♎

　　當海王星在這個象徵正義、平衡、平靜和關係的星座時，會照亮關係中的靈性。這個位置的關鍵字是「親密」。

✳ 海王星在天蠍座 ♏

　　當海王星在這個轉化的星座，會帶來深刻的揭露真實的靈性召喚。這個位置的關鍵字是「奉獻」。

✳ 海王星在射手座 ♐

　　當海王星這個代表真理和意義的星座，會為發現添加靈性意涵，同時重視自己的幻想。這個位置的關鍵字是「夢想」。

❋ 海王星在魔羯座 ♑

當海王星在這個實際和職責的星座，代表務實也可能很神祕。這個位置的關鍵字是「連結」。

❋ 海王星在寶瓶座 ♒

海王星在寶瓶座攸關瓦解不人性或不進步的做法和政治。這個位置的關鍵字是「基本」。

❋ 海王星在雙魚座 ♓

海王星在雙魚座代表靈性和藝術特質，能在致力投入的做法之間創造合一與連結的感覺。這個位置的關鍵字是「柔軟的心」。

❋ 海王星在牡羊座 ♈

這個世代會融合靈性與對藝術的抱負，具體展現萬物皆為一體的深奧體悟。這個位置的關鍵字是「合一」。

海王星逆行

海王星每年約逆行五個月。由於逆行時間很長，因此常常不被注意，除非逆行剛好通過你的星盤的重要領域，或是正在天上停滯。

不過當海王星行運觸碰到與你星盤切身相關的領域時，你會感受到逆行的影響力。海王星行運會照亮你最高的靈性本質，也會創造相當程度的困惑。當你受到海王星的挑戰，會再度經歷過去的痛苦，進而引導你邁向

人生的新階段。

海王星儀式：執行新月儀式 ——————————

　　這個儀式可以幫助你與代表靈性的海王星連結。在這個儀式中，我們可以回到基本面，與新月合作，設定一個你接下來想要邁進的新目標。本書只剩下最後一章。你已經閱讀、成長，同時整合了相當多的知識，現在該準備啟程前往人生的新方向，而新月儀式可以支持你。新月就像一頁白紙，全新的開始，這是意識轉向內在的時刻，考慮你想要召喚什麼進入人生，或是必須對什麼放手。這其實是休息和反省的時刻，這個完美的儀式可以帶來回家般的慰藉。你可以在新月當天或過後兩天進行新月儀式。

　　儀式需要準備以下物品：

- 香
- 蠟燭
- 靜心的音樂
- 日記
- 筆

　　一開始先布置環境。清潔和整理空間，把東西放整齊，清除雜亂，為這個儀式定調。我喜歡焚香，點蠟燭，播放靜心的音樂，然後冥想。身旁放幾張祭祀專用的紙和一支筆，供寫作使用。

　　你坐在聖壇前，開始與神性連結。試圖連結感覺最能支持自己的能量源頭：這是一種你能產生共鳴的連結，也許是你的一位祖先，信仰的宗教

的一位神祇，甚至更高層的自我，也就是較有智慧的自我。

　　接著拿起日記，寫下你生命中想要召喚或準備放下的事物。這可能是某種感覺、恐懼或障礙，任何你知道已經不適合自己的事物。思考你想要召喚什麼進入生命裡，寫下來。準備好時，用第一人稱來寫下目標。

　　接下來大聲地讀出自己的欲望，也就是你現在想要召喚進入生命中的事物。要召喚它們進入自己的生命，大聲唸出來是很重要的步驟。你可能注意當自己說出口時，會引起更多情感。這種感受對於讓欲望顯現而言很重要。

　　你已經說出真正的渴望，現在安靜地坐著，跟隨自己的呼吸，想像這些欲望開花結果。設定目標，要欣然接受進入你生命的經驗，以及未來路上你可能需要的成長機會。最後要感謝自己、神性和自己的靈魂。

380

1 出處：Marlynn Wei, "New Research on How Yoga Boosts Your Immune System," Psychology Today, February 22, 2018,

2 出處：Deepak Chopra, "How Meditation Helps Your Immune System Do Its Job," Chopra Center, January 14, 2015.

3 出處：Emma Seppälä, "The Surprising Health Benefits of Spirituality," Psychology Today,August 8, 2016. 以及 "Relationship Between Religious Orientation, Anxiety, and Depression Among College Students: A Systematic Review and Meta-Analysis," Iranian Journal of Public Health 48, no. 1 (2019): 43–52.

4 出處：Gordon W. Allport and Michael J. Ross, "Personal Religious Orientation and Prejudice," Journal of Personality and Social Psychology 5, no. 4 (1967):432–43.

5 出處：David Spurgeon, "People Who Sleep for Seven Hours a Night Live Longest," BMJ324, no. 7335 (2002): 446.

6 出處：Jeffrey Kluger, "How to Wake Up to Your Creativity," TIME, April 30, 2017,

7 出處：Kluger, "How to Wake Up to Your Creativity,"

8 出處：National Institutes of Health, "Sleep Deprivation Increases Alzheimer's Protein," April 24, 2018.

9 出處：Nina E. Fultz et al., "Coupled Electrophysiological, Hemodynamic, and Cerebrospinal Fluid Oscillations in Human Sleep," Science 366, no. 6465 (2019).

10 出處：Juliette Palisson et al., "Music Enhances Verbal Episodic Memory in Alzheimer's Disease," Journal of Clinical and Experimental Neuropsychology 37, no. 5 (2015): 503–17; 以及 Valorie N. Salimpoor et al., "Anatomically Distinct Dopamine Release During Anticipation and Experience of Peak Emotion to Music," Nature Neuroscience 14 (2011): 257–62; 以及 American College of Cardiology, "Music Boosts Exercise Time During Cardiac Stress Testing: Listening to Upbeat Music May Help Prolong Activity and Participation; Results May Have Broader Implications for Exercise in General," news release, ScienceDaily, March 1, 2018. Psychological Reports 111, no. 1 (2012).

11 出處：Bessel van der Kolk, The Body Keeps the Score.

第十六章

冥王星：轉化與演變

　　荷莉是住在奧勒岡州年約二十五歲的白人女性，初戀男友在她念臨床心理學碩士時自殺。失去這麼重要的一個人，令她苦不堪言，她無法面對這樣的失去，活在深重的罪惡和遺憾之中。

　　她的悲傷擴大成為恐慌和迫切。她感受到巨大的壓力，覺得必須完成重要的人生夢想……而且是馬上！不過與此同時，她的情緒極端波動，加上其他身體狀況，阻礙了前進的腳步，破壞整體的健全感。

　　她有動力，卻動彈不得，彷彿車子被卡在壕溝裡，努力猛踩油門，輪胎卻只是空轉。她來找我諮商時已屆臨崩潰邊緣，需要幫助。她才剛開始在一家校譽良好的大學念研究所，眼前有非常多事情要做，但她真正的功課其實是要放慢腳步，好好感受悲傷。

　　前男友驟逝，讓她覺得不該只顧著自己，這麼做好像是不對的，畢竟她無法拯救曾經最愛的人。當前男友無法再照顧自己時，她又憑什麼照顧自己？

　　她逐漸開始讓自己感受到失去的錐心之痛，臣服於悲傷，而非試圖閃

避，開始能夠感受到心碎、憤怒和哀傷。當她面對這個黑暗面時，也慢慢地、斷斷續續地重新發現自己。

她漸漸開始重新投入讓自己感覺良好的活動，像是運動、跳舞、藝術和文化活動。她學習到，當你停留在悲傷中，而不是試著繞過去，最後就會讓路給重要的重生。她不再是失去心愛的人的那個自己，而是變成自己真正去愛的那個人。透過種種方式，她整合了一些非常痛苦、但也能帶來徹底療癒的冥王星功課，這也是我們行星之旅的一部分。

冥王星是天蠍座的守護行星，是距離太陽最遙遠的行星。就宇宙和占星而言，它都是黑暗的化身，存在於我們的週遭，也在我們的內心。冥王星的功課感覺很殘酷，不過尾聲都是要讓我們進入自己的力量，而他會為了我們的重生毀滅現況，強迫我們做出若非如此一定會逃避、否認或抗拒的改變。

無法逃避的深度 ────────────────

土星定義了主觀意識的界線，而這是我們很清楚能意識到的。天王星代表個人的無意識，海王星代表集體的無意識，而冥王星就是代表靈魂本身。

——傑夫・格林（Jeffery Wolf Green）

《冥王星：靈魂的演化之旅》

冥王星是代表亡靈的羅馬天神，也就是希臘人熟知的冥府之神黑帝斯

（Hades）。所有凡人終將進入他的國度，這被稱為黑帝斯、塔爾塔羅斯（Tartarus），或是非常少聽到的埃里伯斯。邪惡的人注定要永遠被折磨，而善良的人就會被送到被稱為「至福樂土」的極樂世界。

冥王星的力量如此令人卻步，所以古代的詩人很少敢直呼他名諱，害怕會喚醒他出現，反而將他稱為迪斯（Dis），這是拉丁文 Dis Pater 的縮寫，意思是「富裕的父親」。為了淡化這份恐懼，人們開始認為冥王星與象徵財富的希臘天神普魯特斯（Plutus），這是他比較婉轉的稱號，而且這明顯就是諂媚。冥王星這個地府之神，雖然擁有難以置信的財富，不過他的力量如此強烈又巨大，即使只是直呼名諱都很恐怖。用新的角度來看冥王星，儘管他還是擁有值得恐懼的力量，但也變成跟地底下的寶石和寶物，以及改變的重生力量有密切關係[1]。

冥王星這個行星主要是由岩石和冰構成，就如他在神話中的名字一樣，非常兇猛有力。嚴格來說，冥王星只算矮行星，因為它的體積只有地球的衛星的六分之一，約有百分之十八，但是力量遠勝過於體積，會用直接了當、甚至無情的方式為個人和集體帶來轉變。

與失去和解

冥王星會讓我們沉浸在黑暗中，被迫與自己的恐懼和悲傷和解，努力解決感覺無法避免和心力耗竭的失去。他會剝奪我們最珍貴的事物，要求我們在通過黑暗的深淵時找到美和平靜。他邀請我們復活和重生，雖然很少是透過溫和的方法。

這就是荷莉的挑戰，探究創傷帶來的悲痛和罪惡，甚至停留在其中，

才能治療心裡和靈魂的原始傷口。透過這麼做，她認識了很多自己的力量，也學會了如何去感受痛苦，但不要因為痛苦失去自我。

我們合作結束五年後，她跟我聯絡，告訴我她已經拿到碩士學位，改行從事自己夢想已久的工作。她也獨自旅行了幾趟，而那些旅程帶來了淨化。在一趟旅行中，她買了一條手鍊，提醒自己能把痛苦轉化為美，引導自己的力量，為這世界做出好的貢獻。

她透過培養更深層的自我接受，其中包括承認自己無法「拯救」別人脫離痛苦，並且在度過悲傷時，還能練習完美無瑕地照護自己。

她學會每天都能把人生的天秤再往豐盛的那一邊傾斜一點。這種毫不動搖的毅力和復原能力，就是冥王星最令人畏懼的領域。有很多人活出了這個微小但也偉大的「矮行星」的強烈轉化力量，荷莉只是其中之一。這種力量就在冥王星的領域裡，我們可以喚醒一種兇猛的天性去克服恐怖的情境。如同荷莉走過的路一樣，當我們走過內心的漆黑深淵，就會發現光明的到來，而這比之前所知的更加穩固、耀眼和真實，而我們也終將起身獲得重生。

從死亡到重生 —————————————————

演變（名詞）：

1. 改變的行為，或是被改變成另一種形式的狀態。
2. （從生物角度或歷史角度而言）一個物種轉換或變形成另一個物種。
3. 假設將卑金屬變成金子的煉金過程 [2]。

　　我們是否能徹底改變？我們是否能被迫處理超出能力的狀況，成為另一個更強壯、更具復原力的自己？我們是否能把內在的「卑金屬」變成金？

　　冥王星會強迫我們回答一些問題。冥王星跟太陽的距離比海王星更遠，約要兩百四十七點七年才能繞太陽一圈，因此它只能接收到很少的陽光。

　　冥王星不祥的氛圍也代表一個機會，能接受帶來靈魂層面轉化的火的試煉。在冥王星的領導下，我們別無選擇只能直視並體驗恐懼。當冥王星觸動個人星盤時，我們常必須面對之前看不到的現實。在這個挑戰的狀態下，冥王星堅持讓我們看到隱藏的一切，無論這會有多麼痛苦。

　　這並不總是愉快的，就像音樂在大調和小調之間調節一樣，不過適應自己的雙元性可以帶來豐富的經驗，這只有穿越黑暗才能獲得，畢竟白晝和黑暗無法獨立而生。冥王星迫切地維持黑暗，如此一來我們才能找到光明，它提醒我們萬物都有陰暗面，好的事情亦然。當我們能自在面對恐懼，學習如何貼近自己的黑暗面時，這就是通往自我實現、健康、快樂和解放最明確的一條路。

　　冥王星也會命令要把握機會脫離停滯，重新定義自己，培養有意義的、強烈的連結[3]。他的影響力會要求精煉，同時也與退化和再生的過程有密切關係。它的要求永遠都是一樣的，就是改變型態和演化靈魂。我們最後只能走向象徵意義的死亡，然後才能重生。

　　這種轉化的過程並不短暫、簡單或直接。慶幸的是，冥王星賦予我們停留的力量和堅持所需的決心。它的影響力會像在馬拉松最後幾里時，把

你推向終點。即使感覺一切都在瓦解崩裂，它會賦予我們力量，在對抗最痛苦、甚至是無法想像的情境時，能夠活出最好的自己。冥王星在發揮力量時，事情常會瓦解或失敗。

冥王星不像土星和火星一樣，只給我們能應付的事物，它會拋出大量的、超出我們應付能力的事物，無論我們是否願意，都被逼得要傾注全力找到彈性和勇氣，去處理更多的事情。冥王星很清楚，唯有如此，我們才能超越目前的限制，獲得真正的成長。

陰影的角色

根據卡爾‧榮格的說法，陰影就是顯意識或意識覺察之外的一切。這包含了我們渴望以及較不渴望的特質，其中包括自我不認同的部分。冥王星是個被黑暗壟罩的行星，也代表了我們的陰影。

當我們把批評或責怪投射到別人身上，不自覺地出現負面的反應或表情，又或者破壞性的念頭無意識悄悄潛入我們的腦袋，這就是陰影在發揮作用。這個部分的自我揭露了我們在哪個領域可能經歷劇變或權力糾葛。這當然也包含了一些正面特質，不過我們往往沒有承認。

陰影的行為會用各種形式的情緒出現，像是忌妒、憤怒、極度失望、自我破壞、自戀和憂鬱等。這些行為雖然令人極度困擾，但也是傳訊者，告訴我們必須聆聽某個訊息，即使我們寧願不要聽。這些行為會藉由過去的或一再出現的傷口來通知或強化這個訊息，要我們注意某些面向的自我。

在冥王星的陪伴下，我們無論準備好了沒，都無法逃避，無法中斷，也沒有後路。這裡無法忽視靈性，也無法輕易切斷必須面對的痛苦。藏傳佛教金剛乘阿尼佩瑪‧丘卓（Pema Chödrön）、《當生命陷落時：與逆境共處的智慧》（*When Things Fall Apart: Heart Advice for Difficult Times*）對此有出色的描述：

當我們談論著如何認識恐懼，熟悉恐懼，就必須直視它，這不是去解決問題，而是要完全消除觀看、聆聽，嗅聞、品嚐和思考的舊有方式。其實當我們真的開始這麼做，就會一直保持謙卑。這裡沒有太多狂妄自大的空間，因為會導致理想無法實現。每當我們有勇氣再向前一步時，必然出現的狂妄自大就會不斷被消滅。我們必須透過練習才能有這些發現，但這跟任何信念都無關，而是關乎是否有死亡的勇氣。

對於正念、空性或與能量合作的指導，指的都是同一件事，就是要我們心思能集中於當下，可以將注意力放在身處的時空裡。當我們停在那裡，不採取行動，不壓抑，不責怪自己，也不責怪任何人，就能面對一個開放的、沒有概念性答案的問題。我們也在與自己的心相遇[4]。

雖然這個過程很激烈，有時甚至很艱辛，不過這種靈魂轉化是非常必要的。

光明不是一切

抵抗自己的陰影行為當然並不有趣，不過忽略陰影面只會帶來反效果。哈佛大學心理學家蘇珊‧大衛（Susan David）在《情緒靈敏力：哈佛心理學家教你 4 步驟與情緒脫鉤》（*Emotional Agility: Get Unstuck,*

Embrace Change, and Thrive in Work and Life）提到，當你積極地努力不去想某件事，這件事只會變得更強烈，更無所不在。這就是心理學家所謂的情感洩漏[5]。不承認自己的陰影，只會使它更加強大。

用光明壓過陰影也不能發揮作用。不要誤解我的意思，正向具有巨大的力量。我還用了一整章討論如何能更正向的技巧！不過研究顯示，我們應該根據自己情感的敏銳度，謹慎運用正向思考。

研究人員在一些研究（在二〇〇九年至二〇一六年發表）中發現，自尊比較低的參與者，在重複或聽到正向的自我陳述後，反而比自尊心低落但沒有肯定自我的人感覺更糟[6]。正向思考的力量取決於一開始的自我概念：如果正向的自我陳述超過我們願意接受的範圍，就比較容易遭到抗拒，還會加深對反向（負面）認知的信念[7]。

正向也可能有反作用力。過度樂觀的觀點，特別是試圖擠掉陰影的聲音的觀點，可能導致過度評估自己的能力[8]，低估困難，將未來的結果理想化，參與危險的行為[9]。

當我們在黑暗中渴望光明時，事實還是一樣，就是光明不是一切。這就是為何深入認識自己的陰影是如此重要，這可以維持真實。當你承認自己的陰影，就能揭開隱藏的信念、不安全感，或是任何可能拖延成長的痛苦。以此為出發點，你的思緒和行動可以符合當下的狀況，而不是在樂觀地過度補償後又消耗失敗。你召喚魔法的能力就取決於運用自己的黑暗力量的能力。

為什麼去感受負面情緒是好事？

避免或否認天生的負面情感，像是恐懼、難過或憤怒，都會為自己帶來壓力。就是這種壓力在吞噬我的幸福，與刺激復原力的壓力剛好相反。不過，當我們在經歷創傷時，允許自己感受更強烈、更黑暗的情緒，可能會加倍困難。

你如果曾經歷過創傷，就要面對當時的自己。你要慢慢來，要有耐心，並且信任。你可以考慮嘗試詹姆斯‧佩內貝克（James Pennebaker）提出的表達性書寫，也就是我在第八章提過，花十五到二十分鐘寫下最困難的經驗（一次不要超過二十分鐘），連續寫四天。

表達性寫作已經被證明具有長遠的影響力，可以提升身體和心理的健康，同時能減少創傷後侵入的症狀。當你一開始回憶這些事件時，有負面情緒是很正常的，但如果出現嚴重的憂鬱，就要停下來，向外尋求支持。

接下來簡單介紹佩內貝克的建議：

在接下來四天，我希望你能針對一生當中最創傷的經驗，或是影響你的非常重要的情感課題，寫下最深層的想法和感覺。我希望你能真正放下，探索自己最深層的情感和想法。你可能會把重點放在與別人的關係，包括父母、愛人、朋友或親戚，或是自己的過去、現在和未來，或是你曾經的模樣、你希望成為的模樣，或是自己現在的模樣。你可

能四天都寫一樣的課題或經驗，或是每天都寫不一樣的主題……不要擔心拼字、文法或句子結構。唯一的規則就是當你開始寫，就要寫到時間結束 [10]。

承認自己的陰影

你的陰影永遠不會消失，這是你的人性中重要也必要的元素。關於陰影的課程，我讀過一本最好的書是已故的黛比・福特（Debbie Ford）的《黑暗，也是一種力量》（*The Dark Side of the Light Chasers*）。她的書幫助我接受我否認多年的自我面向。但在做完之後，我覺得如釋重負。

陰影課程雖然困難重重，不過透過這樣做，我們便能在內心的黑暗和光明之間達到某種一致性，而這對健康和幸福是很重要的，因為這就是我們感受到一體的方式。

一開始，你要承認比較不想帶到顯意識的自我面向。當我一開始進行陰影課程時，就知道我對別人的批評，其實是把對自己的批評向外投射。這是很痛苦的承認，更痛苦的是這凸顯了我不想要看到的自己。不過慢慢地，經過一段時間後，我開始與長期否認並排斥的自我和平相處。

這裡有五個步驟，可以激發內心更多的和諧，與陰影共處：

4. **檢視在關係中什麼能觸動你**？仔細留意自己覺得嫉妒、生氣、憤怒或其他困難情緒的時候。你如果沒有感覺被觸動，看一下你崇拜別人的特質。你最崇拜誰？為什麼？我們喜歡別人的特質，往往是同樣部分的自

己向外投射。你要分辨，看能找到什麼。

5. **找到自己的某一部分，會被觸動，或是投射到其他人身上。**我的一位導師把承認的自己稱為祕密的自我（沒錯！我們有很多這樣的自我！）你要留意每一個，替它們一一命名，準備好釐清它們的真面目，然後選擇其中一個開始進行整合。

6. **找到他的需求。**當你認清自己想要整合的自我時，先問他需要什麼。深入地聆聽他在渴望什麼。你的祕密自我在向你要求什麼？他需要什麼你在日常生活中不允許他體驗的事物？設定一個目標，重視他的需求，用第一人稱的肯定句寫下來，然後大聲地讀出來，然後允許它沉入你的意識和無意識中。

7. **採取行動。當你發現沒有承認的自我的需求時，就滿足他的渴望。**例如，他也許想要放縱一下，表現的方式就是攝取過多的糖分，特別是冰淇淋。但如果你給他一個放風時間，讓他享受玩的樂趣，不用像平常那樣被檢視，一定要有目的，那會如何呢？

8. **學習包容憂傷的藝術。**課程如果練習得不好也無妨，這就是復原的終極意義，意即面對真實人生的模樣，無論如何都能站起來。這個行為就是完全接受事情的現狀，同時還能用力量來回應。希望不是否定，而是接受現實，但仍繼續找方式讓事情慢慢好轉。你越能貼近恐懼與不自在，與它們共處，就越能接受它們的存在，善加利用。你越能接受內心的脆弱，這是用徹底誠實面對自己的必要條件，就能越快在內在及與別人的關係中找到和諧。我鼓勵你能帶著手電筒進入自己的內心，讓無意識的東西浮上檯面。

駕馭死亡、凋零和失去 ─────────────────

　　天蠍座象徵死亡和重生、深刻和權力，冥王星作為守護天蠍座的行星，教導我們有關悲傷和許多形式的失去的功課，其中包括生育的困難和流產。

　　在生育問題造成的痛苦和悲傷上面，許多女性最後獨自面對痛苦，大部分都沉默度過。既然流產很常見，其帶來的悲傷的深刻和廣泛常常被忽略或遺漏，而生育的困難仍是禁忌話題，甚至到今天仍是如此。雖然大眾媒體對於生育困難這個話題越來越開放，但是我有許多個案仍然獨自悲傷，只會在多年過後才承認自己忍受的悲傷和羞恥。許多人終究還是得帶著這種心碎的悲傷活一輩子，而這個過程對於失去孩子的父母而言顯然更加強烈。

　　這些失去的痛苦無疑很殘酷又持久，不過我們最後還是能選擇去治療它們，而在這個過程中，可以堅定地認識自己的本質，以及什麼才是真正重要的人。無論如何，這個治療的過程是很痛苦的，這是無庸置疑的，而且也快不來。即使我們很幸運地，最後終於有了一個健康的孩子，仍不能抵消之前懷孕或是失去孩子帶來的悲傷。

　　不過只要整個過程中都能獲得巨大的支持，我們最終還是可以具體展現悲傷的黑暗面，同時還能接受進入生命中的光明、愛和喜悅。就像荷莉一樣，我們可以允許自己既破碎又完整，我們可以感激，同時又飽受痛苦。許多年後，荷莉寫電郵給我，分享她終於能「找到喜悅，同時騰出空間痛苦掙扎」。這個心得很適用於所有形式的失去，包括放下一個身分意識，還有更多。這就是冥王星要求我們做的功課：擁抱並活出自己內在固有的雙元性。

在冥王星的引導下，我們可以整合這些雙元性，讓它們在最深刻和最基本的層面轉化。這是一個演變的機會，刻寫在冥王星的宇宙任務裡。

進入自己的力量

要進入自己的力量，演變是很基本的一部分，但我們常會害怕自身的力量。為什麼？因為我們會升起又墜落，我們會閃耀，也會黯淡無光。這就是週期生活的本質：知道事情會一時聚合，然後又改變。然後我們的目標就是培養經歷這個過程的復原力，駕馭它，但不是退場，或是逃離痛苦、恐懼或不自在。我們反而應該迎向挑戰和黑暗的情感，從中學到功課，變得更強壯，更具復原力，能從自己的黑暗中復活。

就像地球會傾斜地繞著地軸自轉，根據與太陽的相對位置，接收到不同程度的陽光，我們也會有興起和毀滅的時刻，這就是身而為人必須經歷的。雖然冥王星帶有令人驚恐的意涵，不過它是來教導我們與無法逃避的死亡和重生的循環和諧共存。在冥王星的陪伴下，我們經歷的失去永遠都有其目的，這就是重生的開始。

出生星盤的冥王星：化為你的助力

冥王星在每個星座都會停留很長的時間，所以他在星盤的位置是一個世代的位置。就像海王星一樣，我只會列出冥王星在部分星座的表現，包含自一九三九至二〇四三年。

✳ 冥王星在獅子座 ♌

冥王星在獅子座,會召喚我們找回內心的孩子,重新想像自己與喜悅、享樂和自由的關係。關鍵在於培養自力更生、自信和獨立。

✳ 冥王星在處女座 ♍

冥王星在處女座會尋求打破健康、環境和食物的現狀。你的任務是透過認清指引自己存在的目的,把更深層的靈性帶入日常生活、例行事務和健康習慣。

✳ 冥王星在天秤座 ♎

冥王星在天秤座會召喚重新定義自己的關係,把自我帶入合夥關係裡,將「我」融入「我們」之中。你的重點在於公平、正義和平衡。

✳ 冥王星在天蠍座 ♏

冥王星在天蠍座,要求你面對生命中最典型的禁忌的陰影面,也就是性、死亡、金錢和其他權力互動。專注在具體展現,同時培養再生、不被剝削的生活方式。

✳ 冥王星在射手座 ♐

冥王星在射手座是召喚我們尋找適合自己的哲學觀,踏出宗教的教條,進入個人自由的精髓。要把注意力放在培養多元化的社群,也許可以善加利用社交媒體。

✳ 冥王星在魔羯座 ♑

冥王星在魔羯座的重心在瓦解父權制，調和遺失的女性實踐的藝術，消除種族歧視，起身對抗壓迫。

✳ 冥王星在寶瓶座 ♒

冥王星在寶瓶座會強調學習如何集體分享資源，努力實現一個世界，其中所有人都能平等地取用地球資源，活出豐盛。

冥王星逆行

冥王星每年逆行約六個月，只會移動幾度。因此冥王星的逆行通常都是集體感受，勝過於個人。

不過當冥王星行運碰觸到你的星盤的私密領域時，你會感受到逆行的力量。無論多麼挑戰，此時經歷的痛苦都是要引導你進入新的生命階段，還有新的重生。我觀察過冥王星的行運，發現它通常都會引領我們進入宇宙課程，一開始會很震撼，但它帶來的強烈力量之後就會開始穩定。冥王星逆行時，我們有機會整合這些功課，並在自己即將浮現的強項當中找到力量。

冥王星儀式：接納自己的重生

我們在忍受悲傷和失去時，通常會放棄最重要的重生練習，就是給予自己溫柔慈愛的照顧，而這是我們經常會給予別人的。如今，當你以更容光煥發、更有力量的模樣重新出現，最重要的是看清楚這個基本的自我照

顧，這就是宇宙健康的基礎，以及它喚醒的療癒魔法。這是很簡單的真理，若是處於永無止盡的耗損中，無論是你或我，都無法在自己的健康、生活、內心或靈魂裡激發最棒的、最光明的治療。

這個儀式一開始會有短暫的冥想，引導你持續給予自己溫柔慈愛的照顧。只要你喜歡，可以時常回頭進行這個儀式。它就在這裡，就在神聖的自我滋養的狀態裡，而你的重生和復活可以在此生根。

基本自我照顧的冥想

在開始之前，確定身旁有備妥日記和一支筆。

安靜地坐著，聆聽更高層的自我。把高層的自我想像成觀察者，她會看著你，但不會助長戲劇化或擴大情緒。這個部分的你是有智慧的，充滿愛和同情。當你看到缺點時，她看到美。當你看到傷口時，她看到力量和更新。她是你內心的鳳凰，永遠支持你從諺語所說的灰燼中現身。你要無條件地、永遠地信任她。

當你建立好這個連結時，冥想五到十分鐘，當你在吸氣和吐氣時，把注意力放在呼吸上。你要深呼吸，讓空氣進入腹腔的底部，這可以安定神經系統，健康地與情感抽離。

當你從遠方觀察自己的人生時，彷彿從一萬英呎的高空看自己，你要聆聽並問自己：對此刻的我而言，什麼是基本的自我照顧？

你如果要為自己的宇宙健康和自我照顧制定計畫，首先會照顧什麼？你知道自己的身體、人生或情感中，哪裡需要更多平靜？在此刻，什麼讓你覺得最滋養、最撫慰？

當你理解自己的需求時，無論腦海中出現什麼都寫下來。這可能是長距離散步、減少社交、治療課程或是全身按摩。通常很小的改變，可以讓健康顯著不同，像是吃更多蔬菜、減少攝取糖分和酒精、深呼吸、寫日記、喝更多水、吃維他命或增加規律的心肺活動。這些微小但很強大的行為可以讓我們找回重心。

現在你更清楚自己最需要什麼樣的自我照顧，就已經準備好迎接復活的儀式了。

✸ 復活儀式

把星盤列印出來備著，還有一張兒時照片，找個安靜的地方進行儀式。

開始先看自己的星盤，思考一下其中的星座、行星，還有主要的元素（地、風、火、水）和模式（基本、固定和變動）。然後問自己，什麼是我的星盤最真實的表現？這張星盤渴望我能做些什麼？星盤召喚我邁向什麼樣的提升或轉變？

現在用充滿愛的聲音，大聲說出腦海中的念頭。
接下來你要問自己，在此刻，什麼樣的自我照顧最能支持自己？
你要投入能支持和滋養靈魂的自我照顧。
當你已經下定決心今天會這麼做，或是在接下來二十四小時去實踐，接下來就請求在治療的過程中能獲得神性的支持和指引。

現在，看著自己的兒時照片，好好研究一下。
冥想自己的強項，全新感激已經學會和體驗過的一切。
問問自己，我最感激什麼？用充滿愛的聲音，大聲說出腦海中的念頭（有需要的話可以多花點時間）。

當你覺得完成時，把手放在心上。溫柔地與較年輕的自己連結，與還是孩子的自己連結，給自己慈愛和溫柔。

最後再看一次自己的星盤和照片……
然後輕聲地說「謝謝你」。

有時最有力量的改變就出現在下一步或下一次呼吸。彈性代表接受你現在的處境，同時向最耀眼、最豐盛的宇宙健康邁進。

---

1 出處：Robert Graves, The Greek Myth: The Complete and Definitive Edition (New York: Viking, 2018).
2 出處："Transmutation," Lexico.com.
3 出處：Jeff Green, Pluto: The Evolutionary Journey of the Soul, Volume I.
4 出處：Pema Chödrön, When Things Fall Apart: Heart Advice During Difficult Times.
5 出處：NedaSemnani, "A Harvard Psychologist Explains Why Forcing Positive Thinking Won't Make You Happy," Washington Post, September 23, 2016,
6 出處：Joanne V. Wood, W. Q. Elaine Perunovic, and John W. Lee, "Positive Self-Statements: Power for Some, Peril for Others," Psychological Science 20, no. 7 (2009): 860–66; and June Yeung Chun and Vivian Miu Chi, "When Self-Help Materials Help: Examining the Effects of Self-Discrepancy and Modes of Delivery of Positive SelfStatements," Journal of Positive Psychology 11, no. 2 (2016): 163–72.
7 出處：Ed Yong, "The Peril of Positive Thinking— Why Positive Messages Hurt People with Low Self-Esteem," ScienceBlogs, May 27, 2009.
8 出處：Ed Yong, "The Peril of Positive Thinking— Why Positive Messages Hurt People with Low Self-Esteem," ScienceBlogs, May 27, 2009.
9 出處：TaliSharot, "The Optimism Bias," TED 影片。
10 出處：JKaren A. Baikie and Kay Wilhelm, "Emotional and Physical Health Benefits of Expressive Writing," Advances in Psychiatric Treatment 11, no. 5 (2005): 338–46.

結語

我們從混沌女神和她深不可測的黑暗開始，現在在希臘女神瑟西（Circe）和她蠱惑人心的魔法中畫下句點。

瑟西擅長把好色的酒鬼變成真正的色鬼，她召喚的咒語足以保護自己的兒子避開偉大的女神雅典娜，再加上耐心和努力不懈，她的巫術逐漸成為經典。

瑟西意識到自己的力量和脆弱，最後終於背叛宙斯下令的流亡，潛入深海。她浸沒在最恐怖、無法界定的黑暗裡，尋找令人生畏的野獸「特利岡」（Trygon）。她從自己的目標、熱情和母愛中生出力量，願意犧牲自己，準備接受看似自己最終的命運的毒藥。她為了保護兒子不受雅典娜傷害，願意活在永恆的痛苦裡。不過當她在週遭的深海裡尋求懲罰時，卻什麼也沒有。

特利岡宣布：「這已足夠」。

瑟西年幼時被流放，還遭人類虐待，對愛極度渴望。她曾經面對如此多的恐懼，認識了強烈的痛苦和懲罰，如今終於與自己真實的目標整合，

獲得赦免，不用接受殘忍的毒藥。她跟巫師的兄弟不同，也跟其他之前曾經嘗試過但卻失敗的天神們不一樣，只有她能切下特利岡的一截尾巴（其中包含連神也無法免疫的劇毒，因此一直受到人類和天神們的垂涎）。瑟西因感激生出謙卑，安靜地回到被流放的島嶼，把可怕的武器給了兒子，讓他第一次獨自航行中用來自衛。

這個故事是由瑪德琳・米勒（Madeline Miller）所寫[1]，描述瑟西的勇氣、信念和魔法，這些特質當然都不新奇。你以前可能還不知道，但已經在這本書的第一頁、這段旅程開始之際，以及許多其他的旅程，還有身處混亂時耗盡心力的黑暗之中，體驗到這種神奇。

當我們感受到自己最軟弱、最迷惘和最脆弱的一面時，就已經開始召喚魔法，開始轉變。就像每個晚上，當地球在完全的黑暗中轉動為日出準備時；就像每一個月亮週期，當漆黑引領我們走向滿月的光芒四射時；就像季節和黃道，照亮我們最耀眼的健康的許多面向時，在你我之間存在著大量的魔法。

魔法是透過目的和意志的創造行為，會與外在的力量密切配合。在愛的滋養下，它能提供我們不可思議的自由，而其本質就是顯現公平的機會。你不用知道魔法的內在運作，就能把它用在培養自我和刻意的創造。你不需要委託任何單一的源頭或更高的力量。你的魔法，其實是所有魔法，都是無所不在又非常個人層面的。

瑟西不厭其煩地培養自己的巫術，蒐集草藥，先是花了幾週的時間，接下來又是年復一年，強化每一種草藥、每一份劑量和咒語的真實力量。她還浸淫在大自然裡，在森林深處漫步，在途中與野生和巨大的生物成為朋友。不過最值得注意的是，在許多嘗試和苦難之際，即使在最困難的時

刻，她內心還是湧現專注的念頭，想要培養更多力量和愛，永遠滋養自己最真實、最深層的本質。

就許多方面來看，這就是你的魔法應該扎根和開花結果的地方，就像內心的一棵幼苗，會支持專注的目的，創造並接受專屬於你的宇宙健康。宇宙健康能放大魔法，但也是源自於魔法。我們在瑟西身上看到這如何展現，她最後變成女性造物主，而這是當她決定要活出天生的傾向後必定要成為的模樣。

你也在發現內心的幼苗，也在學習隨著內在和週遭的節奏，隨著行星與其能量與本命盤和人生的互動搖擺。你也在決定追求並提升自己的治療力量。

我們在本書一開始建立看似深奧的連結，現在開始變得合理了。我們都是星塵，不可避免地相互連結。週遭的宇宙會影響我們，從表面皮膚直至靈魂、情感、心態、欲望和自我表達。控制太陽和月亮的週期也會影響生理。我們會具體展現透過肉體、生活和週遭的人閃亮發光的想法和情感。

我們每個方面、每個層次都是互相連結的。我們是「兼具／以及」概念的實體和靈性展現。我們擁有真正的科學，也有真實的魔法。

這是一股不斷流動的訊息和韻律，來自於我們的心靈、靈魂和身體，來自行星與我們的本命盤和宇宙課程互動之際，來自當我們的想法和情感展現在身體裡，接著在生命中發揮漣漪效應時，而這就是宇宙健康的核心。我們內在和外在經歷的狀況不斷在改變。我們現在的目標，也是永遠的目標，都是一而再再而三地培養靈性的力量，讓自己站起來，召喚魔

法，就像瑟西一樣。我們不要去試圖脫離對於健康、幸福、成功、快樂，甚至愛的固定定義，而是一定要持續強化我們的能力，隨著靈魂、心智、身體和週遭不斷改變的季節伸屈活動，透過學習經歷勞動和休息、付出和接受，在每一個層面上治療自己。

隨著時間和練習，我們能利用自己的魔法，也就是宇宙健康的療癒魔法，與內在和週遭的波動起伏共舞。我們根據季節的節律繼續微調自己，跟隨自己基本的天性和宇宙課程，在行星觸碰到我們的本命盤、心智、情感和生活時，做出回應。當靈性工具箱裡有宇宙健康的原則時，我們就像瑟西一樣，可以隨著不斷改變的狀態起起伏伏。我們是能滿足自己渴望的健康的女巫。

故事最後，瑟西最偉大的成就不是得到特利岡的尾巴，而是面對每一個最恐怖的敵人，包括自己的父親太陽神海利歐斯，還有智慧和戰爭女神雅典娜。無論協議如何規定，瑟西並沒有卑躬屈膝，或是向任何一位偉大的天神祈求，反而堅定地站出來，說出自己的真理。瑟西只是半人半神，卻利用自己的智力、勇氣和魔法，贏得別人的尊重，而這些人一開始並沒有將她放在眼裡。這種自我意識，還有對自愛的承諾，也存在於你的治療演化的過程裡。

值得一提的是，瑟西不曾停止召喚不可能的事情發生。她克服萬難，重新獲得自由。她不再被流放，還找到永久的愛，環遊世界，並在途中蒐集奇異的、有力量的草藥。曾經是她的祕密情人的奧德修斯（Odysseus）後來成為她的學徒。奧德修斯的妻子潘妮洛碧後來也發現了自己的魔法的深奧及廣大。

讓我們跟隨著瑟西的腳步，與週遭的女性分享宇宙健康。當你的治療能力增加時，也要引導另一位女性成長。

我們的世界非常需要治療。我們需要強化能力治療自己，然後治療別人，最後治療這個世界。就是現在，你遠比自己知道的更有力量。

來吧，跟我一起召喚魔法，踏上治療之旅吧。

永遠的愛

珍

---

1 出處：Madeline Miller, Circe (New York: Back Bay Books, 2020)

謝辭

正向心理學教導我們要發展長項，培養彈性，完全去感受情感，特別是感激！寫這本書是神奇的恩典，其中充滿了轉折。我由衷地感到謙卑，驚訝有這麼多人伸出援手讓這本書付梓。

致經紀人溫蒂·薛曼（Wendy Sherman），從提到這本書開始，就信任我能完成。謝謝你的全程陪伴，在關鍵時刻提供建議，在需要時看管這個計畫。你是最棒的！我由衷感謝你的支持，謝謝你。

致瑪麗莎·維吉朗提（Marisa Vigilante），你的鼓勵、熱情和洞見，讓與你共事為我的事業留下最精彩的一頁。我最感謝你讓《宇宙健康》付梓。致伊安·史卓斯（Ian Strauss），你的同理心、同情和支持，讓這本書出生，一路走來你都非常親切。謝謝你！致黛安娜·史翠普（Dianna Stripe），你的編輯能力犀利精準，提升了這個計畫的品質，我深深感謝。潔西卡·秦（Jessica Chun）和茉莉安娜·侯巴契夫斯基（Juliana Horbachevsky），謝謝你們處理公關和行銷事宜。致「小布朗史帕克」（Little, Brown Spark）出版社團隊從製作到設計的付出，特別是班·艾倫和凱倫·藍吉（Karen Landry），你們賦予我的夢想生命。我既興奮又

感激。

　　致我所有的家人：媽媽、爸爸、黛安（Diane）、菲爾（Phil）、約翰（John）、圖拉（Toula）、蜜雪兒（Michele）、蘇菲亞（Sophia）、安娜貝拉（Annabella）、奧莉薇亞（Olivia），我好愛你們，謝謝你們一路的支持。道格・班德斯（Doug Bandes），你教導我勇氣、復原力和謙卑的意義，謝謝你總是相信我。還有班德斯和戈登家族，謝謝你們參與我的生命。

　　致我的老師和導師們，沒有他們，我不可能對這個主題有這些想法：瑪莉亞・西洛伊斯（Maria Sirois）、塔爾・班夏哈（Tal Ben-Shahar）博士、黛博拉・席弗曼（Debra Silverman）、瑞貝卡・戈登（Rebecca Gordon）、黛比・萊菲（Debbie Lefay）、弗立登・寇爾（Freedom Cole）、娜娜・馬巴利（Naina Marballi）、傑弗利・米格多（Jeffery Migdow）博士，瑪雷妮・史密斯（Melanie Smith），還有許多一路引導我的人，謝謝你們。這要特別謝謝瑪莉亞，幫助我度過提案過程，還有一開始的寫作。

　　我是站在這些巨人的肩膀上，擷取他們的智慧。占星學無論在學術和靈性層面，都有很好的表現。我誠摯感謝過去世世代代的占星師，以及目前仍努力不懈提升這門技巧和領域的占星師，謝謝你們。

　　謝謝所有跟我合作完成這本書的人，是你們讓書付梓。瑪莉索・道爾（Marisol Dahl），你從一開始貢獻的想法，是非凡不俗的禮物。你協助研究和構思，對這本書的形塑貢獻甚多。安吉・哈娜（Andrea Hannah），你身為作家的支持聆聽、研究精神和敏銳度，對我的幫助超過你所知道的。溫漢・伍德（Wyndham Wood），你亦師亦友，總有訣竅避

406

免雜亂，非常清楚如何架構一本書，好好說故事。你教導我甚多，我感激萬分，謝謝你！李歇爾‧弗瑞德森（Richelle Fredson），謝謝你指導我，相信我，給我重要的回饋，一路替我打氣。

艾莉‧梅森（Allie Mason），長久以來，你是我創造過程中不可缺的一部分。謝謝你在我放棄事業花很多時間來寫這本書時提供大量的腦力激盪，給予所有的支持和理解。葉爾‧帕瑟瑞利（Yael Passerelli）、托伊‧史密斯（Toi Smith）、和朱恩‧佛瑞特（June Foret），當我把所有時間用來完成這本書時，謝謝你們幫我維持事業，你們是幫忙這本書出生的團隊中很重要的一份子。

傑米奈‧布萊特（Gemini Brett），你給予我同事的支持，還有你熟練的技巧，讓我非常感激，萬分崇拜。也謝謝「靜屋編輯」（Quiethouse Editing）的試讀者，你們的回饋很中肯，完全正確，也加強了內容。

克莉絲頓‧斯布羅尼亞（Kristen Sbrogna）自從我在命運中的那一天，在泰浩湖遇到黛比時，你就一路陪伴我。沒有你的友誼，我無法走到這一步，我由衷覺得幸運能認識你。我親愛的朋友，你擁有藝術創作碩士和博士學位，我從來沒有預期你能為這本書花這麼多的時間，給予這麼多的專業指導。謝謝你的閱讀（非常多次），提供我非常仔細的回饋，一路幫忙編輯，我萬分感激。妮提卡‧查普拉（Nitika Chopra），你這麼多年來一直支持我，幫助我度過這個創作過程最困難的階段，我愛你。咪咪‧克萊因（Mimi Klein），我要如何說起呢？！你的支持太重要了

不只是對這本書，還有對我的人生，萬分感謝。黛娜‧威斯曼（Dana Weissman），你對所有的校對如此體諒，謝謝你的友誼和仁慈。

「靈魂創作營」（Soul Camp Creative）的艾莉森・列普席克（Alison Leipzig）、蜜雪兒・加賽德（Michelle Garside）和哈娜・克沃德（Hannah Coward），你們的創作方向和圖解展示了我不曾考慮的可能性。謝謝你們的耐心，我常要花非常長的時間才回覆電子郵件。你們做得很棒。

妮可・傑爾丁（Nicole Jardim）和珍妮・桑索伊（Jenny Sansouci），在這個拖拖拉拉的寫作過程中，有你們兩位聰慧、新出爐的作者相伴，還有什麼比這更好的方式呢？一起做這件事，能讓菜鳥表現得更好。

謝謝珍（Jen）、凱倫（Karen）、珊蒂（Sandy）、艾比（Abby）和克莉絲汀（Kristin）你們在我抗癌路上這麼多年的支持，特別是寫這本書最後六個月。沒有你們，我不可能做到這一切，謝謝你們。

娜塔莉亞・伯特侯（Natalie Berthold）、艾蜜莉・皮契爾（Emily Pitcher）、吉妮・古頓（Ginni Guiton）和凱瑟琳・侯爾（Kathleen Hall），你們支持我度過這個過程中一些最困難的時刻，我永遠心存感激。

凱特・諾索普（Kate Northrup）、莎拉・傑克斯（Sarah Jenks）、伊萊莎・瑞諾德斯（Eliza Reynolds）、妮莎・穆德雷（Nisha Moodley）、布莉安娜・波騰（Briana Borten）、卡維塔・佩特爾（Kavita Patel）、葛瑞絲・史密斯（Grace Smith）、凱蒂・登・奧登（Katie Den Ouden）、莎拉・艾德勒（Sarah Adler）、艾利克斯・傑米森（Alex Jamieson）、貝克斯・波路奇（Bex Boruki）、柯萊特・貝倫・瑞德（Colette Baron Reid）和吉娜・狄維（Gina DeVee），你們是最棒的同事。謝謝你們用各種方式支持我，幫助我。

謝謝所有的朋友，你們讓我的生命多了一些宇宙的寬廣，而我不想用

任何其他的方式做到這件事。

最重要的是我的個案，相信我擔任他們的人生教練和占星師（這其實是非常特別的角色），謝謝你們。沒有你們，不可能有這本書，特別要謝謝允許我在這本書裡引用他們的故事的個案，我萬分感激。

謝謝每一位閱讀《宇宙健康》的人，希望當你們找到自己的彈性時，能解開專屬的療癒魔法。你要記得，混亂只是一扇窗，帶你進入更多的喜悅和意義。謝謝你們。

謝謝天空，我會滿懷謙卑，做你永遠的學生。

針對資料來源和描述的註解

在整本書裡，我分享許多故事，故事的主人翁是我有幸提供諮商的女性。這些所有不可思議、激勵人心的女性都同意在這本書裡提到她們的故事，但為了保護當事人的隱私，我改變了名字和私人細節，而其中有三個故事是綜合數名個案的經歷。

在有幫助時，我會提到科學研究。有時科學發現會被用來合理化一些極端的政治和社會觀點，甚至被誤用。我在這本書裡提到的科學，絕對沒有暗示或有意表達我的言下之意或觀點。我的出發點嚴格僅限於科學本身，以及科學如何服務我們（這裡指的是所有人）活出更亮眼的宇宙健康。

這本書是討論你的宇宙健康，以及你的出生星盤如何影響它，也就是說，這不是一本集合式的占星書。包括天王星、海王星和冥王星的超個人行星，通常都會有更廣泛的文化影響。按照我們的目的，多半透過比較個人的宇宙健康來討論它們。

　　占星學是科學，也是認識必然結果的藝術。這本書討論的是占星學和健康、治療和幸福的現代科學的關係。這不是醫療占星學的書，而我也不是醫療占星師。雖然這本書有些部分與醫療占星學的智慧有關，但是宇宙健康不需要依賴、甚至不必要應用醫療占星學。

　　這本書可以幫助你更深入了解自己的星盤，還有在你的人生和宇宙健康裡的重要性，但是不是要訓練每個人都變成占星師。占星學是一門古老的練習，需要多年練習才能專精。在這本書的附錄裡，我會列出占星師和機構，有些我曾經一起學習，或是其中成員，提供給任何想要更深入學習占星學的人參考。

　　最後，魔法源於數百年前。魔法這個字源自於波斯語的 Magūs，字根是 magh，意思就是「能夠」。儘管占星學和占星的魔法來源非常不同，但是身為一位白人女性，最重要的是承認儘管有長年的種族屠殺和強迫遷移，許多原住民長久以來都在運用地球的週期，維持獨特的傳統。我充滿敬意地承認自己居住和工作的土地是莫西干人未分割的土地。

● 附錄 A

可進一步學習參考的占星師和占星組織

　　Debra Silverman: debrasilvermanastrology.com NCGR, National Council for Geocosmic Research: geocosmic.org OPA, the Organization for Professional Astrology: opaastrology.org ISAR, International Society for Astrological Research: isarastrol ogy.org Rebecca Gordon: rebeccagordonastrology.com Gemini Brett: geminibrett.com

推薦占星書目

- *The Only Way to Learn Astrology, volumes 1 and 2,*
  作者：Marion D. March and Joan McEvers
- *Mysteries of the Dark Moon: The Healing Power of the Dark Goddess*
  作者：Demetra George
- *Your Body and the Stars: The Zodiac as Your Wellness Guide*
  作者：Stephanie Marango and Rebecca Gordon
- *The Twelve Houses: Exploring the Houses of the Horoscope*
  作者：Howard Sasportas
- *The Missing Element: Inspiring Compassion for the Human Condition*
  作者：Debra Silverman
- *New Moon Astrology: The Secret of Astrological Timing to Make All Your Dreams Come True*
  作者：Jan Spiller

● 附錄 B 出生星盤解密

瑪麗亞·史密斯
出生日期：1987/7/23
時間：3:31PM
地點：紐約市，紐約州

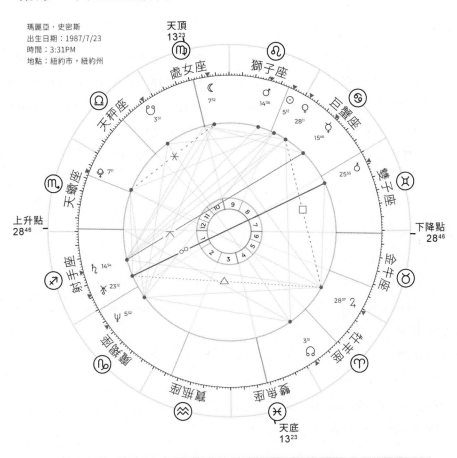

⊙ 太陽	☾ 月亮	☿ 水星	♀ 金星	♂ 火星	♃ 木星
獅子座	處女座	巨蟹座	巨蟹座	獅子座	牡羊座
5°11'34"	7 °31'37"	15°45'42"	28°11'25"	14°5'35"	28°56'31"

♄ 土星	⚷ 凱龍	♅ 天王星	♆ 海王星	♇ 冥王星	
射手座	雙子座	射手座	魔羯座	天蠍座	
14°54'5"	25°54'42"	23°12'21"	5°51'30"	7°10'51"	

412

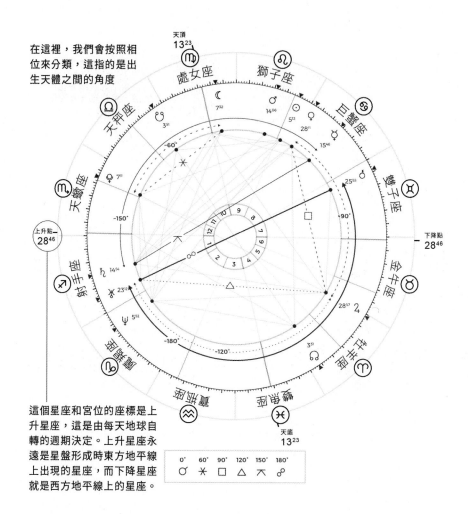

在這裡，我們會按照相位來分類，這指的是出生天體之間的角度

這個星座和宮位的座標是上升星座，這是由每天地球自轉的週期決定。上升星座永遠是星盤形成時東方地平線上出現的星座，而下降星座就是西方地平線上的星座。

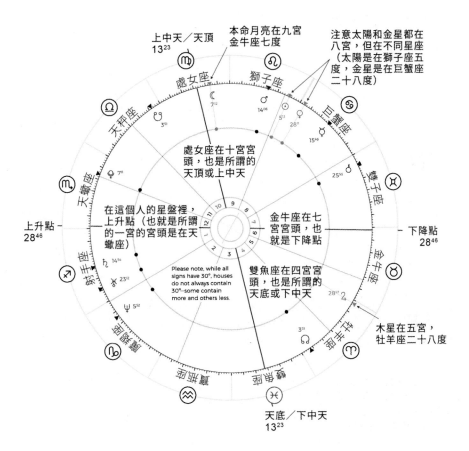

上中天／天頂
13²³

本命月亮在九宮
金牛座七度

注意太陽和金星都在
八宮，但在不同星座
（太陽是在獅子座五
度，金星是在巨蟹座
二十八度）

處女座在十宮宮頭，也是所謂的天頂或上中天

在這個人的星盤裡，上升點（也就是所謂的一宮的宮頭是在天蠍座）

上升點
28⁴⁶

金牛座在七宮宮頭，也就是下降點

下降點
28⁴⁶

Please note, while all signs have 30°, houses do not always contain 30°—some contain more and others less.

雙魚座在四宮宮頭，也是所謂的天底或下中天

木星在五宮，牡羊座二十八度

天底／下中天
13²³

BF6052

占星療癒魔法：

透過占星學與宇宙週期同步，校準自身能量，實現你想要的健康與豐盛

Cosmic Health: Unlock Your Healing Magic with Astrology, Positive Psychology, and Integrative Wellness

作　　　者／珍妮佛‧羅西奧比（Jennifer Racioppi）	企劃選書‧責任編輯／韋孟岑
譯　　　者／韓沁林	

版　　　權／吳亭儀、江欣瑜、林易萱
行 銷 業 務／黃崇華、賴正祐、周佑潔、賴玉嵐
總 編 輯／何宜珍
總 經 理／彭之琬
事業群總經理／黃淑貞
發 行 人／何飛鵬
法 律 顧 問／元禾法律事務所 王子文律師
出　　　版／商周出版
　　　　　　臺北市 104 中山區民生東路二段 141 號 9 樓
　　　　　　電話：(02) 2500-7008　傳真：(02) 2500-7759
　　　　　　E-mail：bwp.service@cite.com.tw
　　　　　　Blog：http://bwp25007008.pixnet.net./blog
發　　　行／英屬蓋曼群島商家庭傳媒股份有限公司城邦分公司
　　　　　　臺北市 104 中山區民生東路二段 141 號 2 樓
　　　　　　書虫客服專線：(02)2500-7718、(02) 2500-7719
　　　　　　服務時間：週一至週五上午 09:30-12:00；下午 13:30-17:00
　　　　　　24 小時傳真專線：(02) 2500-1990；(02) 2500-1991
　　　　　　劃撥帳號：19863813　戶名：書虫股份有限公司
　　　　　　讀者服務信箱：service@readingclub.com.tw
　　　　　　城邦讀書花園：www.cite.com.tw
香 港 發 行 所／城邦（香港）出版集團有限公司
　　　　　　香港灣仔駱克道 193 號超商業中心 1 樓
　　　　　　電話：(852) 25086231 傳真：(852) 25789337
　　　　　　E-mail：hkcite@biznetvigator.com
馬 新 發 行 所／城邦（馬新）出版集團【Cité (M) Sdn. Bhd】
　　　　　　41, Jalan Radin Anum, Bandar Baru Sri Petaling,
　　　　　　57000 Kuala Lumpur, Malaysia.
　　　　　　電話：(603)90563833　傳真：(603)90576622
　　　　　　E-mail：service@cite.my

封 面 設 計／萬勝安
內 文 排 版／江麗姿
印　　　刷／卡樂彩色製版有限公司
經 銷 商／聯合發行股份有限公司
　　　　　　電話：(02)2917-8022　傳真：(02)2911-0053

■ 2023 年（民 112）02 月 09 日初版

定　　　價／580 元

ISBN　978-626-318-539-5 (平裝)
ISBN　978-626-318-545-6 (EPUB)

國家圖書館出版品預行編目資料

占星療癒魔法：透過占星學與宇宙週期同步，校準
自身能量，實現你想要的健康與豐盛 / 珍妮佛．羅西
奧比 (Jennifer Racioppi) 著；韓沁林譯. -- 初版. -- 臺北
市：商周出版：英屬蓋曼群島商家庭傳媒股份有限公
司城邦分公司發行，民 112.02
　　416 面；17X23 公分
譯自：Cosmic health : unlock your healing magic with
astrology, positive psychology, and integrative wellness.
ISBN 978-626-318-539-5(平裝)

1.CST: 占星術
292.22　　　　　　　　　　　　　　111021067

線上版讀者回函卡

Printed in Taiwan
著作權所有，翻印必究

城邦讀書花園
www.cite.com.tw